Unternehmenssanierung

Stefan Behringer

Unternehmenssanierung

Ursachen – Krisenfrüherkennung – Management

Springer Gabler

Stefan Behringer
NORDAKADEMIE
Elmshorn, Deutschland

ISBN 978-3-8349-3320-1 ISBN 978-3-8349-3802-2 (eBook)
DOI 10.1007/978-3-8349-3802-2

Die Deutsche Nationalbibliothek verzeichnet diese Publikation in der Deutschen Nationalbibliografie; detaillierte bibliografische Daten sind im Internet über http://dnb.d-nb.de abrufbar.

Springer Gabler

Gedruckt auf säurefreiem und chlorfrei gebleichtem Papier

Springer Gabler ist Teil von Springer Nature
Die eingetragene Gesellschaft ist Springer Fachmedien Wiesbaden GmbH
Die Anschrift der Gesellschaft ist: Abraham-Lincoln-Str. 46, 65189 Wiesbaden, Germany

Vorwort

Unternehmen sind wie lebende Organismen. Nach guten Zeiten kommen sie auch im Laufe ihrer Existenz in Krisensituationen und müssen sich aus dieser für sie schwierigen Situation befreien. Eine Krise muss dabei nicht selbst verschuldet sein. Es können Umstände sein, die vom Markt ausgehen, politische Ereignisse oder eine Mischung aus allem, wie es sich während der Finanzkrise 2008 zeigte. Natürlich kann auch Missmanagement zu Krisen führen, die schwierige Situation also selbst verschuldet sein.

Kein Unternehmen ist vor Krisen sicher. Allerdings gibt es sehr wohl unterschiedliche Herangehensweisen an den Weg aus der Krise. Hier können Unternehmen sich neu aufstellen und gestärkt aus der Krise hervorgehen. Andererseits kann man in einer Krise Fehler begehen, die dazu führen, dass das Unternehmen den Weg aus der Krise nicht findet und zwangsläufig in die Insolvenz gehen muss. Das vorliegende Buch will einen Beitrag leisten, Unternehmen zu helfen, den richtigen Weg bei der Sanierung zu finden. Sanierungsmanagement muss die harten betriebswirtschaftlichen Fakten berücksichtigen und dafür sorgen, dass sich finanz- und leistungswirtschaftliche Kennzahlen wieder so entwickeln, dass das Unternehmen überlebensfähig ist. In diesem Band finden Sie viele Anregungen dazu, was ein Unternehmen machen kann, um die Situation im operativen Geschäft zu verbessern. Das Buch fokussiert aber auch auf die weichen Aspekte des Sanierungsmanagements, das Projektmanagement und die Führung der Mitarbeiter in dieser besonders kritischen Situation. Ziel ist die Veränderung von Kennzahlen. Dies kann aber nur funktionieren, wenn die Belegschaft und die anderen relevanten Stakeholder sich motiviert für das Unternehmen engagieren.

Hier werden Ansätze und systematische Herangehensweisen aufgezeigt, wie die Unternehmensleitung ein Sanierungsprojekt so aufstellen kann, dass es im Krisenfall Erfolg versprechend weiterentwickelt werden kann und deutlich gestärkt aus der schweren Situation hervorgeht.

Dieser Band richtet sich an Praktiker, die in eine Krisensituation mit ihrem Unternehmen geraten sind, und deren Berater. Neben theoretisch fundierten Aussagen, die einen Rahmen für ein effektives und effizientes Sanierungsmanagement darstellen, gibt es viele praktische Hinweise und Handreichungen, beispielsweise in Form von Checklisten, die dem Praktiker eine Hilfestellung bei seinem Sanierungsprojekt sein können. Neben harter Arbeit, strukturierter Herangehensweise, guter Kommunikation und Führung gehört aber in jedem Fall auch die unternehmerische Fortune zum Gelingen eines Sanierungsprojekts dazu. Dieses Glück wünsche ich allen Lesern dieses Buches, die mit einem Sanierungsprojekt konfrontiert sind. Denjenigen Unternehmern, Studierenden und Beratern, die nur vorbereitet sein wollen für den Fall der Fälle, wünsche ich ebenfalls diese Fortune – am besten wäre es jedoch insbesondere für den Unternehmer, dass man ganz ohne ein Sanierungsprojekt in seinem unternehmerischen Leben auskommt.

Ich bedanke mich bei allen, die an diesem Buchprojekt mitgewirkt haben. Herrn Prof. Dr. Jörg Ottersbach danke ich für die Einbindung in das erste Projekt, das die Keimzelle dieses Buches darstellt. Meiner Mitarbeiterin Renate Langmaack danke ich für die formale Ausgestaltung des Projekts. Dem Springer-Verlag danke ich für die Geduld und Unterstützung bei der Finalisierung dieses Buchprojekts. Allen Leserinnen und Lesern wünsche ich eine nutzbringende Lektüre und viel Erfolg bei der Durchführung ihres Sanierungsprojekts.

Hamburg, Deutschland
im September 2016

Prof. Dr. Stefan Behringer

Inhaltsverzeichnis

Abkürzungsverzeichnis

AG	Aktiengesetz
AktG	Aktiengesetz
BDU	Bundesverband Deutscher Unternehmensberater
BilMoG	Bilanzrechtsmodernisierungsgesetz
DIN	Deutsches Institut für Normung
EBIT	Earnings before Interest and Taxes
EDV	Elektronische Datenverarbeitung
EK	Eigenkapital
ERP	Enterprise Ressource Planning
GK	Gesamtkapital
GmbH	Gesellschaft mit beschränkter Haftung
GWB	Gesetz gegen Wettbewerbsbeschränkungen
IDW	Institut der Wirtschaftsprüfer
InsO	Insolvenzordnung
ISO	International Organisation for Standardisation
IT	Informationstechnologie
KSchG	Kündigungsschutzgesetz
PESTEL	Political, Economic, Social, Technological, Enironmental, Legal
PublG	Publizitätsgesetz
REFA	Reichsausschuss für Arbeitszeitermittlung
SGB	Sozialgesetzbuch
SOP	Standard Operating Procedure
SWOT	Strengths, Weaknesses, Opportunities, Threats

Unternehmen in der Krise 1

1.1 Begriff „Krise"

Das Wort „Krise" kommt eigentlich aus der medizinischen Wissenschaft. Es bezeichnet den Wendepunkt in einer Krankheit. Dem Kranken kann es nach der Krise besser oder schlechter gehen. Das griechische „Krisis" bezeichnet eine Entscheidung, in der es in die eine oder andere Richtung geht. Heute wird das Wort meist im Sinne einer Zuspitzung gebraucht. Die Krise ist für ein Unternehmen also ein entscheidender Wendepunkt, die Situation hat sich zugespitzt und es geht darum, für das Management einen Ausweg aus dieser zugespitzten Situation zu finden. Auch der hierfür gebräuchliche Begriff „Sanierung" hat seinen Ursprung in der Medizin. Das lateinische „sanare" bedeutet „heilen". Es geht also bei der Unternehmenssanierung um die Heilung in einer für das Unternehmen zugespitzten Situation. Der antiken Wurzel von Krise folgend, kann sich daraus eine schlechte Entwicklung bis hin zum Sterben des Unternehmens entwickeln. Der Wendepunkt kann aber auch den Ausgang in eine positive Zukunft und die Chance für neue, positive Entwicklungen des Unternehmens aufzeigen. In jedem Fall erfordert die Sanierung eine besondere Aufmerksamkeit des Managements. Dies wird meist in dem Begriff „Krisenmanagement" zusammengefasst. Einige Autoren führen diesen Begriff auf den ersten amerikanischen Präsidenten George Washington zurück, allerdings fehlen Belege für dessen Urheberschaft. Belegt ist allerdings, dass John F. Kennedy, der 35. amerikanische Präsident, den Begriff „Krisenmanagement" im Zusammenhang mit der Bewältigung der Kubakrise verwendet hat. In der Managersprache ist aus dem Begriff inzwischen ein

S. Behringer, *Unternehmenssanierung*,
DOI 10.1007/978-3-8349-3802-2_1

sehr häufig, geradezu inflationär gebrauchter Terminus geworden, der seine Bedeutung für außergewöhnliche und existenzbedrohende Ereignisse verloren hat, und nunmehr auch für normale, wenn auch entscheidende Managementsituationen angewandt wird. Im Folgenden soll es um die Sanierung gehen, die Heilung von existenzbedrohenden Krisen, also wirtschaftlich zugespitzten Situationen.

Im betriebswirtschaftlichen Bereich spricht man von Unternehmenskrisen immer dann, wenn das Unternehmen droht, handlungsunfähig zu werden. Diese Situation ist meist mit einer Insolvenzgefahr verbunden. Die Insolvenz bezeichnet wörtlich die Zahlungsunfähigkeit des Unternehmens. Mit der Zahlungsunfähigkeit ist nach deutscher Insolvenzordnung (InsO) ein Zustand gemeint, in dem ein Unternehmen seinen laufenden Zahlungsverpflichtungen nicht mehr nachkommen kann. Als Insolvenzgrund gilt darüber hinaus die drohende Zahlungsunfähigkeit. Ergibt sich die Zahlungsunfähigkeit aus einer detaillierten Prognose, so kann ein Schuldner das Insolvenzverfahren eröffnen. Daneben gibt es noch zusätzlich den Insolvenzgrund der Überschuldung. Überschuldung ist dann gegeben, wenn das Vermögen die Verbindlichkeiten des Unternehmens nicht mehr deckt. In diesem Fall muss ein Teil der Schuldner auf Rückzahlung seiner Schulden mangels Vermögen verzichten. Zahlungsunfähigkeit und Überschuldung müssen durch eine Kapitalgesellschaft verpflichtend angezeigt werden. In dem Moment der Antragstellung beim Insolvenzgericht (dies ist das Amtsgericht) verliert der Schuldner die Verfügungsmacht über sein Vermögen. Ein Insolvenzverwalter wird anstelle der bisherigen Geschäftsleitung eingesetzt. Dieser hat die Pflicht, die Geschäfte des Unternehmens so zu führen, dass den am Insolvenzverfahren beteiligten Personen inklusive der außenstehenden Gläubiger kein vermeidbarer Schaden entsteht. Damit ist für den Unternehmer der größte mögliche Schadensfall eingetreten. Er hat den Einfluss auf sein Unternehmen verloren. Daher ist die Vermeidung der Insolvenz mit allen Mitteln ein vordringliches Ziel aller Unternehmen. Es ist die Nebenbedingung, die „conditio sine qua non“, des Unternehmens. Dabei steht das Ziel selbst nie im Mittelpunkt, sondern ist ein Ziel, was als feste Nebenbedingung besteht.

Die Unternehmenskrise hat dabei vielfältige Auswirkungen auf die Umwelt des Unternehmens. Die Arbeitnehmer und ihre Angehörigen sind durch die Gefahr eines Arbeitsplatzverlusts betroffen. Gläubiger und Lieferanten können mit einem Zahlungsausfall selbst in Gefahr geraten, in eine

Krise zu rutschen. Kunden müssen sich neue Lieferantenbeziehungen suchen. Damit hat eine Unternehmenskrise nicht nur direkte Auswirkungen auf das Unternehmen selbst, sondern strahlt auch auf die weitere Unternehmensumwelt aus.

Das Entstehen einer Unternehmenskrise impliziert sowohl das Scheitern als auch die Bewältigung. Darin unterscheidet sich die Krise von der Katastrophe. Der Begriff „Katastrophe“ impliziert bereits das Negative. Er gibt bereits den negativen Ausgang mit verheerenden Folgen – also der Insolvenz des Unternehmens – an (vgl. Schulten 1995, S. 28 f.). Ziel einer Sanierung bei einer Unternehmenskrise kann also nicht das Insolvenzverfahren sein, weil mit der Insolvenz das Unternehmen nicht mehr in gleicher Form fortgeführt werden kann. Eine Krise ist im Zeitpunkt ihrer Entstehung ein ambivalenter Vorgang, bei dem man den Fortgang nicht kennt. Ergebnis einer Krise kann sowohl der Untergang des Systems als Ganzes sein (abgeschlossen mit der Liquidation im Rahmen der Insolvenz) oder aber ein Fortbestehen des Systems, vielleicht sogar gestärkt dadurch, dass Schwächen in der Krise beseitigt werden konnten, und damit die Organisation als Ganzes verbessert wurde (vgl. Krystek 1987, S. 6).

Ein weiteres bedeutendes Kennzeichen von Krisen ist, dass sie meistens ungeplant eintreten und ungewollt sind. Allerdings mag es Ausnahmefälle geben, in denen aus besonderen persönlichen Interessen ein Unternehmen bewusst in eine Krise geführt wird (vgl. Schulenberg 2009, S. 32). Denkbar ist es, eine Krise heraufzubeschwören, um vor einer Ehescheidung den Zugewinnausgleich zu minimieren oder bewusst eine Situation zuzuspitzen, in der man unliebsame Mitarbeiter entlassen kann. Dies werden aber außerordentliche Ausnahmefalle sein. Sollte eine Krise bewusst herbeigeführt werden, ist derjenige Entscheidungsträger aber in jedem Falle auch mit dem Problem des unabsehbaren Ausgangs der Krise konfrontiert.

Die betriebswirtschaftliche Wissenschaft hat sich mit Unternehmenskrisen bereits ausführlich in den Dreißigerjahren des letzten Jahrhunderts auseinandergesetzt (vgl. Fleege-Althoff 1930; Hasenack 1932; Koch 1933). Historischer Hintergrund war die Weltwirtschaftskrise und die damit verbundene große Zahl von Unternehmenskrisen, die auch mit Unternehmenszusammenbrüchen endeten. Die historischen Ansätze der Betriebswirtschaftslehre sind vielfach vergessen. Erkenntnisse aus dieser Zeit sind oft deutlich später von anderen Autoren „wiederentdeckt“ worden. Ein neuer Forschungszweig startete insbesondere in den Siebzigerjahren des letzten Jahrhunderts (vgl. für eine Übersicht Welsch 2010, S. 15 f.).

Das Gegenmittel gegen die Krise ist die Sanierung, also die Rettung eines Unternehmens, das in eine Krise geraten ist. Die wichtigsten Ziele einer Sanierung sind die Bewältigung der Krise und die Sicherung der langfristigen Überlebensfähigkeit des Unternehmens.

1.2 Typisierung von Unternehmenskrisen

Eine Unternehmenskrise kann verschiedene Gestalt annehmen, die sich im Laufe der Krise auch verändert (siehe Abb. 1.1). Endpunkt ist entweder die Insolvenz, also das Ende des Unternehmens oder ein neu gewonnener Erfolg. Zu erkennen, in welcher Phase der Krise sich ein Unternehmen befindet, ist wichtig, um die richtigen Sanierungsmaßnahmen zu identifizieren und abzuleiten. Meist ist es so, dass die Krise nicht plötzlich auftritt, sondern die Symptome sich langsam entwickeln: Die Krise schwelt lange im Verborgenen, bis sie offen zutage tritt.

Die Krise ist nicht zwangsläufig mit dem Scheitern des Unternehmens verbunden. Es kann sehr wohl passieren, dass die Krise zu einem Wachstum und Umschwung genutzt wird. Abb. 1.2 zeigt diesen Zusammenhang schematisch.

Aus Abb. 1.2 wird auch unmittelbar ersichtlich, dass die Zahl der Unternehmen, die sich in einer bestimmten Krisenphase befinden, lediglich grob geschätzt werden kann. Erfasst werden lediglich Unternehmen, die insolvent werden, bei denen die Krise letztlich nicht bewältigt werden konnte. Es wird geschätzt, dass etwa viermal so viele Unternehmen in einer Ergebnis- oder

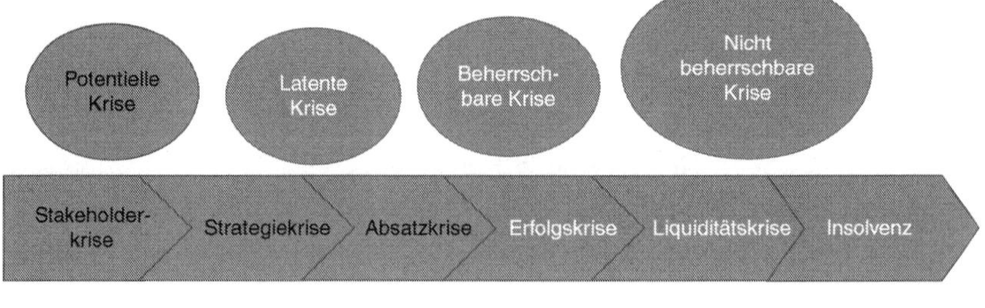

Abb. 1.1 Krisenverlauf und Krisenarten nach IDW S6. (Eigene Erstellung in Anlehnung an: Hohberger und Damlachi 2014, S. 2)

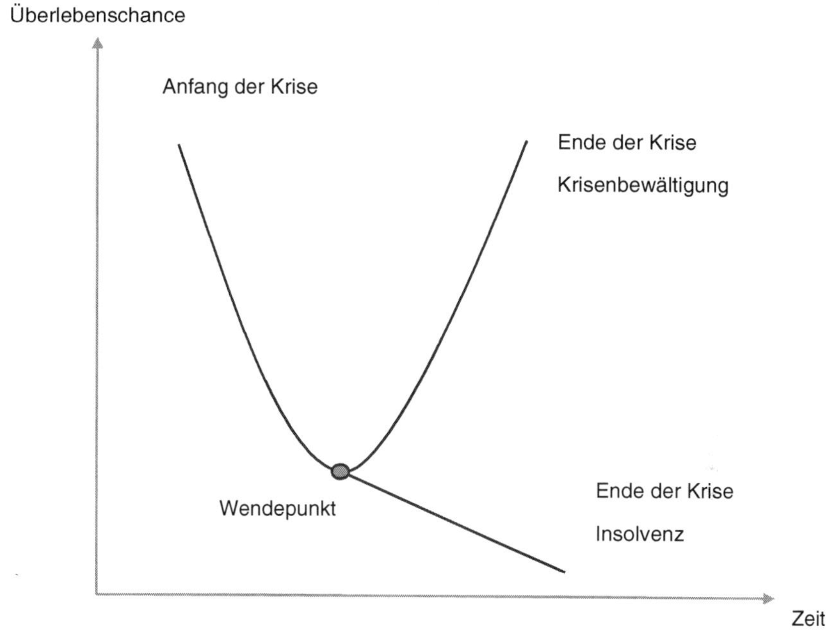

Abb. 1.2 Verlauf einer Unternehmenskrise. (Quelle: Pohl 1977, S. 76)

Liquiditätskrise sind, und ungefähr achtmal so viele Unternehmen in einer Strategiekrise. Die Gegenmaßnahmen greifen also bei vielen Unternehmen, die Sanierung kann sehr häufig erfolgreich gestaltet werden (vgl. Grethe 2010, S. 19).

Wichtig ist, dass eine Krise so früh wie möglich erkannt wird. Je früher es gelingt, die Krise zu erkennen, umso eher kann man eingreifen und desto mehr Handlungsmöglichkeiten bestehen in der Regel noch (vgl. hierzu und dem Folgenden Krystek 1987, S. 29 ff.). Dabei kann man in der ersten Phase von einer potenziellen Unternehmenskrise sprechen, die sich noch nicht in Symptomen manifestiert. Es folgt die latente Unternehmenskrise, in der die Symptome schon vorhanden sind, aber aufgrund mangelnder Aufmerksamkeit eventuell noch nicht wahrgenommen werden. Im finanziellen Gesamtergebnis des Unternehmens sind noch keine Krisenanzeichen erkennbar (v. Löhneysen 1982, S. 102).

Die Krise manifestiert sich vollends in Form von Krisensymptomen in der dritten Phase der akut beherrschbaren Krise. In dieser Phase beginnen sich die negativen Auswirkungen der Krise zu zeigen, auch im finanziellen Gesamtergebnis des Unternehmens. Ressourcen werden auf die Krise bezogen und es gibt bereits negative Auswirkungen auf viele Unternehmensprozesse und -funktionen. Zu diesem Zeitpunkt stehen aber noch genügend Ressourcen zur Bewältigung der Krise im Unternehmen zur Verfügung. Wird dieses Potenzial allerdings nicht entsprechend aktiviert, gleitet die Krise in die nächste Phase ab, in die nicht mehr beherrschbare Krise. Die Handlungsmöglichkeiten sind derart beschränkt, dass eine Bewältigung der Krise nicht mehr möglich ist. Das Unternehmen schlittert mehr oder weniger zwangsläufig in die Insolvenz, das System „Unternehmung“ wird durch die Krise zerstört.

Auf dieses Phasenschema können auch die verschiedenen Sanierungsbemühungen angewendet werden. Das aktive Krisenmanagement, die Vermeidung von Krisen, bevor sie offenbar werden, setzt in der potenziellen oder latenten Krise ein. Hier können das Unternehmen und seine Führung noch agieren und selbst Akzente setzen. Die Krise ist zu diesem Zeitpunkt ja noch nicht nach außen an die Stakeholder gelangt. In der potenziellen Krise kann noch Vorsorge getroffen werden, die Früherkennung greift in der latenten Krise. In der akut beherrschbaren Krise greift die Sanierung. Noch kann die Unternehmensleitung selbst eingreifen, die Erfolgschancen sind da. Die Krise ist noch beherrschbar. In der letzten Phase der akut vorhandenen und nicht mehr beherrschbaren Krise ist die Folge allerdings logisch unausweichlich die Liquidation. Da die Krise nicht mehr zu beherrschen ist, kann es auch nicht mehr zu einer Änderung in eine günstigere Situation kommen. Da der Ausgang der Krise nicht vorhergesagt werden kann und auch der Zeitraum unbekannt ist, der bis zum Übergleiten in die nicht mehr beherrschbare Krise vorhanden ist, entsteht Zeitdruck. Aus diesem Zeitdruck wiederum entsteht ein Entscheidungsdruck (vgl. Holsti 1978, S. 41). Ob dieser tatsächlich gegeben ist, weiß man zwar ex ante nicht, weil der zur Verfügung stehende Zeitraum noch unbekannt ist. Dies kann dazu führen, dass die Unternehmensleitung dazu verleitet wird, Entscheidungen nicht mehr in dem notwendigen rationalen Entscheidungsprozess zu treffen, sondern ad hoc aus dem Bauch heraus. Dadurch kann sich die Krise noch weiter verschlimmern. Auch wenn Zeit- und Entscheidungsdruck ein prägendes Element auch von normalen Managementumfeldern sind, kann man dennoch davon ausgehen, dass in der Krise dieser Druck ganz besonders hoch sein wird.

An dieser Stelle muss betont werden, dass die in Abb. 1.2 genannten Krisenphasen nicht zwangsläufig aufeinander folgen. Die Krise ist in ihrem Ausgang ambivalent. Die Ambivalenz kann sich in einem Untergang des Unternehmens niederschlagen, aber auch mit einem Überleben des Systems Unternehmen. In letzterem Fall schließt sich eine Phase nach der Krise an. Mindestens im ausreichenden Maße werden die Ziele der Stakeholder wieder erfüllt. Je nach Grad der Bewältigung der Krise fällt das Unternehmen in die latente oder die potenzielle Krise zurück. Hat das Unternehmen nachhaltig den Wandel geschafft, kann man auch in eine Phase des „Business as usual" zurückkommen. Das Unternehmen bleibt also nicht im Krisenmodus stecken, sondern entwickelt sich wieder zurück in den Bereich der normalen Geschäftstätigkeit.

Die hier dargestellten Krisenphasen bilden alle idealtypische Krisenverläufe ab. Es kann durchaus sein, dass ein Unternehmen einen anderen Krisenverlauf durchlebt. Möglich sind auch Ad-hoc-Krisen, die spontan auftreten und sofort akut werden. Die Phase der latenten Krise wird dann nicht durchlaufen (vgl. Hülsmann 2005, S. 48). Des Weiteren gibt es keinen Hinweis darauf, wie lange die einzelnen Phasen der Krisen in der Realität dauern (vgl. Rödl 1979, S. 47).

Um eine Sanierung erfolgreich bewerkstelligen zu können, ist es wichtig, die Symptome einer Krise so früh wie möglich zu erkennen. Dieser frühzeitigen und zielgenauen Identifikation von Krisen dient die Typisierung. Eine mögliche Typisierung ist vom Institut der Wirtschaftsprüfer in ihrem Standard IDW S 6 „Anforderungen an die Erstellung von Sanierungskonzepten" vorgegeben worden. Im Folgenden werden die einzelnen Krisenarten nach IDW S 6 dargestellt.

1.2.1 Stakeholderkrise

Aus der Erkenntnis heraus, dass es neben Anteilseignern und Management noch andere berechtigte Interessen an der Unternehmenspolitik gibt, hat sich die Stakeholder-Perspektive gebildet (siehe auch Abschn. 3.3.5). Stakeholder sind Gruppen, die einen berechtigten Anspruch an dem Unternehmen haben. Zu den Stakeholdern zählen:

- das Top-Management
- die übrigen Mitarbeiter

- Eigenkapitalgeber
- Fremdkapitalgeber
- Lieferanten
- Kunden
- der Staat
- die Gewerkschaften
- Nichtregierungsorganisationen
- die breite Öffentlichkeit

Der Beginn einer Krise mit einer „Stakeholderkrise" ist umstritten (vgl. Krystek und Klein 2010). Nach dem IDW S 6 ist sie allerdings der idealtypische Ausgangspunkt einer Unternehmenskrise. Sie wird zu diesem Zeitpunkt aber nicht unbedingt durch interne oder externe Stakeholder bemerkt. Regelmäßig steht am Anfang eine veränderte Führung. Konflikte zwischen den einzelnen Stakeholdergruppen entstehen, manchmal auch Konflikte in der Unternehmensführung selbst, zum Beispiel durch eine missglückte oder verzögerte Nachfolgeregelung. Diese Konflikte erreichen die gesamte Belegschaft, deren Motivation nachhaltig sinkt. Die Stakeholderkrise hat Auswirkungen auf die Unternehmenskultur. Diese Situation entfaltet eine destruktive Wirkung, die die anderen Krisenphasen nach sich zieht. Der Begriff, den das IDW hier verwendet, ist insofern missverständlich, als in dieser Krisenphase Konflikte mit der externen Umwelt noch nicht zwingend eingetreten sind. Vielmehr treten die Konflikte mit externen Stakeholdern, wie zum Beispiel mit Kreditgebern, erst später offen ans Tageslicht und sind in dieser Phase noch verdeckt. Feststellbar für unternehmensexterne Beobachter ist die Stakeholderkrise kaum. Aber auch interne Beobachter werden Schwierigkeiten haben, die Stakeholderkrise von normalen geschäftlichen Problemen zu unterscheiden.

1.2.2 Strategiekrise

Die Strategiekrise kann sich durch drei Auswirkungen zeigen:

1. Die strategischen Erfolgsfaktoren des Unternehmens sind aufgebraucht oder
2. mindestens gefährdet oder
3. es sind keine neuen Erfolgspotenziale geschaffen worden.

Damit gehen in der Strategiekrise die Erfolgsfaktoren für eine langfristig erfolgreiche Position am Markt verloren. Dies kann sich darin äußern, dass technologischen Entwicklungen nicht mehr gefolgt wird, andere Umweltveränderungen nicht wahrgenommen werden bzw. nicht zu adäquaten Reaktionen führen. Es kann eine Krisenursache sein, dass Forschung und Entwicklung nicht mehr zu praktisch verwertbaren Ergebnissen kommen, dass im Marketing falsche Prioritäten gesetzt werden oder, dass wichtiges Personal das Unternehmen verlässt. All dies führt dazu, dass die strategische Wettbewerbsposition des Unternehmens infrage gestellt ist. In der Strategiekrise geht mithin die Grundlage für den zukünftigen Erfolg verloren.

Es ist schwierig, das Bewusstsein für eine Krise bei Unternehmensleitung und Belegschaft in diesem Krisenstadium zu wecken. In der Strategiekrise erwirtschaftet das Unternehmen oftmals noch Gewinn. Dies erschwert die Selbsterkenntnis, sodass viele Unternehmen gar nicht erkennen, dass sie schon in die Krise abgleiten.

Die Strategiekrise äußert sich häufig nur in sogenannten „schwachen Signalen". Schwache Signale zeichnen sich dadurch aus, dass sie ungewöhnliche Informationen enthalten, die für die Adressaten überraschend kommen und den Erwartungen entgegenlaufen. Diese Informationen liegen meist unstrukturiert vor und kommen in den gängigen betriebswirtschaftlichen Informationssystemen, insbesondere dem Rechnungswesen, (noch) nicht vor. Solche Informationen können die Kündigung eines wichtigen Mitarbeiters, der Produktentwicklungserfolg eines Mitbewerbers oder öffentliche Diskussionen über gesetzliche Entwicklungen, die den Einsatz des eigenen Produkts potenziell gefährden können, sein. Das Unternehmen muss Maßnahmen einsetzen und Informationen sammeln, um möglichst frühzeitig diese schwachen Signale zu empfangen und entsprechende Gegenmaßnahmen einzuleiten. Hintergrund der Überlegung ist, dass Diskontinuitäten und negative Entwicklungen nicht ohne Vorwarnung eintreten. In dieser Krisenphase kann es manchmal auch reichen, einen externen Berater einzusetzen, der ohne Scheuklappen (Betriebsblindheit) Entwicklungen erkennen und adäquate Gegenmaßnahmen vorschlagen kann. Informationen dieser Art haben in diesem Stadium häufig nur fragmentarischen Charakter, das heißt, sie liegen nicht vollständig vor. Vielmehr ist es zu diesem Zeitpunkt meistens nur möglich zu erkennen, dass es sich um Informationen strategischer Tragweite, aber nicht, ob es sich um Chancen oder Risiken handelt (vgl. Liebl 1996, S. 16).

Ist das schwache Signal empfangen worden, ist es notwendig für das Unternehmen zu reagieren. Wie die Reaktion erfolgen kann, hängt von zwei Aspekten ab (vgl. Ansoff 1966): zum einen, ob das Unternehmen zu einer rechtzeitigen Reaktion überhaupt die notwendigen Fähigkeiten besitzt. Zum anderen ist es wichtig zu berücksichtigen, wie viel Zeit vergehen wird, bis die entstehende Diskontinuität für das Unternehmen kritisch werden wird. Passt die Zeit zur angemessenen Reaktion in den Zeitkorridor bis zur negativen Wirkung der Diskontinuität, sollte sich die strategische Krise lösen lassen. In anderen Fällen wird es schwierig für das Unternehmen, die strategische Krise zu lösen. Das Unternehmen müsste auf Basis von schwachen Signalen bereits reagieren. Allerdings wäre es auch fahrlässig, bereits auf der Grundlage von unsicheren (also schwachen) Signalen finale, nicht mehr rückholbare Entscheidungen zu treffen. Aus diesem Grund empfehlen sich abgestufte Reaktionen (vgl. Ansoff 1976, S. 136 ff.). Die Reaktion des Unternehmens wird dem jeweiligen Informationsstand angepasst, also der Verfestigung der schwachen Signale. Das Unternehmen versucht so viele Handlungsalternativen wie möglich offen zu halten. Mit steigendem Informationsstand werden die Entscheidungen präziser, das Unternehmen legt sich in seinen Handlungen stärker fest. Insgesamt werden sechs abgestufte Vorgehensweisen vorgeschlagen, die mit größerer Gewissheit über das schwache Signal angewandt werden können:

1. Erhöhung des Bewusstseins für Veränderungen der Umwelt
2. Erhöhung des Bewusstseins für Veränderungen des Unternehmens
3. Erhöhung der internen Flexibilität
4. Erhöhung der externen Flexibilität
5. Interne Vorbereitung direkter Maßnahmen
6. Durchführung direkter Maßnahmen

Man erkennt, dass die ersten fünf Ebenen der angepassten Reaktionen lediglich vorbereitenden Charakter haben. Die ersten beiden Stufen befassen sich nur mit dem besseren Aufnehmen von Signalen und damit der Erweiterung der Informationsbasis, um das schwache Signal zu erhören. Auf Stufe drei und vier geht es darum, dem Unternehmen mehr Handlungsmöglichkeiten zu eröffnen. Interne Flexibilität bedeutet, dass das Unternehmen zum Beispiel durch gezielte Vorbereitung auf Szenarien die Reaktionsgeschwindigkeit auf den Eintritt des Risikos erhöht. Die Erhöhung der externen Flexibilität ist durch Aufnahme neuer Produkte oder Dienstleistungen, die das Risiko durch Diversifikation mindern, möglich. Erst in Stufe 5 werden konkret Maßnahmen vorbereitet, die dem durch das schwache Signal erkannten Risiko direkt begegnen. In Stufe 6 wird diese Maßnahme dann aber erst konkret eingeleitet. Dieses gestufte Handlungsschema ist deswegen sinnvoll, weil ein schwaches Signal per se unsicher ist. Handelt man zu schnell, verschärft man die Situation möglicherweise noch, weil das vermeintlich erkannte Risiko wohl nie eintritt. Dann wäre eine Reaktion, die finanzielle, personelle und technische Ressourcen kostet, auch nicht notwendig gewesen.

Gegenläufig zur gestuften Handlungsweise der Unternehmen ist die Verbreitung der schwachen Signale. Ähnlichkeit mit der betriebswirtschaftlichen Theorie der „schwachen Signale" weist die kommunikationswissenschaftliche Diffusionstheorie auf (vgl. Steger und Winter 1996, S. 613 ff.). Erkenntnisse pflanzen sich innerhalb von sozialen Systemen durch Ansteckung fort. Zunächst findet die Erkenntnis bei denjenigen Personen Akzeptanz, die dem herrschenden Paradigma sowieso skeptisch gegenüberstanden. Die Erkenntnis wird anschließend zum Beispiel durch die Medien weiterverbreitet und findet letztlich in der gesamten Gesellschaft Akzeptanz. Daraus können Gesetze entstehen oder die Rechtsprechung passt ihre Urteile der neuen herrschenden Meinung an. Eine Unternehmenskrise kann zum Beispiel entstehen, wenn ein Produkt einen Inhaltsstoff enthält, der sich als umwelt- oder gesundheitsschädlich erweist. Erst wird es in Zirkeln kritischer Verbraucher diskutiert, dann verbreitet sich diese Erkenntnis durch soziale Netzwerke, bis die Medien den Verdacht aufgreifen. Durch das Medieninteresse wird die Aufmerksamkeit der Politik geweckt. Letztlich wird ein Gesetz verabschiedet, in dem der fragliche Inhaltsstoff verboten wird. Innerhalb eines solchen Prozesses reduzieren sich die Möglichkeiten, graduell angemessen zu reagieren, im Zeitablauf deutlich. Wird rechtzeitig reagiert, kann das Unternehmen sich an die Spitze der Bewegung setzen und den Inhaltsstoff selbst aus dem Produkt nehmen. Eine negative Wirkung bleibt aus, vielleicht kann man sich sogar positiv gegenüber der Konkurrenz in Szene setzen und Marktanteile gewinnen, weil man den Verbraucherschutz ernst nimmt. Am Ende der Entwicklung, wenn ein Gesetz verabschiedet wird, ist das Unternehmen Getriebener und kann den Lauf der Dinge nicht mehr beeinflussen. Die Manövriermöglichkeiten des Unternehmens nehmen mit der

Auftrittshäufigkeit des Signals ab. Je stärker das Signal ist, desto bedrohlicher wird die Situation für das Unternehmen.

1.2.3 Produkt- und Absatzkrise

In der Produkt- und Absatzkrise tritt die Krise offen zutage. Die Nachfrage nach den Hauptumsatzträgern des Unternehmens geht zurück. Häufig ist dies begleitet durch einen Margenverfall, weil das Krisenunternehmen versucht, mit Preissenkungen gegenzusteuern. Das Unternehmen hat mit einer Unterauslastung der Ressourcen zu kämpfen. Ursachen sind meistens, dass das Unternehmen sich zu wenig auf die Erfolgsträger konzentriert und den Vertrieb zu wenig fokussiert bzw. steuert. Sortimentsschwächen, zum Beispiel durch Neuentwicklungen der Konkurrenz, Qualitätsschwankungen, Fehler in der Preispolitik oder anderen Elementen des Marketing-Mixes, führen in diese Phase der Krise. Umsatzrückgänge und Margenverfall zeigen ihre Wirkung in sinkenden Gewinnen oder bereits in Verlusten. Damit ist die Krise spätestens in dieser Phase nicht mehr zu leugnen. Ursachen können ein allgemeiner Rückgang am Markt sein oder ein dauerhafter Verlust von Marktanteilen, der beispielsweise auf Mängel in der Technologie oder Qualität zurückgeführt werden kann (vgl. Portisch 2014, S. 11).

Ein Problem in dieser Phase kann sein, dass der Vorratsbestand an Roh-, Hilfs- und Betriebsstoffen aufgebaut wird, weil die Bestellroutine noch nicht auf die niedrigeren Auftragseingänge angepasst wird. Dadurch kann es (gleich hohe Liquiditätsabflüsse durch Bestellungen stehen geringer werden Liquiditätszuflüssen durch Umsätze gegenüber) zu ersten Schwierigkeiten in der Unternehmensliquidität kommen.

1.2.4 Erfolgskrise

In der Erfolgskrise zeigt sich, dass die absatzseitigen Probleme nicht nur temporär vorliegen, sondern über einen so langen Zeitraum, dass die finanzielle Stabilität des Unternehmens in Mitleidenschaft gezogen wird. Zielvorgaben des Unternehmens hinsichtlich Gewinn, Kapitalrendite oder Wertbeitrag werden langfristig verfehlt. Dies zeigt sich im Rechnungswesen des Unternehmens zunächst durch Gewinneinbrüche, in Verlusten und letztlich in einem deutlichen Rückgang des bilanziellen Eigenkapitals. Die Krise ist vor Externen nicht mehr zu verheimlichen: Lieferanten, Kunden und Kapitalgeber bekommen erste Zweifel an der Zukunftsfähigkeit des Unternehmens. Dies führt dazu, dass die Bonität des Unternehmens zurückgeht. Auskunfteien, Kreditgeber und Kreditversicherungen verringern die Bonität, was zu höheren Zinszahlungen und kürzeren Zahlungsfristen führt, bis hin dazu, dass Lieferanten Vorkasse verlangen. Zwar liegt in dieser Krisenphase noch keine akute Insolvenzgefährdung vor. Allerdings wird die Möglichkeit der Unternehmensführung, die Krise durch eigene Maßnahmen zu bewältigen, geringer. Je nachdem, wie stark die Bonität des Unternehmens zurückgeht, ist eine Lösung der Situation ohne neues Kapital, das Investoren dem Unternehmen zur Verfügung stellen, nicht mehr möglich. Dem Unternehmen fehlen schlichtweg die Möglichkeiten, das notwendige Kapital selbstständig zu generieren. Die Erfolgskrise ist eine zwangsläufige Folge der Produkt- und Absatzkrise sofern keine Gegenmaßnahmen greifen.

1.2.5 Liquiditätskrise

Das Unternehmen erwirtschaftet im operativen Bereich entweder nur einen leicht positiven Cashflow oder bereits einen negativen Cashflow. In jedem Fall reichen die erwirtschafteten Zahlungsmittel nicht mehr aus, um den Liquiditätsbedarf aus den Bereichen Investition und Finanzierung zu decken. Es kommt zu einer Reduktion des Bestands an liquiden Mitteln.

In der Liquiditätskrise gerät das Unternehmen in akute Insolvenzgefahr. Die Erfolgsfaktoren, die das Unternehmen bis dato ausgemacht haben, sind verloren gegangen. Die finanzielle Stabilität ist nicht mehr vorhanden. Das Eigenkapital des Unternehmens ist nahezu aufgebraucht. Bei Aktiengesellschaften ist die Pflicht, eine außerordentliche Hauptversammlung nach § 92 Abs. 1 AktG einzuberufen (wenn die Hälfte des Grundkapitals aufgebraucht ist), häufig eingetreten. Mangelnde Eigenkapitalausstattung, Klumpenrisiken hinsichtlich der Fälligkeit von Kreditfinanzierungen, unzureichendes Working Capital Management aufgrund unangemessener Forderungslaufzeiten oder überhöhten Lagerbeständen verschlechtern die Situation. Die Krise wird meist dadurch verschärft, dass sich das Management mehr mit der notdürftigen Stabilisierung der finanziellen Lage des Unternehmens auseinandersetzen muss als mit der Lösung der problematischen Situation am Markt. Dies bindet Managementkapazitäten für kurzfristig notwendige Maßnahmen, ohne das Problem nachhaltig zu lösen.

Neben internen Gründen kann die Liquiditätskrise auch durch externe Gründe ausgelöst werden, wie beispielsweise durch die Insolvenz eines Großkunden mit nachfolgenden Forderungsverlusten.

Am Ende der Liquiditätskrise ist das Unternehmen nicht mehr in der Lage, seinen finanziellen Verpflichtungen betrags- und/oder termingenau nachzukommen. Deutlichstes Warnzeichen ist, dass Lohnanteile oder Sozialabgaben nicht mehr gezahlt werden können. Bleibt die Unternehmensleitung in dieser Krisenphase immer noch untätig, so kann das zu haftungsrechtlichen Folgen für die Mitglieder der Unternehmensorgane führen, weil die Krise und die (bei Nichthandeln) unausweichliche Insolvenz erkennbar sind. Für Lieferanten wirkt sich die Liquiditätskrise ebenfalls aus. Sie werden nicht mehr rechtzeitig und/oder vollständig bezahlt. Dies führt zu einer Weitermeldung an Kreditversicherer und Ratingagenturen. Dies wiederum hat Verschärfungen der Zahlungsbedingungen auch bei neuen Lieferanten zur Folge, was wiederum die Krise verschärft. Das Unternehmen kommt in eine Krisenspirale, aus der es sich allein nicht mehr befreien kann.

1.2.6 Insolvenzreife

Werden im Laufe der Krise keine Maßnahmen ergriffen oder greifen die eingeleiteten Maßnahmen nicht, dann ist die Insolvenzreife des Unternehmens eingetreten. Die insolvenzrechtlich relevanten Krisenstadien sind in §§ 17 bis 19 InsO beschrieben. Erst wenn die dort genannten Tatbestandsmerkmale einer der bereits genannten Insolvenzgründe Überschuldung, Zahlungsunfähigkeit oder drohende Zahlungsunfähigkeit auch tatsächlich eingetreten sind, kann (und muss) die Insolvenz beantragt werden. Eine vorherige Antragsstellung ist nicht vorgesehen.

Ist einer der Gründe eingetreten, so haben die gesetzlichen Vertreter des Schuldners unverzüglich bzw. spätestens innerhalb von drei Wochen den Antrag auf Eröffnung des Insolvenzverfahrens über das Vermögen des Schuldners zu stellen. Die gesetzlichen Vertreter haben eine Insolvenzerkennungspflicht. Sind sie im Zweifel, ob ein Insolvenzgrund eingetreten ist oder nicht, so sollte man einen Berater einschalten.

Der Tatbestand der Überschuldung ist gemäß § 19 InsO dann eingetreten, wenn die Schulden des Unternehmens nicht mehr durch das Vermögen des Unternehmens gedeckt sind. Ausnahmen sind dann möglich, wenn das Fortbestehen des Unternehmens wahrscheinlich ist. Die Überschuldung wird also nur dann zum insolvenzrechtlichen Tatbestand, wenn die Finanzkraft mittelfristig nicht ausreicht, um die Schulden zu decken. Ein besonders wichtiges Mittel, um die Überschuldung abzuwenden, ist der Rangrücktritt von Gläubigern. Dabei verzichtet ein Gläubiger auf die (zeitweise) Erfüllung seiner Forderung, um andere Gläubiger besser zu stellen. Nach Insolvenzordnung führt der Rangrücktritt dazu, dass die Forderung später erfüllt wird als sie eigentlich an der Reihe wäre (die Reihenfolge richtet sich normalerweise nach der Reihenfolge der Entstehung der Forderungen). Häufig greifen Gesellschafter zu dem Mittel des Rangrücktritts, wenn sie der Gesellschaft aus ihrem Privatvermögen Kreditmittel zur Verfügung gestellt haben.

Der Tatbestand der Zahlungsunfähigkeit, auf den der Begriff der Insolvenz sprachlich zurückzuführen ist, ist in § 17 InsO geregelt. Ist das Unternehmen nicht in der Lage seine finanziellen Verpflichtungen zu erfüllen, spricht man von Zahlungsunfähigkeit. Man geht davon aus, dass Zahlungsunfähigkeit eingetreten ist, wenn der Schuldner seine Zahlungen eingestellt hat. Vereinzelte Zahlungen, unabhängig von ihrer Höhe, stehen dieser Annahme nicht entgegen. Von einer Zahlungsunfähigkeit ist nicht auszugehen, wenn die Zahlungen nur über einen begrenzten Zeitraum eingestellt werden, in dem man annehmen kann, dass sich eine kreditwürdige Person liquide Mittel besorgen kann. Eine solche Zahlungsstockung sollte in der Regel nicht länger als drei Wochen dauern.

§ 18 InsO regelt den Tatbestand der drohenden Zahlungsunfähigkeit. Dieser beschreibt einen Zustand, bei dem das Unternehmen mit überwiegender Wahrscheinlichkeit nicht in der Lage sein wird, seinen zukünftigen Verpflichtungen nachzukommen. Dieser wird belegt mit einer Liquiditätsplanung, die den künftigen Zustand belegt. Naturgemäß ist diese Planung unsicher, sie sollte aber mit mehr als 50 % Eintrittswahrscheinlichkeit belegt sein. Der Gesetzgeber wollte mit der Einführung des Insolvenztatbestands der drohenden Zahlungsunfähigkeit die Möglichkeit eröffnen, dass Schuldner frühzeitig reagieren können und somit die Überlebenswahrscheinlichkeit für die

Unternehmen erhöht wird. Dieser Insolvenztatbestand unterscheidet sich daher auch in anderer Hinsicht von den anderen beiden Insolvenzgründen, die bereits deutlich länger im Insolvenzrecht verankert sind: Bei der drohenden Zahlungsunfähigkeit hat der Schuldner das Recht, nicht aber die Pflicht, Insolvenz anzumelden. Dabei ist zu beachten, dass die drohende Zahlungsunfähigkeit und die akute Zahlungsunfähigkeit naturgemäß ineinander übergehen und der Zeitpunkt beachtet werden muss, zu dem aus dem Recht eine bei Unterlassen strafbewehrte Pflicht wird (vgl. Abb. 1.3).

Für die Darstellung des Insolvenzgrundes der drohenden Zahlungsunfähigkeit muss ein Finanzplan, also eine prospektive Cashflow-Rechnung, aufgestellt werden (vgl. Burger und Schellberg 1996, S. 261). Der strenge Nachweis ist notwendig, weil ein Insolvenzverfahren aufgrund drohender Zahlungsunfähigkeit das betroffene Unternehmen unter Schutz stellt und vor Ansprüchen von Gläubigern bewahrt, die eine endgültige Existenzgefährdung für das Unternehmen bedeuten würden (vgl. Loitz 2000, S. 125). Damit kommt gerade in diesem Insolvenzgrund die Zielsetzung des Insolvenzrechts zum Ausdruck, die Sanierung des Unternehmens als gleichwertiges Ziel neben die Befriedigung der Gläubiger zu stellen. Einzubeziehen sind alle Schuldverhältnisse, alle

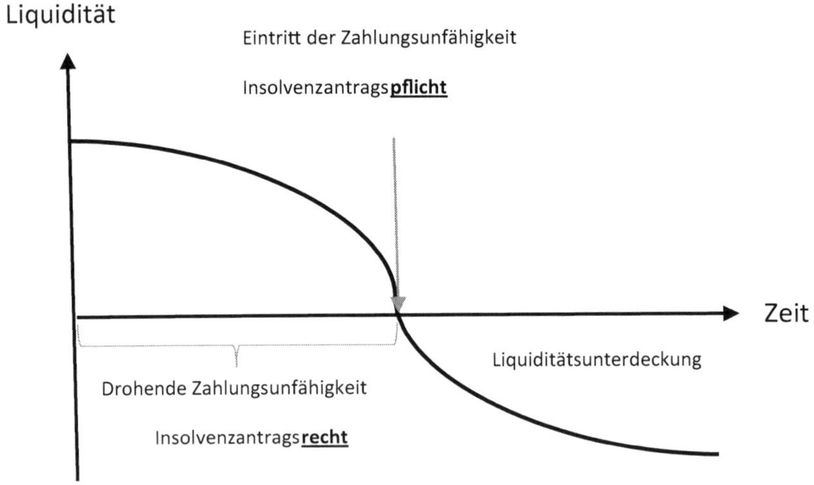

Abb. 1.3 Zusammenhang zwischen drohender und tatsächlicher Zahlungsunfähigkeit. (Quelle: vgl. Crone und Werner 2014, S. 33)

zu erwartenden Einzahlungen und Auszahlungen, auch diejenigen, die noch nicht begründet sind. Der Eintritt der Zahlungsunfähigkeit muss wahrscheinlicher sein als ihr Nichteintritt (vgl. Frege et al. 2008, S. 167).

Bei der praktischen Erstellung bietet sich ein vierstufiges Verfahren an (vgl. zu dem folgenden Verfahren Rogler 2000, S. 30 ff.). Ansatzpunkt sollten dabei direkt Ein- und Auszahlungen sein. Da nur das Schuldnerunternehmen einen Antrag auf Insolvenz aufgrund drohender Zahlungsunfähigkeit stellen kann, ist die Datenbeschaffung möglich, weil die erforderlichen Kenntnisse unternehmensintern vorhanden sind.

Auf der ersten Stufe werden von dem vorhandenen Bestand an liquiden Mitteln die rechtlich begründeten Auszahlungen abgezogen und die rechtlich begründeten Einzahlungen addiert:

Anfangsbestand an liquiden Mitteln
+ rechtlich begründete Einzahlungen
− rechtlich begründete Auszahlungen
= Saldo Stufe I

Die bestehenden Zahlungspflichten können dabei aus der güterwirtschaftlichen oder finanzwirtschaftlichen Sphäre entstehen. Ist der Saldo Stufe I negativ, ist bereits jetzt die drohende Zahlungsunfähigkeit festgestellt. In der zweiten Stufe geht man von einer fortgesetzten güterwirtschaftlichen Tätigkeit aus. Zu dem Saldo Stufe I werden zu erwartende Gütereinzahlung durch den Umsatzprozess und zu erwartende Güterauszahlungen durch den Einkauf von Rohstoffen und andere Auszahlungen, die mit dem Umsatzprozess zusammenhängen, hinzugezählt bzw. abgezogen:

Saldo Stufe I
+ zu erwartende Gütereinzahlungen
− zu erwartende Güterauszahlungen
= Saldo Stufe II

Bei diesem Schritt sollten Effizienz steigernde Maßnahmen Berücksichtigung finden, die durch eine Sanierung realisiert werden können. Dabei ist aber kein optimistisches Szenario zu zeichnen, sondern nur diejenigen Maßnahmen sollten berücksichtigt werden, die sicher bzw. mit hoher Wahrscheinlichkeit während des laufenden Geschäftsbetriebs durchgeführt werden können. Relevante Maßnahmen können insbesondere in einem besseren Kreditoren- und Debitorenmanagement liegen. Das Szenario ist aber auch nicht negativ zu zeichnen, denn der Berater muss berücksichtigen, dass gerade der Schutz, den die Insolvenz bietet, für die Umsetzung von Sanierungsmaßnahmen gedacht ist. Ist der Saldo Stufe II positiv, liegt keine drohende Zahlungsunfähigkeit vor. Ist der Saldo negativ, muss untersucht werden, ob das Zahlungsmitteldefizit durch zusätzliche Maßnahmen gedeckt werden kann.

In der dritten Stufe werden Maßnahmen des aktiven Kapitalverkehrs berücksichtigt. Es wird untersucht, ob das Unternehmen aus eigener Kraft in der Lage ist, seinen Zahlungsmittelfehlbetrag zu decken, der auf den ersten beiden Stufen entstanden ist. Dies kann insbesondere durch die Veräußerung von nicht-betriebsnotwendigem Vermögen (wie zum Beispiel Wertpapieren, Grundstücken) oder durch Sale-and-lease-back-Arrangements geschehen, bei denen Vermögensgegenstände verkauft werden, damit eine Einzahlung erzielt wird und derselbe Vermögensgegenstand wieder geleast wird, was zu zeitlich verteilten Auszahlungen für die fälligen Leasingraten führt. Dabei ist zu beachten, dass diese Maßnahmen auch Rückwirkungen auf die Zahlungen der ersten beiden Stufen haben können, die zu berücksichtigen sind:

Saldo Stufe II
+ Einzahlungen durch Maßnahmen des aktiven Kapitalverkehrs
+/− Veränderungen der Zahlungssalden auf Stufe I und II durch Maßnahmen des aktiven Kapitalverkehrs
= Saldo Stufe III

Ist der Saldo Stufe III positiv, liegt keine drohende Zahlungsunfähigkeit vor. Ist der Saldo Stufe III negativ, ist zu untersuchen, ob mit Maßnahmen des passiven Kapitalverkehrs ein Zahlungsmitteldefizit ausgeglichen werden kann. Maßnahmen des passiven Kapitalverkehrs können die Aufnahme von Krediten oder die Zuführung von Eigenkapital sein. Auch hier ist wiederum zu berücksichtigen, dass durch diese Maßnahmen Zahlungsverpflichtungen auf Stufe I und II (Zins- und Tilgungszahlungen) entstehen können:

Saldo Stufe III
+ Einzahlungen durch Maßnahmen des passiven Kapitalverkehrs

+/– Veränderungen der Zahlungssalden auf Stufe I und II durch Maßnahmen des passiven Kapitalverkehrs
= Saldo Stufe IV

Ist der Saldo Stufe IV negativ, so ist die drohende Zahlungsunfähigkeit des Unternehmens festgestellt; das Schuldnerunternehmen kann (muss aber nicht) einen Insolvenzantrag stellen. Mit dem vorgestellten vierstufigen Verfahren wird der unterschiedlichen Wahrscheinlichkeit, mit der die Zahlungen entstehen, Rechnung getragen.

§ 15a InsO stellt diejenigen unter Strafe, die einen Antrag auf Insolvenz nach Eintritt der Insolvenzgründe Zahlungsunfähigkeit und Überschuldung nicht, nicht rechtzeitig oder nicht richtig stellen. Dies gilt auch für eine bloß fahrlässige Verletzung der Antragspflicht, zum Beispiel wenn der Geschäftsführer die Insolvenzgründe nicht erkennt, sie aber hätte erkennen müssen. Die Geschäftsleitung muss spätestens innerhalb von drei Wochen die Insolvenz beantragen, wobei es sich dabei um eine Höchstfrist handelt, innerhalb der sich der Geschäftsführer auch um die Sanierung kümmern muss. Zu beachten ist auch, dass neben den bestellten Geschäftsführern auch die faktischen Geschäftsführer die Insolvenzantragspflicht haben, also derjenige, der die Geschäfte des Unternehmens tatsächlich führt. Liegt ein Fall der vorsätzlichen Insolvenzverschleppung vor, so kann dies mit einer Freiheitsstrafe bis zu drei Jahren oder Geldstrafe bestraft werden. Bei Fahrlässigkeit reduziert sich der Strafrahmen auf ein Jahr. In der Rechtspraxis wird die Insolvenzverschleppung zumeist mit Geldstrafen belegt, es sei denn, es kommen andere Straftaten hinzu.

1.3 Frühwarnsysteme zur Krisenerkennung

1.3.1 Grundlagen der Frühwarnsysteme

Allein aus der Rechtspflicht zur Insolvenzbeantragung folgt ein Bedarf zur rechtzeitigen Erkennung einer schweren Unternehmenskrise. Aber auch aus dem Wunsch zur guten Unternehmensführung und dem wirtschaftlichen Selbsterhaltungstrieb des Unternehmens bzw. des Unternehmers, sollte ein Interesse an Frühwarnsystemen bestehen, die die Unternehmenskrise rechtzeitig vor Entstehen entdecken helfen.

Viele Frühwarnsysteme bedienen sich mathematisch-statistischer Methoden. Diese setzen zumeist am Jahresabschluss bzw. aus dem Jahresabschluss abgeleiteten Rechenwerken an. Der Jahresabschluss ist aber vergangenheitsbezogen, was sachlogisch einer Frühwarnung widerspricht, weil diese zukunftsbezogen sein muss. Die Ausführungen zu den einzelnen Krisenphasen sollten jedoch aufgezeigt haben, wie wichtig die Berücksichtigung von künftigen Entwicklungen zur Erkennung von Krisen sind. Kurzfristige negative Entwicklungen, wie zum Beispiel temporäre Verluste, deuten nicht unbedingt auf eine langfristige Krise hin. Wichtiger für die Krisenfrüherkennung ist es daher, strategische Risiken zu erkennen und damit die eigentliche Krisenursache zu identifizieren. Zeigt sich die Krise in den Zahlen des externen Rechnungswesens, ist das Problem bereits eingetreten und eventuell schon nicht mehr lösbar.

Ein grundlegendes Problem bei der Krisenfrüherkennung ist häufig die Komplexität der Krisenursachen, die gerade eine ausreichend frühzeitige Erkennung erschweren. Insbesondere die folgenden vier Ursachen können als Gründe für die Komplexität von Krisenursachen ausgemacht werden (vgl. Krystek 1987, S. 67 f.):

1. Unternehmenskrisen sind in den seltensten Fällen auf eine einzelne Ursache zurückzuführen. Die Krise entsteht häufig erst durch Verkettung verschiedener Ursachen.
2. Krisen haben ihre Ursache häufig durch mehrstufige Wirkungen. Auf einer Stufe verändert sich eine Variable, zum Beispiel im Wettbewerbsumfeld, was zu sinkenden Umsätzen führt, was wiederum Liquiditätsprobleme auslöst.
3. Die Ursachen für Unternehmenskrisen haben folglich ihren Ursprung auch in verschiedenen Teilbereichen des Unternehmens bzw. der Unternehmensumwelt. Damit sind sie auch nicht mit der Beobachtung einer einzelnen Kennzahl zu erkennen.
4. Die einzelnen Ereignisse, die zu einer Unternehmenskrise gehören, entwickeln unterschiedliche Dynamiken, was es ebenfalls schwierig macht, die Bereiche, die zur Krise führen, frühzeitig zu erkennen.

Als Schlussfolgerung kann man festhalten, dass es selten eine Ursache für eine Krise gibt und die Früherkennung sich folglich auf mehrere Bereiche beziehen müssen. Gerade die jüngere betriebswirtschaftliche Literatur (vgl. zum Beispiel Hauschildt 2004) stellt heraus, dass der menschliche Faktor als Krisenursache eine wichtige Rolle spielt. Dies betrifft im Wesentlichen Führungskräfte des Unternehmens, die durch Fehler das Unternehmen in die Krise führen. In der Sanierung spielt der Faktor Motivation eine große Rolle: In jeder Sanierung ist es notwendig, dass es zu Veränderungsprozessen kommt. Veränderungen bedingen fast zwangsläufig Widerstände in der Belegschaft, die den Prozess hemmen bzw. die Krise verschärfen können. Auch in diesem Buch wird auf diesen Bereich der Unternehmenssanierung (vgl. Kap. 3) ein besonderer Schwerpunkt gelegt.

Die eine Krisenursache gibt es nicht. Viele der Krisensymptome, die man in Datensätzen ablesen kann, sind nicht identisch mit der Krisenursache. Insbesondere die quantitative Krisenfrüherkennung scheitert häufig daran, dass es (noch) keine erkannten Ursache-Wirkungs-Beziehungen zur Krisenentstehung gibt (vgl. Krystek 1987, S. 33).

In der betriebswirtschaftlichen Forschung und Praxis haben sich verschiedene Früherkennungssysteme entwickelt, die meistens in einer Generationenfolge dargestellt werden, die dem zeitlichen Ablauf ihrer ersten Anwendung in betriebswirtschaftlicher Forschung und Praxis entspricht.

Die erste Generation der Früherkennungssysteme (vgl. Krystek 1990, S. 69) ist kennzahlenorientiert und basiert meist auf Hochrechnungen bzw. Prognosen. Kennzahlen sind quantitative Daten, die die Realität in verdichteter und komplexitätsreduzierender Weise darstellen (vgl. Weber und Schäffer 2011, S. 171). Die Hochrechnungen erfasster Istwerte sollen dem Adressaten zeigen, ob es zur Krise kommt oder nicht. Die Erkenntnis zur Krise kann dabei durch hohe Abweichungen von vergangenen Werten oder durch Abweichungen von vorgegebenen Sollwerten (Unternehmensplänen) gezogen werden. Angewendet werden von außenstehenden Unternehmensanalysten zumeist univariate Verfahren aus der Statistik. Univariate Verfahren bezeichnen diejenigen Methoden, die von einer einzelnen Variable abhängen.

Die zweite Generation arbeitet mit Indikatoren, das heißt, die eigentlich zur Krise führende Variable wird nicht direkt abgebildet, sondern es wird eine Kennzahl gemessen, die einen Hinweis (lateinisch indicare = anzeigen, vgl. Grethe 2010, S. 29) auf die eigentlich Krisen verursachende Variable gibt. Ein Beispiel wäre, dass das Unternehmen die Kundenreklamationen erfasst und diese als Indikator für Umsatzverluste durch unzufriedene Kunden annimmt. Es ist in der betriebswirtschaftlichen Wissenschaft umstritten, ob diese Früherkennungssysteme und ihre unterstellten Ursache-Wirkungs-Beziehungen hinreichend wissenschaftlich validiert sind (vgl. Krystek und Moldenhauer 2007, S. 108). Die Methoden, die hier für diejenigen von außen Verwendung finden, bedienen sich multivariater Verfahren. Multivariate Verfahren berücksichtigen mehrere Variablen zur Erklärung. Hierbei werden auch Hinweise aus der Unternehmensumwelt berücksichtigt. Hintergrund der Entwicklung der zweiten Generation der Frühwarnsysteme war eine deutlich dynamischere Unternehmensumwelt in den Siebzigerjahren (vgl. Schulten 1995, S. 114 f.).

Strategische Früherkennungssysteme bilden die dritte Generation von Früherkennungssystemen. Bei ihnen ist der Zeithorizont deutlich länger. Hintergrund ist die bereits in diesem Kapitel diskutierte Theorie der schwachen Signale von Ansoff (vgl. Ansoff 1976, S. 45). Diese beschreibt, dass Ereignisse nicht ohne Vorankündigung eintreten. Negative, potenziell Krisen verursachende Ereignisse, wie das Eintreten neuer Wettbewerber in den Markt, kündigen sich durch schwache Signale an. Diese verbreiten sich weiter, weil eine Ansteckungswirkung den Trend verstärkt. Ziel der Früherkennung ist es, die schwachen Signale so früh wie möglich zu erkennen, um darauf noch überlegt und rechtzeitig reagieren zu können. Angewendet werden in dieser Generation bei der Früherkennung von Unternehmensexternen komplexere informatische Systeme, wie zum Beispiel neuronale Netze. Eine Messung von „schwachen Signalen" ist schwierig. Diskontinuitäten lassen sich nur schwierig identifizieren. Ein Vorschlag ist das Führen einer größeren Zahl von Experteninterviews (vgl. Müller Zeiser 1980, S. 606). Dabei soll nicht die Mehrheitsmeinung beachtet werden, sondern es werden speziell Ausreißer untersucht. Damit kann es gelingen, frühzeitig schwache Signale zu erkennen, weil erste Experten einen von der herrschenden Meinung abweichenden Standpunkt vertreten.

Derzeit entwickeln sich Früherkennungssysteme der vierten Generation. Diese stellen genaugenommen keine Erweiterung der Vorgängersysteme dar, sondern integrieren die Erkenntnisse der ersten bis vierten Generation in ein System (vgl. Schulenberg 2009, S. 79). Ziel ist es, damit die Mehrzahl der bisher identifizierten Krisenursachen in einem System erkennen zu können und damit die Krisenfrüherkennung deutlich zu verbessern (siehe Abb. 1.4).

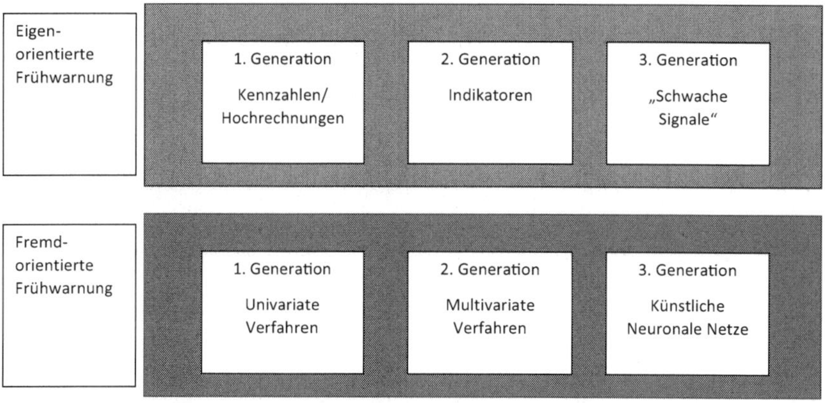

Abb. 1.4 Generationenfolge von Frühwarnsystemen. (Quelle: eigene Darstellung in Anlehnung an Welsch 2010, S. 33)

1.3.2 Qualitative Instrumente zur Frühwarnung vor Krisen

Ein grundlegend wichtiges Instrument zur Früherkennung von Krisen ist die Szenario-Analyse. Ein Szenario ist ein denkbares Zukunftsbild, dessen Eintritt aber nicht mit Sicherheit vorhergesagt werden kann. Vorhersagen und Projektionen führen zu einem Szenario. Zumeist werden in der Szenario-Technik ein pessimistisches, ein neutrales und ein optimistisches Szenario erstellt. Gerade dieses in der Praxis weit verbreitete Vorgehen birgt aber die Gefahr, dass man sich zu sehr auf das neutrale (weil realistische Szenario) konzentriert und die anderen, die aber auch eintreten können, vernachlässigt. Insbesondere in einer dynamischen Umwelt reicht es nicht aus, allein von einem Umweltszenario auszugehen. Die Szenario-Technik ermöglicht es, mehrere Umweltzustände zu betrachten. Für das strategische Management ist es hilfreich, die Reaktionen des Unternehmens in verschiedene Szenarien vorauszuplanen. Für die Krisenfrüherkennung ist es hilfreich, mit der Szenario-Analyse zu erkennen, was in dem Unternehmen passiert, wenn sich bestimmte Umweltbedingungen in einer negativen Weise ändern. Die Szenario-Analyse kann auch dabei helfen, Maßnahmen abzuleiten, um die Krise gänzlich zu vermeiden.

In Abb. 1.5 ist der Szenariotrichter dargestellt, der die vorhergehenden Überlegungen zusammenfasst. Der Einfluss der Gegenwart wird im Zeitablauf immer weniger. Es spannt sich ein Trichter auf mit einem positiven und einem negativen Extremszenario als Begrenzung. Ein Trendszenario spiegelt die Fortschreibung der gegenwärtigen Unternehmensentwicklung wider. Auf externe Störereignisse kann das Unternehmen durch Maßnahmen reagieren. Das pessimistische Szenario tritt so nicht ein, das Unternehmen vermeidet die Krise, weil es sich vorbereitet, um auf krisenhafte Szenarien zu reagieren.

Die konsequente und zielgerichtete Auseinandersetzung mit Szenarien aus der Zukunft ist ein wichtiges Instrument zur langfristigen Sicherung der Existenz eines Unternehmens. Das Unternehmen kann zügig auf sich ändernde Umfeldbedingungen reagieren. Frühzeitig eingesetzt kann die Szenarioanalyse helfen, Krisensituationen zu vermeiden.

Auch andere Instrumente des strategischen Managements können eingesetzt werden, so die Portfolio-Analyse, der Produktlebenszyklus oder die Cross-Impact Analyse. Auch Analysetools wie die Five Forces Analyse (vgl. Abschn. 2.1.1.1), die PESTEL-Analyse, die SWOT-Analyse (vgl.

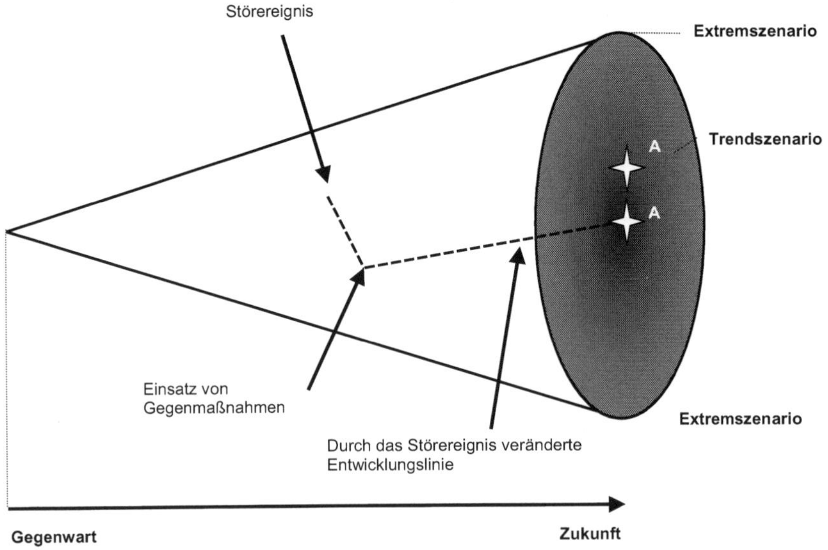

Abb. 1.5 Szenariotrichter. (Quelle: entnommen aus Reisinger et al. 2014, S. 88)

Abschn. 2.1.1.3) oder die Wertkette (vgl. Abschn. 2.1.1.2) können Aufschluss über mögliche zukünftige Krisen geben. Selten wird ein Instrument allein ausreichen, um eine verlässliche Aussage zu erhalten. Allerdings muss man warnend hinzufügen: Eine umfassende Untersuchung aller Umweltentwicklungen kann aus wirtschaftlichen Gründen nicht geleistet werden. Der sprichwörtliche schwarze Schwan (vgl. Taleb 2010), das niemals erwartete externe Ereignis, wird immer wieder eintreten. Krisen fördernde Ereignisse wie beispielsweise die Finanzkrise der Jahre 2008 und folgende hat niemand vorhergesehen. Es gehört auch zum Unternehmertum dazu, Risiken bewusst einzugehen. Dann muss man auch damit leben und damit rechnen, dass Risiken auch immer mal wieder eintreffen. Nur wenn das Risiko eintritt, muss das Unternehmen überlegt handeln können.

Für den externen Unternehmensanalysten fehlt meistens der Zugang zu den notwendigen Daten, um eine strategische Analyse des Unternehmens durchzuführen. Hierbei handelt es sich meist um qualitative Informationen, die für Branchenfremde nicht einfach zugänglich sind. Aufgrund der Publizitätspflicht sind hingegen die Zahlen des Jahresabschlusses für Externe zugänglich; allerdings mit einem Zeitversatz, sodass die Krise im schlimmsten Fall schon deutlich weiter fortgeschritten ist, als sich aus der statistischen Analyse ergibt. In Deutschland besteht die gesetzliche Pflicht für alle Kapitalgesellschaften, Personengesellschaften ohne natürlichen Gesellschafter (dies ist die GmbH & Co. KG) und Personengesellschafter ab einer bestimmten Größenordnung (festgelegt in § 1 PublG) den Jahresabschluss im Bundesanzeiger spätestens zwölf Monate nach Ende des Geschäftsjahres zu veröffentlichen.

Ein pragmatisches Instrument zur schnellen Selbstanalyse der Situation, wie sie gerade bei kleinen und mittleren Unternehmen sinnvoll sein kann, stellt die Früherkennungstreppe (vgl. Exler et al. 2014, S. 7) dar. Mit gezielten Fragen zur strategischen Situation des Unternehmers soll dem Unternehmen aufgezeigt werden, wo Handlungsbedarf besteht und welche Risiken das Unternehmen zu beachten hat. Wichtig dabei ist, dass der Unternehmer in der Selbstprüfung auch in der Tat ehrliche Antworten gibt. Häufig ist es verführerisch, die eigene Situation positiver darzustellen als die Lage tatsächlich ist.

In der Früherkennungstreppe (siehe Abb. 1.6) geben negative Antworten auf die Fragen 9 bis 7 Hinweise auf eine tatsächliche Früherkennung. Die Fragen 6 bis 4 sind eine „Späterkennung“, das heißt, die Krise ist schon ausgebrochen und das Unternehmen hat bereits ein massives Problem. Bei den Fragen 3 und 2

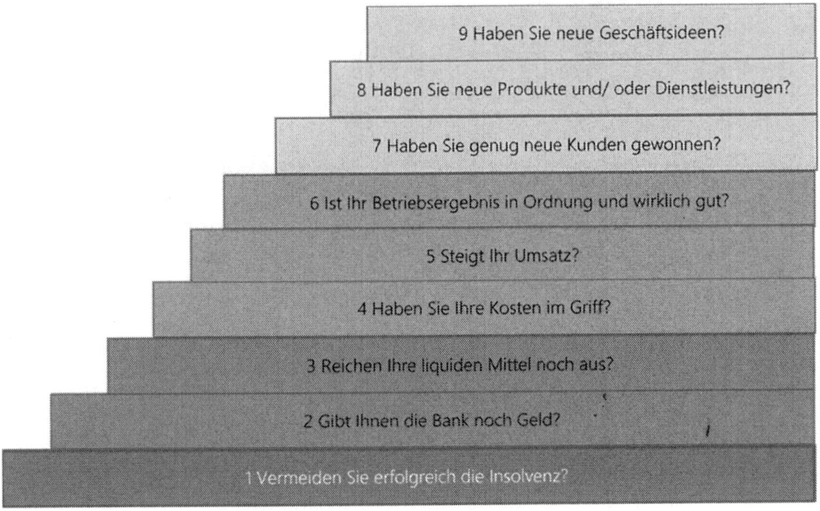

Abb. 1.6 Früherkennungstreppe. (Quelle: Eigene Erstellung in Anlehnung an Exler et al. 2014, S. 7)

handelt es sich in jedem Fall um eine Späterkennung, bei der es wahrscheinlich schon zu spät ist. In den meisten Fällen wird die Einleitung eines Insolvenzverfahrens unumgänglich sein. Zu spät ist es, wenn die Frage 1 verneint wird. In diesem Falle ist eine Sanierung nur noch im Rahmen des Insolvenzverfahrens, in dem die bisherige Unternehmensleitung die Hoheit verloren hat, möglich.

Die Früherkennungstreppe ist ein schnelles und einfaches Instrument, um die eigene Situation einzuschätzen. Bei ehrlichen Antworten kann es einen gerade noch rechtzeitigen Hinweis auf eine nahende oder bereits eintretende Krise geben. Ab Frage 3 ist es aber bereits zu spät, um geplant und vorausschauend zu reagieren.

1.3.3 Quantitative Instrumente zur Frühwarnung vor Krisen

Das Controlling verwendet Kennzahlen, um Sachverhalte zu verdichten und den Adressaten des Controllings (der Unternehmensführung) Informationen in komplexitätsreduzierender Form zur Verfügung zu stellen (vgl. Behringer

2014). Damit wird auch dem viel beschäftigten Unternehmensleiter eine Möglichkeit zur Verfügung gestellt, kritische Sachverhalte schnell und auf einen Blick zu erfassen. Krystek und Moldenhauer (2007) haben Kennzahlen zusammengestellt, die helfen, Krisen frühzeitig zu erkennen. In Tab. 1.1 sind diese Kennzahlen abgebildet.

In Kennzahlensystemen werden Kennzahlen so zusammengefasst, dass sie Aufschluss geben über die Krisenanfälligkeit von Unternehmen. Ein sehr bekanntes Modell der Bilanzanalyse zur Einteilung von Unternehmen in solche, die Gefahr laufen insolvent zu werden und solche, die eine hohe Überlebenswahrscheinlichkeit haben, stellt das Z Score Modell des amerikanischen Forschers Altman dar. Dieses Modell basiert auf der Diskriminanzanalyse, die Datenbestände trennt (diskriminiert). Unternehmen werden hinsichtlich ihrer Jahresabschlüsse und daraus errechneter Kennzahlen in solvente und insolvente Unternehmen eingeteilt. In der ursprünglichen Untersuchung arbeitete Altman mit Daten von börsennotierten Unternehmen, die in den Jahren 1946 bis 1965 insolvent geworden sind. Insolvente Unternehmen wurden solchen gegenübergestellt, die ähnlich groß waren und im gleichen Zeitraum solvent geblieben sind. Insbesondere fünf Kennzahlen sind von Altman als Prädiktoren für eine Unternehmensinsolvenz identifiziert worden:

- X_1 = Working Capital/Bilanzsumme
- X_2 = Gewinnrücklagen/Bilanzsumme
- X_3 = Earnings Before Interest and Taxes (EBIT)/Bilanzsumme
- X_4 = Marktwert des Eigenkapitals/Fremdkapital
- X_5 = Umsatz/Bilanzsumme

Diese fünf Kennzahlen werden dann in einer Diskriminanzfunktion zusammengestellt und berechnet. Die Diskriminanzfunktion ermittelt einen Trennwert Z:

$$Z = 0{,}012\,X_1 + 0{,}014\,X_2 + 0{,}033\,X_3 + 0{,}0006\,X_4 + 0{,}999\,X_5$$

Altman ermittelte ein Z von 2,675 als optimalen Trennwert für insolvente und solvente Unternehmen. Alle Unternehmen der Stichprobe mit einem Z von kleiner als 1,81 wurden insolvent, während alle Unternehmen mit einem Z von größer 2,99 solvent blieben. Diese Erkenntnisse kann man wie folgt operationalisieren:

Tab. 1.1 Kennzahlen, die bei einer Krisenfrüherkennung hilfreich sein können. (Quelle: Eigene Erstellung in Anlehnung an Krystek und Moldenhauer 2007, S. 106)

EK-Rentabilität	Auftragseingangsquote	Beschaffungserfolgsquote	Forschungsintensität	Rechnungsfunktion	Entscheidungsabläufe	Produktivitäten	Arbeitsintensität
GK-Rentabilität	Markterschließungsgrad	Materialintensität	Innovationsgrad	Kommunikationsfunktion	Führungsstil	Wirtschaftlichkeiten	Arbeitsproduktivität
EK-Nutzungsgrad	Marktanteil	Umschlagshäufigkeit	Verbesserungsquote	Dokumentationsfunktion	Kontrollspanne	Beschäftigungsgrad	Fluktuationsquote
GK-Nutzungsgrad	Kalkulationsabweichung	Lagerdauer	Lizenzeinnahmen	Sicherungsfunktion	Vertretungsregelung	Mehrarbeitsquote	Anwerbeerfolgsquote
Gewinnrate	Preiselastizität	Lieferverzögerungen		Dienstleistungsfunktion	Arbeitsstil	I+R Quote	Krankenquote
Gewinnschwelle	Termintreue	Fehlerquote			Verfahrenstechniken	Fehler/Ausschussquote	Altersstruktur
Liquidität	Werbeerfolgsquote				Informationssystem	Fixkostenbelastung	
Investitionen	Werbeelastizität				Mitarbeiterbeurteilung		
Eigenkapitalquote	Vertriebserfolgsquote						
Fremdkapitalquote	Umschlagshäufigkeit						
Verschuldungsgrad	Reichweite						
Kreditspielraum							

(Fortsetzung)

Tab. 1.1 (Fortsetzung)

Investitionsquote							
Zahlungsziel							

1. Z < 1,81: Die Wahrscheinlichkeit einer Insolvenz dieser Unternehmen ist sehr hoch.
2. 1,81 $\leq$ Z $\geq$ 2,99: Das Unternehmen liegt in einer Grauzone, eine eindeutige Zuordnung in den Bereich der solventen oder insolventen Unternehmen ist nicht möglich.
3. Z > 2,99: Die Wahrscheinlichkeit, dass das Unternehmen solvent bleibt, ist sehr hoch. Allerdings ist auch hier zu beachten, dass der Jahresabschluss nur einen Stichtagsbezug aufweist und sich die dort ablesbaren Daten verändern können.

In seinen Untersuchungen hat Altman festgestellt, dass der Z Score über alle untersuchten Zeiträume hinweg stets verlässliche Ergebnisse geliefert hat. Die Aussagekraft ist kurzfristig sehr gut (über ein Jahr hat das Verfahren eine Treffsicherheit von 93,5 % für insolvente Unternehmen), je länger der Prognosehorizont allerdings gewählt wird, umso mehr verliert das Verfahren an Treffgenauigkeit. Wird der Prognosehorizont auf drei Jahre ausgedehnt, besteht nur noch eine Treffgenauigkeit von 48,3 %. Das Werfen einer Münze mit dem Urteil, insolvent oder solvent, hätte statistisch eine Treffgenauigkeit von 50 %. Die kurzfristigen Werte zur Treffergenauigkeit wurden aber auch in den letzten Jahren in Folgeuntersuchungen immer nur leicht unterschritten.

Im Auftrag einer US-amerikanischen Investmentgesellschaft wurde das Modell des Z-Score 1977 zum ZETA-Score erweitert. Das Vorgehen war ähnlich, insolvente und solvente Unternehmen der ungefähr gleichen Größenordnung wurden einander gegenübergestellt. Allerdings wurden bei diesem Modell nur die Kennzahlen und nicht die genaue Diskriminanzfunktion veröffentlicht. Folgende Kennzahlen sind Teil des Modells:

- X1: EBIT/Bilanzsumme
- X2: Normierter Standardfehler des durchschnittlichen Wachstums von X1 über einen Zehn-Jahres-Zeitraum

- X3: Log10 (EBIT/Zinsaufwand)
- X4: Gewinnrücklagen/Bilanzsumme
- X5: Umlaufvermögen/Kurzfristige Verbindlichkeiten
- X6: Marktwert des Eigenkapitals/(Marktwert des Eigenkapitals + Langfristige Verbindlichkeiten inklusive Leasingverbindlichkeiten) als Fünf-Jahres-Durchschnitt
- X7: Bilanzsumme

Die Koeffizienten, mit denen diese Kennzahlen in die Diskriminanzfunktion eingehen, wurden nicht veröffentlicht. Das ZETA-Modell hatte insbesondere eine bessere Aussagekraft hinsichtlich langfristiger Prognosehorizonte.

Eine andere Untersuchung von Baetge et al. 1988 hat sich ebenfalls der multivariaten Diskriminanzanalyse bedient. Die Studie hat Firmenkunden der Bayerischen Vereinsbank in „gute“ und „schlechte“ Unternehmen unterteilt. „Schlechte“ Unternehmen waren solche, bei denen es bei der Kreditabwicklung einen endgültigen Ausfall bzw. erhebliche Überschreitungen bei den Zahlungsfristen gegeben hat. In die Diskriminanzanalyse gingen 42 Kennzahlen aus den Bereichen Rentabilität, Finanzkraft, Liquidität, Kapitalstruktur, Anlagendeckung, kurzfristige Verschuldung und Zahlungsverhalten ein. In die als relevant identifizierte Diskriminanzfunktion gingen dann die folgenden drei Kennzahlen ein:

1. Das wirtschaftliche Eigenkapital (haftendes Eigenkapital, Sonderposten mit Rücklageanteil, der aber mit dem Bilanzrechtsmodernisierungsgesetz [BilMoG], das im Jahre 2009 in Kraft getreten ist, nicht mehr ausgewiesen wird, lediglich Altfälle können noch relevant sein und Gesellschafterdarlehen abzüglich Forderungen an nicht haftende Gesellschafter und ausstehende Einlage) im Verhältnis zum Gesamtkapital abzüglich der flüssigen Mittel und Immobilien. Dies ist die Kennzahl zur Kapitalstruktur.
2. Der Cashflow 1 (Betriebsergebnis plus Normalabschreibungen plus Zuführungen zu Pensionsrückstellungen) im Verhältnis zum Gesamtkapital als Kennzahl zur Rentabilität des Unternehmens.
3. Cashflow 2 (Finanzwirksame, das heißt zahlungswirksame Erträge, einschließlich außerordentlicher Elemente abzüglich finanzwirksamer Aufwendungen, ebenfalls einschließlich außerordentlicher Elemente) im Verhältnis zum kurzfristigen Fremdkapital als Kennzahl zur Finanzkraft.

Die ermittelte Diskriminanzfunktion wurde von den Forschern in verschiedenen Simulationsläufen und Tests weiter plausibilisiert. Sie erwies sich als sehr trennstabil in Bezug auf die Unterscheidung zwischen guten und schlechten Unternehmen unabhängig von der Branche der getesteten Unternehmen, eventueller bilanzpolitischer Maßnahmen, Größenklassen oder Rechtsformen.

In einer theoriegeleiteten Untersuchung von Muche (vgl. Muche 2007) wird neben den Kennzahlen für Liquidität, Kapitalstruktur und Rentabilität, die auch im Kennzahlensystem von Baetge et al. Verwendung finden, darauf hingewiesen, dass Kennzahlen zur Volatilität (Risiko) und zum Wachstum heranzuziehen sind. Daneben wird darauf hingewiesen, dass es hilfreich sein kann, wenn die Struktur der Aufwendungen und Auszahlungen eine stärkere Beachtung findet, also der Cashflow nicht nur aggregiert betrachtet wird. Hintergrund dieser Überlegung ist, dass in einer Krise ein Unternehmen Aufwendungen und Auszahlungen anpassen kann. Dabei sind die einzelnen Kategorien von Geschäftsvorfällen unterschiedlich anpassungsfähig. Während Personalaufwand aufgrund von Kündigungsfristen erst langsam verändert werden kann, können bestimmte andere Geschäftsvorfälle wie zum Beispiel der Beratungsaufwand sehr schnell reduziert werden.

In letzter Zeit bedienen sich Untersuchungen der statistischen Jahresabschlussanalyse vermehrt der Technik künstlicher neuronaler Netze. Neuronale Netze versuchen, biologische neuronale Netze im menschlichen Gehirn zu imitieren und damit deren Lernfähigkeit für die Informationstechnologie nutzbar zu machen. Im Unterschied zu anderen informatischen Methoden wird Wissen bei neuronalen Netzen nicht mit einzelnen Daten in einer Datenbank abgespeichert, sondern die Stärke von Verbindungen zwischen einzelnen Zellen (den Gliedern des neuronalen Netzes) repräsentiert das gespeicherte Wissen. Hinzu kommt, dass mithilfe neuronaler Netze einzelfallbezogenes Wissen verallgemeinert werden kann und damit erkannte Kausalitäten auf andere Unternehmen übertragen werden können. Mit Hilfe von Trainingstechniken kann ein neuronales Netz Zusammenhänge lernen, die dann zu der eigentlichen Analysetätigkeit eingesetzt werden. Damit können auch nichtlineare Zusammenhänge entdeckt werden, was die herkömmliche multivariate Diskriminanzanalyse nicht leistet. Des Weiteren entfällt auch die Voraussetzung der Normalverteilung der Kennzahlenausprägungen, die bei der Diskriminanzanalyse vorausgesetzt wird. Ein weiterer wichtiger Vorteil ist, dass quantitative und qualitative Daten parallel verarbeitet werden können.

Anwendung gefunden hat die Technik der neuronalen Netze in einer Untersuchung von Krause (vgl. Krause 1993). Als verlässliche Trenngrößen zwischen guten und schlechten Unternehmen werden in dieser Untersuchung ähnliche Kennzahlen identifiziert wie in den vorgenannten Studien: wirtschaftliches Eigenkapital dividiert durch die Bilanzsumme; Cashflow 1 dividiert durch kurzfristiges Fremdkapital; Gesamtverschuldung ohne Anzahlungen auf unfertige Erzeugnisse dividiert durch den Umsatz; kurzfristiges Fremdkapital dividiert durch das gesamte Fremdkapital. Werden diese Kennzahlen in neuronalen Netzen verarbeitet, geben sie einen guten Prädiktor für Unternehmenskrisen an.

Eine erhebliche praktische Bedeutung haben Unternehmensratings. Die Besonderheit von Unternehmensratings (vgl. Hartmann und Schwartzhaupt 2007, S. 32 ff.) ist, dass quantitative und qualitative Elemente gemischt werden und ein aggregiertes Gesamturteil gebildet wird. Unternehmensratings haben insbesondere in der Zusammenarbeit mit Banken eine besondere Bedeutung, weil sie gesetzlich vorgeschrieben sind. Die Bank muss je nach Ratingurteil ihr Kreditengagement mit einer bestimmten Höhe von haftendem Eigenkapital unterlegen. Da haftendes Eigenkapital bei Banken ein knappes Gut ist, haben Banken ein großes Interesse daran, möglichst gute Ratings bei ihren Kreditkunden zu haben. Ein Unternehmen mit guten Ratings wird niedrigere Kreditzinsen zahlen müssen als ein Unternehmen mit schlechteren Ratings. Da die Finanzierungssituation gerade in der Krise eine besonders wichtige und kritische Rolle spielt, bekommt auch das Unternehmensrating eine besondere Bedeutung: Für die Bank ist es das verpflichtende Frühwarnsystem bei ihren Kundenengagements, für die Unternehmen hat eine Verschlechterung unmittelbare Folgen, weil die Kreditzinsen steigen und damit das Unternehmen in noch größere Schwierigkeiten kommen kann.

Bei börsennotierten Unternehmen werden die Ratings von den großen Ratingagenturen Standard & Poor's, Moodys oder Fitch durchgeführt. Die Ratings werden je nach Ratingagentur von AAA (Tripple A) bis zu D (Default = Ausfall) verteilt. Allerdings ist das Rating eine relative, ordinale Bewertung, die nicht den Anspruch eines absoluten Werturteils erhebt. Retrograd lässt sich allerdings ermitteln, wie sich die Ratings bei Unternehmen in Bezug auf das Eintreten von Insolvenzen auswirken. Danach (vgl. Grethe

2010, S. 35) haben Unternehmen, die ein Rating von AAA erhalten haben, eine Wahrscheinlichkeit von null, innerhalb eines Jahres insolvent zu werden. Haben die Unternehmen ein Rating von CCC erhalten, steigt diese Wahrscheinlichkeit auf 45 %. Oder anders gewendet: Nur etwa knapp die Hälfte dieser Unternehmen überlebt noch das Folgejahr.

Banken verfügen aufgrund des Charakters der Kundenbeziehung über Zugriff auf wertvolle Daten, die sie effektiv zur Früherkennung von Krisen nutzen können. Insbesondere Hausbanken erkennen durch die Kontoführung schnell, was grundlegend in den Unternehmen passiert. Das laufende Konto des Unternehmens ist so etwas wie die „Drehscheibe des Unternehmens" (Portisch 2014, S. 58). In den dort ein- und abgehenden Zahlungsströmen finden sich alle Informationen über die finanzielle Situation des Unternehmens gebündelt wieder. Folgende Krisenfaktoren können durch die Bank leicht identifiziert werden, wobei sie Vergleichswerte aus der Branche und saisonale Schwankungen berücksichtigen muss:

- Kunden und Lieferanten zahlen bzw. verlangen Zahlungen in anderen Rhythmen. Die Bank erkennt das an geänderten Zeiten und Beträgen auf dem Konto.
- Haben-Umsätze gehen zurück, Sollsalden steigen an.
- Erste Überziehungen treten auf bzw. es treten Überziehungen zu Zeiten auf, an denen es früher keine gab.

Wie leicht die Bank erkennen kann, dass ein Unternehmen sich in einer Krise befindet, sollte Hinweis und Warnung sein, sich tatsächlich mit Früherkennung von Unternehmenskrisen zu befassen, weil Banken dies fast automatisch im Rahmen ihrer Geschäftsbeziehungen sowieso herausfinden. Wenn Banken dies zuerst selbst herausfinden, bringt man sich als Bankkunde in eine deutlich schlechtere Ausgangsposition, in der dann zwangsläufig folgenden Verhandlung.

Literatur

Ansoff I (1966) Management-Strategie, München 1966.

Ansoff I (1976) Managing Surprise and Discontinuity – Strategic Response to Weak Signals, ZfbF, 28. Jg., S. 129–152.

Baetge J, Huß M, Niehaus HJ (1988) Die Beurteilung der wirtschaftlichen Lage eines Unternehmens mithilfe der statistischen Jahresabschlussanalyse, in: Lück, W. (Hrsg.): Betriebswirtschaftliche Steuerungs- und Kontrollprobleme, Wiesbaden, S. 19–31.

Burger A, Schellberg B (1996) zur Abhängigkeit der Kapitalflussrechnung und des Cash Flow vom Finanzmittelfonds, WPg, 49. Jg., S. 179–185.

Exler MW, Gapp C, Kelz O, Levermann T, Ortner M (2014) Das Erkennen einer strategischen Krise als Managementaufgabe, Controller Magazin, November/Dezember, S. 4–11.

Fleege-Althoff F (1930) Die notleidende Unternehmung, Stuttgart.

Frege et al. (2008) Insolvenzrecht, 7. Auflage, München.

Grethe C (2010) Restrukturierung von Krisenunternehmen durch Private-Equity-Gesellschaften, Wiesbaden.

Hartmann W, Schwarzhaupt O (2007) Die Bedeutung des Ratings im Bankkreditgeschäft. In: Büschgen HE, Everling O: Handbuch Rating. 2. Auflage, Wiesbaden, S. 25–45.

Hasenack W (1932) Unternehmertum und Wirtschaftslähmung: Die Dauerkrise in den deutschen Unternehmungen und die Voraussetzungen des wirtschaftlichen Aufstiegs, Berlin.

Hauschildt J (2004) Krisenforschung und Krisenmanagement, in: Schreyögg G, Werder A von (Hrsg.): Handwörterbuch Unternehmensführung und Organisation,4. Auflage, Stuttgart, Sp. 706–716.

Holsti OR (1978) Limitations of Cognitive Abilities in the Face of Crisis, in: Smart CF, Stanbury WT Studies on Crisis Management, Toronto, S. 39–55.

Hülsmann M (2005) Ad-hoc Krise – Eine begriffliche Annäherung, in: Burmann C, Freiling J, Hülsmann M Management von ad-hoc Krisen, Wiesbaden, S. 215–244.

Koch W (1933) Die Krise des Industriebetriebs, Berlin.

Krause C (1993) Kreditwürdigkeitsprüfung mit Neuronalen Netzen, Düsseldorf.

Krystek U, Klein J (2010) Erstellung von Sanierungskonzepten: Leitfaden zur zukünftigen Ausgestaltung von Sanierungskonzepten, DB, 63. Jg. (Teil 1) S. 1769–1775 und (Teil 2) S. 1837–1844.

Krystek U, Moldenhauer R (2007) Handbuch Krisen- und Restrukturierungsmanagement. Generelle Konzepte, Spezialprobleme, Praxisberichte, Stuttgart.

Krystek U (1990) Früherkennungssysteme als Instrument des Controllings, in: Mayer E (Hrsg.): Handbuch Controlling, Stuttgart, S. 419–442.

Krystek U (1987) Unternehmungskrisen: Beschreibung, Vermeidung und Bewältigung überlebenskritischer Prozesse in Unternehmungen. Wiesbaden.

Liebl F (1996) Strategische Frühaufklärung: Trends – Issues – Stakeholders, München.

Löhneysen G von (1982) Die rechtzeitige Erkennung von Unternehmungskrisen mit Hilfe von Frühwarnsystemen als Voraussetzung für ein wirksames Krisenmanagement, Göttingen.

Loitz R (2000) Wirtschaftsprüfer und Steuerberater vor dem Hintergrund des neuen Insolvenzrechts, BuW, 54. Jg., S. 125–128.

Muche T (2007) Ein stochastisches Modell zur Insolvenzprognose auf der Basis von Jahresabschlussdaten, BFuP, 59. Jg., S. 376–399.

Müller G, Zeiser B (1980) Zufallsbereiche zur Beurteilung frühaufklärender Signale; in: Zeitschrift für Betriebswirtschaft; 50. Jg., S. 605–619.

Portisch W (2014) Sanierung und Insolvenz aus Bankensicht, München.

Rödl H (1979) Kreditrisiken und ihre Früherkennung: ein Informationssystem zur Erhaltung des Unternehmens, Düsseldorf.

Rogler S (2000) Drohende Zahlungsunfähigkeit als neuer Insolvenzgrund, BuW, 54. Jg., S. 27–32.

Schulenberg N (2009) Entstehung von Unternehmenskrisen. Eine evolutionstheoretische Erklärung, Wiesbaden.

Schulten M (1995) Krisenmanagement, Berlin.

Steger U, Winter M (1996) Strategische Früherkennung zur Antizipation ökologisch motivierter Marktveränderungen, Die Betriebswirtschaft, 56 Jg., S. 607–630.

Taleb NN (2010) Der schwarze Schwan, München.

Weber J, Schäffer U (2011) Einführung in das Controlling, 13. Auflage, Stuttgart.

Welsch C (2010) Organisationale Trägheit und ihre Wirkung auf die strategische Früherkennung von Unternehmenskrisen, Wiesbaden.

2 Bereiche einer Sanierung

Die Sanierung bezeichnet in der Betriebswirtschaftslehre die Rettung eines in der Krise befindlichen Unternehmens (vgl. Krystek und Moldenhauer 2007, S. 140). Um die Rettung erfolgreich zu gestalten, reicht normalerweise eine einzelne Maßnahme nicht aus. Vielmehr muss das Unternehmen eine Vielzahl von Maßnahmen einleiten, die in ihrer Gesamtheit zur Gesundung des Unternehmens führen. Man unterscheidet dabei zwei Formen der Sanierung (vgl. Feldbauer-Durstmüller und Stiegler 2002):

- Die Sanierung im engeren Sinne: Hier werden nur finanzwirtschaftliche Maßnahmen subsumiert, die zur Gesundung des Unternehmens führen.
- Die Sanierung im weiteren Sinne hat demgegenüber eine ganzheitliche Herangehensweise, weil neben finanzwirtschaftlichen auch leistungs- und absatzwirtschaftliche Maßnahmen eingeleitet werden.

Im Rahmen dieses Buches verwenden wir den umfassenderen Begriff der Sanierung im weiteren Sinne. Ziel ist zunächst die Sicherung der Überlebensfähigkeit des Unternehmens, wobei in der Regel finanzielle Maßnahmen zentral sind. Um einen nachhaltigen Erfolg zu erzielen, müssen aber auch die anderen Teilbereiche des Unternehmens berücksichtigt werden. Begrifflich zu unterscheiden ist das Turnaround-Management, das eine tief greifende Veränderung des Unternehmens beinhaltet. Dieses greift nicht zwingend in einer Krise ein, wie die Sanierung, sondern kann schon in einem früheren Stadium gestartet werden, um eine Krise zu vermeiden (vgl. Pinkwart et al. 2005, S. 54). Das Turnaround-Management kann auch nach der erfolgreichen

S. Behringer, *Unternehmenssanierung*,
DOI 10.1007/978-3-8349-3802-2_2

Abwendung einer akuten Krise angewendet werden, um das Unternehmen langfristig wieder fit zu machen.

2.1 Strategische Sanierung

Der Begriff der Strategie geht auf den athenischen Reformer Kleisthenes (circa 570 bis 507 vor Christus) zurück. Die Kleisthenischen Reformen werden als Meilenstein auf dem Weg zur athenischen Demokratie angesehen. Kleisthenes installierte zehn verschiedene Distrikte in Athen, die sowohl als militärische wie auch als politische Einheiten wirkten. An die Spitze jedes Distrikts wurde ein „strategoi" gewählt. Die zehn „strategoi" bildeten gemeinsam den athenischen Kriegsrat. Der Begriff „strategoi" wurde zusammengesetzt aus den Wörtern „stratos", was „Armee" bedeutet und „agein" was „führen" entspricht. Hintergrund dieser Einheiten waren vor allem erhebliche Veränderungen in der Kriegsführung. Einzelne, besonders tapfere Leistungen waren nicht mehr ausreichend, um militärische Siege zu erringen. Vielmehr war die Koordination von Menschen und Einheiten zu einem geschlossenen Ganzen entscheidend für den Sieg (vgl. Cummings 1993, S. 133). Kennzeichen von Strategien, egal ob militärisch oder betriebswirtschaftlich geprägt, ist die komplexe Umwelt, innerhalb der sie sich bewegt. Der preußische Feldherr Moltke formulierte es so: „Kein Plan überlebt die erste Feindberührung" (Mussnig 2007, S. 303). Man muss sich immer wieder auf neue Situationen einstellen.

In der Betriebswirtschaftslehre gibt es eine Vielzahl von Definitionen des Begriffs Strategie. Allen gemein ist die Wurzel im Bereich des Militärs. Chandler definiert Strategie als Maßnahmenbündel und Ressourcenzuordnung zur Erreichung der grundlegenden und langfristigen Ziele eines Unternehmens (Chandler 1962, S. 23). Im Folgenden wird diese klassische Definition zugrunde gelegt.

In einer Krise ist es notwendig, die Strategie infrage zu stellen, wahrscheinlich auch sie zu ändern. Dies ist meistens die schwierigere Aufgabe. Kleinere Schwachstellen im operativen Bereich müssen wahrscheinlich zuerst geändert werden, genauso wie finanzielle Sofortmaßnahmen, die das Überleben des Unternehmens kurzfristig sichern müssen. Um das Unternehmen langfristig auf den Erfolgskurs zurück zu bringen, ist aber der strategische Wandel notwendig. Dies bedingt häufig einen radikalen Wandel, also eine Revolution. Eine strategische Revolution ist ein abrupter Wandel in einer kurzen Zeitspanne (Greiner 1970). Dies ist notwendig, birgt aber Gefahren, weil es verschiedene Widerstände gegen diesen radikalen Wandel geben kann.

Der strategische Managementprozess in einem Unternehmen beginnt unabhängig von der Zeitvorgabe für einen Wandel mit einer Informationssammlung. Es ist wichtig, sich bewusst zu machen, welche Chancen und Risiken (von der Unternehmensumwelt herrührend) und Stärken und Schwächen (aus dem eigenen Unternehmen kommend) das Unternehmen hat. Gerade in einer Krise muss sich das Unternehmen damit auseinandersetzen, weil in dieser besonderen Situation der Status quo vollkommen infrage gestellt werden sollte. Nur wenn man Mut zu unkonventionellen Lösungen hat, kann man sich aus der Krisensituation befreien. Allerdings darf man nicht zu waagemutig werden und wie ein Hasardeur die Unternehmensexistenz aufs Spiel setzen. Vielmehr muss man als Unternehmensleiter eine vernünftige, abgewogene, aber entschiedene Reaktion zeigen. Dazu bleibt in der besonderen Sanierungssituation wenig Zeit, wie es ein Strategieprozess in normalem Fahrwasser erfordern würde. Die Informationsbasis muss gut sein, um zu entscheiden, was eine vernünftige und was eine übertriebene Reaktion wäre. In dieser Situation muss die Informationsbeschaffung schnell aber zielgerichtet erfolgen. Als Handreichung für diese Situation sollen im Folgenden zwei Methoden vorgestellt werden, die die Informationsbasis für eine adäquate Strategieentscheidung darstellen können. Zunächst wird der Five Forces Paradigm von Michael Porter (vgl. Porter 1979, 1980, 2008) als Instrument zur Gewinnung von relevanten Informationen über die Unternehmensumwelt dargestellt. Es folgt die Darstellung der Wertkette (Value Chain), die ebenfalls von Porter entwickelt wurde (Porter 1980) zur Identifizierung von unternehmenseigenen Stärken und Schwachen. Zusammengefasst werden diese Informationen üblicherweise in einer SWOT-Analyse. Deren Darstellung steht am Ende dieses Kapitels.

2.1.1 Informationssammlung

2.1.1.1 Five Forces Paradigm zur Gewinnung von Informationen aus der Unternehmensumwelt

Die Branchenstrukturanalyse mit dem Five Forces Paradigm erhebt die Daten über die Umwelt des Unternehmens. Damit wird die Grundlage für die Strategiebildung geschaffen. Der Five Forces Paradigm benennt fünf Kräfte, die den Wettbewerb in einer Branche prägen. Die Methode funktioniert wie eine

Checkliste: Ein Katalog von allgemein strategisch relevanten Punkten wird auf die konkrete Branche des Unternehmens bezogen.

Die Grundideen dahinter sind die folgenden (vgl. Magretta 2012, S. 36 ff.):

- Obwohl jede Branche andere Technologien und Usancen hat, sind die Kräfte, die auf die beteiligten Unternehmen einwirken, im Wesentlichen gleich.
- Die Struktur einer Branche bedingt die Attraktivität. Es spielt weniger eine Rolle, ob es sich um eine Dienstleistung, eine Hightech oder Lowtech Branche handelt oder ob der Bereich stark oder gar nicht reguliert ist.
- Die Branchenstruktur ist relativ stabil. Nachdem die Branche über ihre Anfangsphase hinweggekommen ist, bleibt die Struktur stabil. Zwar konstatiert auch Porter, dass sich viele Dinge in rascher Folge ändern. Allerdings stellte er in seinen Untersuchungen fest, dass strukturelle Änderungen nur langfristig erfolgen.

Eine Branche bezeichnet nach Porters Ansicht eine Gruppe von Unternehmen, die sehr ähnliche oder gar gleiche Produkte auf einem Markt anbietet. Der Five Forces Paradigm ist ein Instrument, um die Attraktivität einer Branche zu beurteilen. Einige Autoren übersetzen den Begriff „Force" mit Triebkraft (vgl. Freiling und Reckenfelderbäumer 2010, S. 153). Diese deutsche Bezeichnung gibt eine gute Erläuterung, um welche Faktoren es bei diesem Modell geht: Was treibt eine Branche an? Was ist die Kraft hinter Entwicklungen auf dem Markt?

Der Abgrenzung der Branche ist bei der Anwendung des Modells hohe Aufmerksamkeit zu schenken, weil die Ergebnisse einer Branchenstrukturanalyse je nach zugrunde gelegter Branchendefinition variieren. Kriterium für die Zugehörigkeit zu einer Branche sollte sein, ob die Produkte aus Kundensicht austauschbar sind, das heißt den gleichen Nutzen spenden oder nicht.

Die Branchenattraktivität sollte jedes Unternehmen und jeder Investor hinterfragen. Laut Porters (nicht unumstrittener Ansicht) ist sie der wesentliche Faktor für die Rentabilität eines Unternehmens. Beim Einstieg in eine neue Branche, Desinvestitionsentscheidungen oder bei Erweiterungsinvestitionen ist es also nötig, die Branchenattraktivität zu hinterfragen. Aber auch ein Unternehmen, das sehr lange in einer Branche ist, kann seine Position hinterfragen und sein Geschäftsmodell verändern, wenn es feststellt, in einer unattraktiven Branche zu sein. Gerade in einer Krise kann diese Analyse hilfreich sein, um festzustellen, ob in dieser Branche überhaupt eine positive Zukunft gestaltbar ist oder man eher auf weitere Aktivitäten in der Branche verzichten sollte.

Das Verdienst von Porter liegt vor allem darin, dass er die strategische Branchenanalyse strukturiert hat. Die Punkte, die er zur Beurteilung der Branche nennt, sind nicht originell und schon von vielen anderen Forschern benannt worden, allerdings sind sie hier in einen Zusammenhang gebracht worden und geben der Theorie und Praxis die Chance, zu einem fundierten Gesamturteil zu kommen.

Allerdings gibt der Five Forces Paradigm keine Entscheidungskriterien mit Gewichtungen vor, sodass am Ende praktisch auf Knopfdruck eine Entscheidung getroffen werden könnte, ob eine Branche attraktiv ist oder nicht. Die Branchenstrukturanalyse ist vielmehr wie eine Checkliste anzuwenden. Es gilt, dass das Verfahren nur so gut ist, wie der Input, der in die Checkliste einfließt. Das Urteil, ob eine Branche attraktiv ist oder nicht, muss am Ende von dem Entscheidungsträger getroffen werden (mit einem kräftigen Anteil an subjektiven Vorstellungen). Im Rahmen der Sanierung sollte der Five Forces Paradigm in jedem Falle zur Informationssammlung angewendet werden. Besonders wichtig ist er, wenn Teil der Sanierung die Entscheidung über eine Desinvestition ist.

Nach Porter beeinflussen die folgenden fünf Kräfte die Attraktivität einer Branche:

- **Bedrohung durch potenzielle neue Wettbewerber**

Drängen Unternehmen auf den Markt, die bisher nicht in der Branche aktiv waren, erhöhen sich die Kapazitäten und der Neuling wird versuchen, durch aggressives Verhalten Marktanteile zu gewinnen. Dies führt unmittelbar dazu, dass die erzielbaren Renditen in der Branche sinken. Aus so einer Situation kann beispielsweise eine Krise entstehen, die dann zur Notwendigkeit einer Sanierung führt. Wie hoch die Gefahr des Eintritts von neuen Wettbewerbern ist, hängt von den Markteintrittsbarrieren ab, zum Beispiel ob es Economies of Scale gibt, die großen Produzenten einen Vorteil geben, ob es hohe Investitionskosten gibt, die den Markteintritt schwer machen oder ob es für Kunden teuer ist, den Lieferanten zu wechseln, was den Erfolg auf dem

Markt erschwert. Auch größenunabhängige Kostenvorteile (wie Patente, etablierte Marken etc.) können dazu führen, dass ein Markteintritt nur schwer zu realisieren ist. Auch wenn ein neuer Player auf dem Markt heftige Gegenreaktionen erwarten muss, wird er vor einem Eintritt in eine neue Branche zurückschrecken. Je schwieriger es für einen neuen Marktteilnehmer ist, in die Branche einzusteigen, umso attraktiver ist es für diejenigen Unternehmen, die bereits in der Branche etabliert sind.

Unternehmen sollten die einzelnen Faktoren dieser Position auflisten. Die oben genannten Punkte können dazu Hinweise geben. In welche Richtung die Aussage geht (attraktiv oder nicht-attraktiv), ist dabei subjektiv und sollte idealerweise von einer Gruppe von Experten (auch unter externer Beteiligung) getroffen werden.

- **Verhandlungsstärke der Lieferanten**

Jedes Unternehmen benötigt Lieferanten, wobei Porter auch die Lieferanten von Arbeitskraft, also die Belegschaft, hierunter versteht. Lieferanten sind versucht, Teile der Profitabilität der Branche in ihre eigenen Kassen zu lenken, indem sie höhere Preise für ihre Produkte und Dienstleistungen durchsetzen. Dies funktioniert aber auch durch eine Reduzierung des Services oder der Qualität der Lieferungen. Dies wird ihnen umso besser gelingen, je weniger Lieferanten auf dem Markt sind und umso stärker die Abhängigkeit der Branche von der Zulieferung ist (quantitativ und qualitativ) oder je glaubwürdiger sie eine Vorwärtsintegration in die Branche androhen können, das heißt, ob sie glaubwürdig androhen können, selbst in die Branche einzusteigen. Je leichter es für die Branche ist, den Lieferanten zu wechseln (zum Beispiel durch Substitute), desto attraktiver ist sie.

Auch hier muss das Unternehmen die relevanten Punkte zur Beschreibung der Verhandlungsstärke der Lieferanten auflisten und angeben, ob die Punkte für oder gegen eine Attraktivität der Branche sprechen. Je stärker die Verhandlungsmacht der Lieferanten ist, desto unattraktiver ist die Branche. In einer Krise ist es darüber hinaus wichtig zu wissen, ob es Verhandlungsspielräume mit den Lieferanten gibt, um die Konditionen zu verbessern und dadurch die eigene Situation zu entspannen.

- **Verhandlungsstärke der Kunden**

Hier gilt eine umgekehrte Logik zur Verhandlungsstärke der Lieferanten. Kunden wollen niedrigere Preise oder bessere Dienstleistungen zum gleichen

Preis durchsetzen. Gelingt dies, geht es zulasten der Profitabilität der Branche. Die Käufer sind dann besonders durchsetzungsstark, wenn das Produkt relativ wenig Differenzierung aufweist, ein Wechsel des Lieferanten durch den Kunden leicht und schnell möglich und das Einkaufsvolumen verglichen zum Gesamteinkaufsvolumen der Kunden gering ist. Letzteres führt dazu, dass sich Kunden in der Regel nur wenig mit dem Produkt befassen und Veränderungen, auch solche, die direkt auf den Preis wirken, relativ schnell und leicht durchzusetzen sind. Ebenfalls sind Käufer dann besonders stark, wenn es nur wenige von ihnen gibt. So gibt es nur wenige Abnehmer von Autoteilen (die wenigen und großen Automobilhersteller). Die Autozulieferer weisen inzwischen auch einen großen Konzentrationsgrad auf, damit sie mit ihren Kunden auf Augenhöhe verhandeln können.

Die Branche ist umso attraktiver, je geringer die Verhandlungsstärke der Abnehmer ist. Besteht die Gefahr, dass die Abnehmer ihre Lieferanten gegeneinander ausspielen können, wird die Branche unattraktiv. In der Krise muss besonders darauf geachtet werden, was den Kunden zugemutet werden kann. Unmittelbar kann eine Preiserhöhung die Gewinn- und Verlustsituation positiv beeinflussen. Ob diese durchsetzbar ist, kann mithilfe dieser Triebkraft bestimmt werden. Die Chancen einer Sanierung sind dann größer, wenn die Kunden eine schwache Verhandlungsstärke haben.

Eine relevante Kritik an dem Modell von Porter ist, dass die Kunden als ein gleichwertiger Faktor innerhalb der fünf Kräfte genannt werden. Alltagserfahrung jedes Unternehmers ist es aber, dass es keine wichtigere und schwierigere Aufgabe gibt, als Kunden zu gewinnen. Insofern sollte man dem Kunden besondere Aufmerksamkeit widmen und ihn als besonders wichtige Kraft behandeln (vgl. unter anderem Aaker 1992).

- **Bedrohung durch Ersatzprodukte/Substitute**

Unternehmen stehen nicht nur mit Unternehmen aus der gleichen Branche im Wettbewerb. Es kann auch sein, dass Unternehmen Produkte herstellen, die ähnliche Probleme lösen wie das eigene Produkt, obwohl es zu einer anderen Branche gehört. Zum Beispiel steht der innerdeutsche Flugverkehr im Wettbewerb mit dem Fernverkehr der Bahn. Das Substitut kann einen anderen Nutzen haben (zum Beispiel die Schnelligkeit der Beförderung), das einen Wettbewerbsvorteil bietet. Das Preis-Leistungsverhältnis des Substituts beschränkt die Möglichkeit der eigenen Preissetzung und macht damit die Branche unattraktiver.

Ersatzprodukte können insbesondere dann gefährlich werden, wenn ein Risiko besteht, dass Produkte veralten (so kann ein eingeführtes Arzneimittel durch ein besser wirkendes Mittel mit anderen Wirkstoffen eines anderen Herstellers ersetzt werden) oder es nur geringe Kosten eines Wechsels für die Kunden gibt. Da Ersatzprodukte auch aus ganz anderen Branchen „importiert" werden können, ist es eine Gefahr, dass diese Ersatzprodukte übersehen werden können (man denke an Handys mit Fotofunktion, die den eingeführten Herstellern von Fotoapparaten Konkurrenz machten und den Markt der Fotoindustrie komplett auf den Kopf gestellt haben). Aus diesem Grund ist in der Praxis die Identifikation der tatsächlich relevanten Substitute von besonderer Schwierigkeit. Man muss die bereits erwähnten „schwachen Signale" (Ansoff 1976, S. 129 ff.) erkennen. Die gefährliche Konkurrenz kommt aus Bereichen, die man nicht erwartet hätte. Noch vor einigen Jahren hätten Vertreter der Fotoindustrie darüber gelacht, dass ihre Hauptkonkurrenz aus dem Bereich der Telekommunikation kommt (durch Mobiltelefone mit integrierten Fotoapparaten). Genau so wäre es den Managern der Musikindustrie gegangen, hätte man ihnen prophezeit, dass sie auf die Konkurrenz aus dem Bereich der EDV achten müssen. Die Gefahr, etwas Relevantes zu übersehen, ist bei dieser Kraft am höchsten. Aus diesem Grund muss man dieser Kraft bei der Analyse große Aufmerksamkeit schenken.

Häufig ist die Einführung eines Substituts Grund für eine Krise. Beispielhaft sei die Firma Kodak (vgl. Lucas und Jie Mein Goh 2009) genannt, die mit konventionellen Filmen und Fotopapier eine hervorragende Marktposition hatte, dann aber den Trend zur Digitalfotografie verschlafen hatte. Kodak musste in diesem Zuge 2012 einen Insolvenzantrag nach dem US-amerikanischen Chapter 11 stellen, aus dem es 2013 entlassen wurde. Das Kerngeschäft aus dem Bereich Fotografie wurde verkauft und lediglich ein Restbereich, der hauptsächlich professionelle Druckmaschinen herstellt, ist übrig geblieben.

- **Rivalität zwischen den bestehenden Wettbewerbern in der Branche**

Im Zentrum der Five Forces steht die Rivalität unter den existierenden Unternehmen der Branche. Ist die Rivalität in der Branche hoch, wird die

Profitabilität der ganzen Branche stark in Mitleidenschaft gezogen. Wie stark das ist, liegt zum einen an der Intensität und zum anderen an der Basis des Wettbewerbs (Differenzierung oder Preis). Die Rivalität ist umso größer, je weniger Unternehmen in der Branche aktiv sind (insbesondere, wenn sie annähernd gleich groß sind), wenn die Branche nur wenig wächst (das heißt, es können Marktanteile nur gewonnen werden, indem sie einem Wettbewerber weggenommen werden) oder wenn es hohe Fixkosten gibt, die einen Zwang zur Kapazitätsauslastung mit sich bringen. Alle diese Merkmale führen dazu, dass aggressive Preissetzung oder hohe Innovationsraten notwendig sind, um sich in der Branche zu behaupten. Dies macht die Branche unattraktiv. Die Situation in der Branche ist ein ganz wesentlicher Faktor bei der Beantwortung der Frage, ob eine Sanierung erfolgreich sein kann oder nicht. In einer wettbewerbsintensiven Branche ist das Gelingen deutlich schwerer. Insbesondere wird die Situation dann erschwert, wenn der Wettbewerb im Wesentlichen über den Preis ausgetragen wird. In diesem Falle gibt es nur einen differenzierenden Faktor: den Preis. Nur der billigste Anbieter kann Preisführer sein.

Für die Analyse dieser Kraft ist das Unternehmen, das die Five Forces Analyse anwendet, zumeist am besten gerüstet. Das Unternehmen kennt sich in seiner eigenen Branche gut aus und die Informationen sind vorhanden. Die Wertung, ob die Branche attraktiv ist oder nicht, ist aber meist verzerrt. Es gibt wohl kaum jemanden, der seine Branche als nicht wettbewerbsintensiv ansieht. Nicht jede Branche ist aber tatsächlich wettbewerbsintensiv. Hierzu muss man den Vergleich mit anderen Branchen bemühen. Aus diesem Grund kann es auch hier hilfreich sein, (trotz des Heimspiels) externe Expertenmeinungen zu berücksichtigen.

Alle fünf Wettbewerbskräfte zusammen bestimmen die Attraktivität einer Branche. Ein Gesamturteil kann nicht nach Schema „F" getroffen werden. Die einzelnen Punkte können je nach Branche ein unterschiedliches Gewicht erhalten. Außerdem hilft die Analyse dabei, die Ursachen der Krise, die dem Unternehmensumfeld entstammen, genauer zu identifizieren. Dies ist ein entscheidender Schritt, um die Ursachen zu beseitigen und damit Bedingung für eine erfolgreiche Sanierung.

Abb. 2.1 fasst die wichtigsten Prüfpunkte zusammen.

Hauptkritikpunkt an dem Five Forces Paradigm ist, dass in dem Modell die Umwelt rein statisch beurteilt wird, in Wahrheit sich aber die auf den

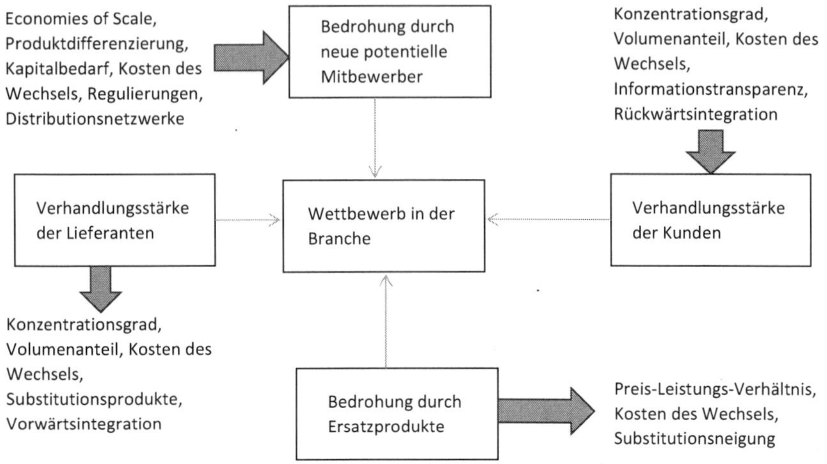

Abb. 2.1 Prüfpunkte innerhalb des Five Forces Paradigm. (Quelle: Bücheler 2014, S. 32)

Wettbewerb wirkenden Kräfte schnell und stark verändern können (vgl. unter anderem Rummelt 1991). Diese Aussage ist sicherlich richtig. Allerdings erfordert die Analyse zur Vorbereitung einer Sanierung die Erfassung des Status zu einem bestimmten Zeitpunkt, nämlich zum Beginn der Sanierung. Es kann sinnvoll sein, insbesondere in besonders dynamischen Branchen, die Analyse regelmäßig zu wiederholen und die Aussagen zur Branchenstruktur damit aktuell zu halten.

Ein weiterer Kritikpunkt ist, dass die Arbeitskräfte lediglich als Lieferanten aufgefasst werden, was die gesamten Faktoren der Mitarbeiterführung und -motivation deutlich unterbewertet, insbesondere in der besonderen Situation einer Sanierung. Daneben wird kritisiert, dass die fünf Kräfte allesamt negativ wirken. Stärkende Faktoren, wie beispielsweise das Zusammenspiel mit komplementären Produkten (zum Beispiel Software und Hardware wie im Falle von Microsoft Software und IBM Hardware), kommen in dem Verfahren nicht vor. Porter sieht alle Unternehmen (seien es Käufer, Wettbewerber oder Lieferanten) als Konkurrenten um die Profitabilität der Branche an. Durch geschickte Kooperationen mit Unternehmen, die ergänzende Produkte haben, kann man den zu verteilenden Kuchen jedoch vergrößern.

Mit der Anwendung des Five Forces Paradigm kann ein Unternehmen allgemein die Attraktivität einer Branche feststellen. Ein häufiger Fehler bei der Anwendung des Modells ist es, für die Beurteilung der Unternehmensattraktivität zu verwenden, ob ein Unternehmen attraktiv ist oder nicht. Auch wenn bei einem Sanierungsfall die Aussage schon vor der Analyse klar wäre, ist diese Anwendung des Modells falsch. Es bezieht sich auf die Attraktivität einer ganzen Branche und innerhalb einer Branche, egal ob attraktiv oder unattraktiv, gibt es wiederum gute und schlechte Unternehmen.

Der Five Forces Paradigm ist eines der am meisten angewendeten betriebswirtschaftlichen Modelle. Es ist eine einfache und übersichtliche Methode, die strategische Ausrichtung eines Unternehmens innerhalb einer Branche zu analysieren. Die Güte der Aussagen, die man mit dieser Methode treffen kann, steht und fällt mit der Güte der verwendeten Inhalte. Daher empfiehlt es sich in regelmäßigen Abständen auch externe Experten hinzuzuziehen, weil sonst die Gefahr einer Verzerrung besteht.

2.1.1.2 Informationsgewinnung innerhalb des Unternehmens: Die Wertkette

Empirische Erkenntnisse zeigen weit überwiegend, dass interne Gründe, insbesondere Führungsmängel, die Ursache von Krisen sind. Bereits im Jahre 1930 wurden interne Gründe als Ursache für die hohe Insolvenzrate der Jahre 1925 bis 1929 festgestellt (Fleege-Althoff 1930, S. 171). Auch im Jahr 2006 stellte eine empirische Analyse unter Krisenunternehmen fest, dass Führungsmängel bzw. die Unfähigkeit oder Unerfahrenheit der Führung in fast einem Drittel der Fälle Hauptkrisenverursacher war (vgl. Hauschildt et al. 2006, S. 16). Aufbauend auf diesen Erkenntnissen ist es besonders wichtig, dass sich das Unternehmen über seine interne Situation klar wird und eine breite und tiefe Informationsbasis zur eigenen Situation hat. Dabei ist besonders herausfordernd, dass sich die Unternehmensleitung auch selbst infrage stellt und offen ist, auch eigene Mängel zuzugeben. Es ist verführerisch, die Probleme im Unternehmen auf die Umstände und auf externe Einflüsse zurückzuführen. Wenn man dies tut, geht häufig die eigentlich wichtigste Erkenntnis verloren: der Mangel in der Unternehmensführung. Aus diesem Grund sollte man sich überlegen, gerade in dieser Phase der Sanierung unbedingt einen externen Berater hinzuziehen. Dieser kann unbefangen in die Situation gehen und auch für die Unternehmensleitung unangenehme Wahrheiten ansprechen.

Ziel der Analyse der internen Situation des Unternehmens ist es, ein möglichst gutes Bild der Erfolgsbasis des Unternehmens zu erhalten (vgl. Hungenberg 2012, S. 142). Auf Basis der so gewonnenen Informationen kann ermittelt werden, auf welche Herausforderungen das Unternehmen positiv reagieren kann und wo Risiken liegen. Es können Fehlentwicklungen aufgedeckt werden, die zur Krise geführt haben und es können Chancen erkannt werden, die zur erfolgreichen Sanierung führen können.

Als Instrument zur Analyse der eigenen Organisation hat Michael Porter die Wertkette (Value Chain) (siehe Abb. 2.2) entwickelt. In der Wertkette werden alle Aktivitäten integriert, die Kosten verursachen und gleichzeitig einen Wertbeitrag leisten, für den die Kunden bereit sind, einen Teil des Preises eines Produkts oder Dienstleistung zu bezahlen. Summiert man die Wertbeiträge der Aktivitäten und zieht davon die Kosten ab, bleibt als Restgröße der Gewinn des Unternehmens bzw. die Marge des Produkts übrig (vgl. Porter 2010, S. 67 ff.).

Grundannahme der Analyse mit der Wertkette ist, dass der Gesamtwert eines Produkts derjenige Wert ist, den der Kunde bereit ist zu bezahlen (vgl. Volck 1997, S. 31 ff.). Jede einzelne Aktivität, die das Unternehmen durchführt, um das Produkt oder die Dienstleistung zu erstellen, muss darauf untersucht werden, inwiefern Kosten und Wertbeitrag in Übereinstimmung sind.

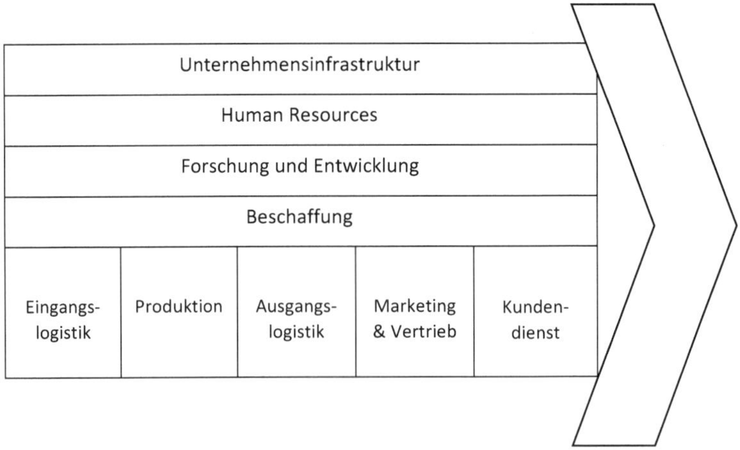

Abb. 2.2 Die Wertkette nach Porter. (Eigene Erstellung in Anlehnung an Porter 1986)

Empfohlen wird weiterhin, dass das Unternehmen seine Wertaktivitäten nur im Kontext mit den anderen Unternehmen der gleichen Branche untersuchen soll. Das Top-Management muss berücksichtigen, in welcher Branche das Unternehmen arbeitet, weil die Branche die Wichtigkeit der einzelnen Aktivitäten sehr stark bestimmt. Für einen Investitionsgüterhersteller ist zum Beispiel die verkehrsgünstige Lage von Ausstellungsräumen nicht sehr wichtig, während dies für einen Konsumgüterhersteller aus der Modeindustrie ein entscheidender Faktor sein kann.

Je nachdem, ob die Aktivitäten direkt mit der Leistungserstellung verbunden sind oder nur einen indirekten Bezug zum Produkt aufweisen, werden primäre und sekundäre Aktivitäten unterschieden. Die primären Aktivitäten umfassen:

- Eingangslogistik: Alle Aktivitäten, die mit der Bereitstellung und dem Bezug von Produktionsfaktoren zu tun haben.
- Produktion: Hierzu gehören unter anderem alle Aktivitäten, die aus den Inputfaktoren ein fertiges Produkt entstehen lassen. Dies sind unter anderem Verarbeitung, Veredelung, Verpackung etc.
- Ausgangslogistik: Hierzu gehören unter anderem alle Schritte, die notwendig sind, das fertige Produkt zum Kunden zu bringen.
- Marketing & Vertrieb: Hierzu gehören unter anderem alle Aktivitäten, die den Vertrieb und Verkauf des fertigen Produkts befördern, wie Werbung, Preisfindung oder Außendienst.
- Kundendienst: Alle Aktivitäten, die den Wert des Produkts für den Kunden erhöhen, die nach dem Verkauf des Produkts geschehen. Hierzu gehören zum Beispiel: Installation, Reparatur, Schulungen.

Sekundäre Aktivitäten haben keinen direkten Bezug zum Produkt, sind aber sehr wohl mittelbar notwendig, um die Leistungserstellung erfolgreich zu erreichen. Sie umfassen:

- Beschaffung: Die Aktivitäten, die notwendig sind, um die Inputfaktoren einzukaufen. Dazu gehört aber nicht das physische Handling der Inputfaktoren, diese gehören zur Eingangslogistik und damit zu den primären Aktivitäten.

- Forschung & Entwicklung: Alle Maßnahmen, die zu technischen und sonstigen Verbesserungen des Produkts oder der Dienstleistung führen sollen.
- Human Resources: Alle Maßnahmen des Personalmanagements, wie Personalauswahl, Vergütung, Motivation, Führung, Personalabbau gehören in diesen Bereich.
- Unternehmensinfrastruktur: Hierzu gehören die Unternehmensführung selbst und alle ihre Subsysteme wie Planung und Kontrolle, das Finanzmanagement, das Informationsmanagement, aber auch die physische Infrastruktur wie Standort, Gebäude etc.

Die Arbeit mit der Wertkette liefert im ersten Schritt eine gute Übersicht, weil die Aktivitäten systematisch den Bereichen zugeordnet werden. So erhält das Unternehmen Informationen darüber, wie das Ausmaß des wirtschaftlichen Zusammenhangs der einzelnen Aktivitäten ist, welches Differenzierungspotenzial gegenüber Wettbewerbern entsteht und ob es eine vernünftige Relation zwischen Wertbeitrag und Kostenanteil gibt. Chancen für eine nutzbringende Differenzierung gibt es dabei nicht nur beim Produkt selbst, sondern auch bei anderen Aktivitäten wie der Logistik. So hat der Online-Händler amazon seine hervorragende Stellung insbesondere auch der hervorragenden Logistik zu verdanken. Umgekehrt kann ein Fokus auf einen Bereich, für den Kunden gar nicht bereit sind, so viel zu bezahlen, in eine Schieflage führen. Dies erkennt man durch den Vergleich von Kosten und Wertbeitrag, der mit der Wertkette leicht möglich ist. Damit kann man mit diesem Instrument gut erkennen, wo Ansatzpunkte für eine Sanierung liegen. Der Wert kann durch das Unternehmen also nicht nur in Produkten selbst geschaffen werden, sondern auch in vor- und nachgelagerten Stufen der Wertkette. Im Umkehrschluss für die Sanierung kann man eben auch feststellen, dass Schwierigkeiten in nicht direkt mit dem Kunden verbundenen Stufen der Wertschöpfungsstufe entstehen.

Um Erkenntnisse zu gewinnen, wo man in der Sanierung ansetzen kann, sind die Verknüpfungen zwischen den einzelnen Wertschöpfungsaktivitäten wichtig. Die primären Aktivitäten sind ihrer logischen Abfolge nach aufgeführt. Hier kann es an den Übergabepunkten zu Verlusten kommen, beispielsweise weil die einzelnen verantwortlichen Abteilungen nicht gut miteinander kommunizieren. Aber auch die anderen Stufen der Wertkette müssen miteinander kommunizieren und ihre Aktivitäten aufeinander abstellen. So ist es sehr hilfreich, wenn die Forschung und Entwicklung die Erkenntnisse aus dem Kundendienst berücksichtigt. Eine Gefahr, die durch das Instrument der Wertkette selbst entsteht, besteht darin, dass es als Analyseinstrument die einzelnen Aktivitäten zerlegt, was für ein Kästchendenken sorgt. Dies muss aber in der Beurteilung der Zusammenhänge wieder aufgelöst werden.

Weitergehende Erkenntnisse können auch gewonnen werden durch den Vergleich verschiedener Wertketten von Unternehmen, die im Wettbewerb stehen. Dieser Benchmark gibt Erkenntnisse, welche Optimierungsmöglichkeiten bestehen.

Einwand gegen die Wertkette ist, dass die Erkenntnisse nur kasuistisch gewonnen werden. Es fehlt trotz der geraumen Zeit seit erster Veröffentlichung des Instruments immer noch eine umfassende empirische Validierung der Erkenntnisse (vgl. Macharzina und Wolf 2012, S. 311).

2.1.1.3 Zusammenfassung der Analyse-Ergebnisse in der SWOT-Analyse

Zusammengefasst werden die Erkenntnisse aus der Unternehmensanalyse und Umweltanalyse in der SWOT-Matrix. SWOT steht für Strengths, Weaknesses (aus der Unternehmensanalyse) und Opportunities bzw. Threats (aus der Umweltanalyse). Die SWOT-Analyse (vgl. zum Beispiel Macharzina und Wolf 2012, S. 346 ff.) ist eine grafische Aufbereitung, welche strategische Stoßrichtung unter den gegebenen Bedingungen ein Unternehmen einschlagen sollte. Mit gegebenen Bedingungen sind dabei die interne Situation, wie sie durch die Wertkettenanalyse ermittelt wurde und die Umweltsituation, wie sie durch den Five Forces Paradigm ermittelt wurde, gemeint. Für den Verantwortlichen für die Unternehmenssanierung ist die SWOT-Analyse (siehe Abb. 2.3) der Startpunkt für alle weiteren Überlegungen, wie die Strategie für eine nachhaltige Sanierung entwickelt werden kann.

Die SWOT-Analyse ist selbst nur eine Zusammenfassung von Informationen, die zur Strategieentwicklung genutzt werden können bzw. müssen. Mit dieser Hilfe muss das Unternehmen dann seine Strategie entwickeln. Dazu bleibt ihm in einer Krise deutlich weniger Zeit, als das in guten Zeiten der Fall ist. Ergeben sich Chancen dort, wo das Unternehmen Stärken hat, sollte man diese ausnutzen. Ergeben sich Chancen, wo das Unternehmen Schwächen hat, sollte geprüft werden, ob die Chance genutzt und dabei die

Abb. 2.3 SWOT-Analyse. (Quelle: Eigene Erstellung)

STRENGTHS = Stärken des Unternehmens	WEAKNESSES = Schwächen des Unternehmens
OPPORTUNITIES = Chancen, die sich aus der Umwelt ergeben	THREATS = Risiken, die sich aus der Umwelt ergeben

Schwäche überwunden werden kann. Risiken, die bei eigenen Stärken auftreten, können mithilfe der Stärke abgewehrt werden. Ergeben sich Bedrohungen dort, wo man selbst Schwächen hat, muss man versuchen, die eigenen Schwächen so einzuschränken, dass sie nicht zu negativen Konsequenzen führen (vgl. Macharzina und Wolf 2012, S. 347). Bei Unternehmen in der Krise wird häufig die Krisenursache darin zu suchen sein, dass man Schwächen nicht früh genug begegnet ist oder dass man Chancen vertan hat, die sich dann als Risiken entpuppt haben, weil Wettbewerber sich verbessert haben.

Die Strategien, die mit Stärken und Schwächen bzw. Gelegenheiten und Gefahren verbunden werden können, lassen sich systematisch in eine Vier-Felder Matrix (siehe Abb. 2.4) eintragen, die bei einer Sanierung hilfreich eingesetzt werden kann.

Die so benannten Strategien kombinieren die Erkenntnisse aus der internen und externen Analyse. Sie können dem Sanierer einen wertvollen Hinweis auf realistisch offenstehende Möglichkeiten geben und gleichzeitig Hinweise auf Gefahren geben, die eventuell virulent werden.

2.1.2 Auswahl strategischer Maßnahmen in der Krise

Befindet sich das Unternehmen in der Krise, gibt es in der Regel keine lange Zeitspanne für strategische Findungsprozesse. Wird die Krise bereits in der Strategiekrise als solche erkannt, verbleibt mehr Zeit, um gegenzusteuern. Insbesondere drei Stoßrichtungen für strategische Maßnahmen muss das Unternehmen in einer solchen Krise in Erwägung ziehen (vgl. Müller 1986, S. 71):

	Strengths	Weaknesses
Opportunities	**Einsatz von Stärken zur Nutzung von Gelegenheiten**	**Überwinden der eigenen Schwächen durch Nutzung von Gelegenheiten**
Threats	**Nutzen der eigenen Stärken zur Abwehr von Bedrohungen**	**Einschränkung der eigenen Schwächen und Vermeidung von Bedrohungen**

Abb. 2.4 Strategien nach der SWOT-Analyse. (Quelle: Eigene Erstellung in Anlehnung an Macharzina und Wolf 2012, S. 343)

1. Das bestehende, noch vorhandene Erfolgspotenzial muss abgesichert werden.
2. Neue, zukunftsorientierte Erfolgspotenziale sollen so weit wie möglich erschlossen werden.
3. Obsolet gewordene Erfolgspotenziale, die zukünftig nicht mehr zu Nutzenmehrung führen können, müssen über Bord geworfen werden und abgestoßen werden.

Aufbauend auf diesen strategischen Stoßrichtungen, kann man vier Krisenbewältigungsstrategien (siehe Abb. 2.5) unterscheiden (vgl. Müller 1986, S. 93).

Aufgabestrategien beinhalten das Abstoßen von Geschäftsbereichen, die keine positiven Erfolgsbeiträge zum Unternehmen mehr bringen bzw. sogar die Existenz des Unternehmens in seiner Gesamtheit gefährden. Es ist in Organisationen häufig schwierig durchzusetzen, Geschäftsbereiche abzustoßen, insbesondere, sofern sie für die Geschichte und Identität des Unternehmens besonders wichtig sind bzw. waren. Zu einem professionellen Krisenmanagement gehört es aber zwingend dazu, alle Bereiche infrage zu stellen. Viele Unternehmen tun dies auch, bevor sie in Krisensituationen geraten. So war es ein schwieriger Schritt für die Identität des Axel Springer Verlags, einen überwiegenden Teil der verlegten Zeitungen und Zeitschriften zu verkaufen und damit Ressourcen freizusetzen, um das Onlinegeschäft,

	Marktwechsel	Marktbehauptung
Defensive	Aufgabestrategien	Konsolidierungs-strategien
Offensive	Tätigkeitsfeld-erweiterungsstrategien	Verdrängungs-strategien

Abb. 2.5 Strategien des Krisenmanagements. (Quelle: Macharzina und Wolf 2012, S. 694)

was als deutlich zukunftsfähiger angesehen wird, zu entwickeln. Allerdings wird mit dem Verkauf ein großer Teil der Identität des Konzerns aufgegeben, der als Zeitungshaus begonnen hat. Einen anderen Weg wählte der Karstadt-Konzern, der sein Stammhaus in Wismar auch während der Sanierung nicht aufgegeben hat. Diese Entscheidung hatte auch mit heftigen Protesten bzw. Kritik durch die Öffentlichkeit zu tun. Häufig geht die Aufgabestrategie mit der Umwidmung von Ressourcen einher. Hierbei ist zu berücksichtigen, dass nicht nur in der abgestoßenen Geschäftseinheit Kapazitäten frei werden, sondern auch in Zentralbereichen. Personalabteilungen, Controlling, Rechtsabteilung etc. werden auch durch Verkauf/Abspaltung eines Geschäftsfelds deutlich weniger nachgefragt. Auch hier müssen im Zuge einer Sanierung Anpassungen im Personalbestand oder andere Maßnahmen ergriffen werden.

Eine Konsolidierungsstrategie ist defensiv ausgerichtet, um die Potenziale des Marktes weiter ausnutzen zu können. Häufig ist mit dieser Strategie aber durchaus eine Umorientierung in dem Sinne verbunden, dass man sich auf wenige Marktbereiche konzentriert bzw. ein Kostensenkungsprogramm startet, um am vorhandenen Markt erfolgreicher agieren zu können.

Eine dezidiert offensive Strategie ist die Verdrängungsstrategie. Mit ihr versucht sich ein Krisenunternehmen Chancen auf anderen Märkten zu erarbeiten und damit eines oder mehrere Standbeine aufzubauen, die den Erfolg des Unternehmens langfristig gewährleisten. Dies kann durch aggressive Marketingkampagnen geschehen bzw. unterstützt werden. Es kann eine Diversifikation in verwandte Märkte unternommen werden. Dabei kann die Expansion sowohl produktbezogen, das heißt mit einer Erweiterung der Produktpalette oder marktbezogen, das heißt mit einer Erweiterung in andere regionale oder überregionale Märkte erfolgen. Diese Strategien sind sehr risikoreich, insbesondere, weil ein hoher Ressourcenaufwand notwendig ist, um überhaupt die Expansion realisieren zu können. Dies ist insbesondere in der Phase einer Unternehmenskrise problematisch. Banken scheiden in dieser Phase als Kreditgeber häufig aus. Eigentümer sind häufig nicht bereit, weiteres Eigenkapital nachzuschießen, um eine solche offensive Strategie weiter zu unterstützen. Eine Möglichkeit die Kapazitäten auszuweiten besteht darin, mithilfe einer Unternehmensakquisition die Kapazitäten so weit zu erhöhen, dass sie ausreichen, Economies of Scale (Größeneffekte) zu realisieren (vgl. Grünert 2007, S. 70). Anhand dieses Beispiels kann das resultierende Risiko erläutert werden: Das Unternehmen braucht Finanzmittel in Form von Eigen- oder Fremdkapital um die Akquisition realisieren zu können. Damit wird die Haftungssumme, die im Falle einer Insolvenz zur Disposition steht, deutlich erhöht. Außerdem investiert das Unternehmen in den Bereich, durch den es in die Krise gerutscht ist. Zeitigt die Verdrängungsstrategie keinen Erfolg, so sind die Folgen einer Insolvenz deutlich größer als sie bei der Beibehaltung der alten Strategie gewesen wären. Das zeigt das überaus hohe Risiko, was bei einer solchen Strategie eingegangen wird.

Ähnlich offensiv gelagert ist die Strategie bei den Tätigkeitsfelderweiterungsstrategien. Auch hier werden zusätzliche Ressourcen benötigt, um die Strategie zu realisieren. Diese bestehen in Finanzmitteln, die notwendig sind, um andere Märkte zu bearbeiten (unabhängig davon, ob sie benachbart oder entfernt sind von dem ursprünglichen Markt, auf dem das Unternehmen zu Hause ist). Das Risiko wird in diesem Falle aber nicht noch zusätzlich dadurch erhöht, dass man auf dem Krisen auslösenden Markt mehr Aktivitäten entwickelt als bei der Verdrängungsstrategie. Kritisch ist aber, dass Managementkapazitäten gebunden werden und man sich durch das Agieren auf unbekanntem Terrain höheren Risiken ausgesetzt sieht.

2.1.3 Führung in der strategischen Sanierung

Führung ist ein zentrales Element des strategischen Managements. Sie dient der Verhaltensbeeinflussung von Mitarbeitern. Sie sollen dazu beeinflusst werden, einen Beitrag zur Zielerreichung des Unternehmens zu leisten (vgl.

Robbins und Judge 2013, S. 402). Dabei geht es nicht um abstrakte Einheiten wie Abteilungen, sondern um konkrete Personen, die geführt werden und die führen. Die Notwendigkeit einer Führung im Unternehmen ergibt sich aus der Unvorhersehbarkeit der Zukunft. Ereignisse und Entwicklungen führen zur Notwendigkeit von kurzfristigen Anpassungen. Zudem gibt es unterschiedliche Leistungsfähigkeit und -bereitschaft in der Belegschaft. Erwartungen und Verhaltensweisen der Mitarbeiter können grob unterschiedlich sein. Die Führungskräfte müssen mit ihren Führungsentscheidungen dafür sorgen, dass im Unternehmen die Weichen trotz dieser teilweise schwierigen Randbedingungen richtig gestellt werden. Daraus ergibt sich teilweise kurzfristiger Koordinationsbedarf, der durch Führungsentscheidungen abgedeckt werden muss (vgl. Weibler 2012).

Die Führung ist in Zeiten der Sanierung besonders gefordert. Dies liegt daran, dass eine Sanierung im Regelfall besondere Entscheidungen zur Folge hat, wie eine strategische Neuausrichtung, Abspaltung von ganzen Unternehmensbereichen oder die Entlassung von Mitarbeitern. Dies hat eine Reihe von negativen Folgen für die Arbeitsmotivation und die Leistung im Unternehmen. Dabei sind die negativen Auswirkungen nicht nur bei direkt betroffenen Mitarbeitern zu beobachten, sondern auch bei denjenigen, die im Unternehmen bleiben sollen und die damit eine besonders große Bedeutung für das Gelingen der Sanierung haben (vgl. Datta et al. 2010, S. 281 ff.). Die Aufmerksamkeit für die eigentliche Tätigkeit lässt sofort nach, wenn das Unternehmen einen Sanierungsplan verkündet. Bemühungen, Verbesserungen zu implementieren, Umorientierung der Arbeitnehmer, verschärfte Konflikte am Arbeitsplatz und eine geringere Zukunftsorientierung sind häufig Folgen von Restrukturierungsmaßnahmen. Kritisch ist insbesondere, dass Mitarbeiter eine neue Beschäftigung suchen und ihre Aufmerksamkeit verstärkt auf die Stellensuche richten. Dabei kommt es häufig zu einer negativen Personalauslese: Diejenigen Mitarbeiter, die wichtig für das Unternehmen sind, verlassen es und diejenigen, von denen man sich eigentlich trennen will, bleiben dem Unternehmen erhalten, weil sie auch schwieriger am freien Arbeitsmarkt eine andere Beschäftigung finden.

In der Krisenlage muss die Unternehmensleitung eine situationsadäquate Führung leisten. Wichtig ist dabei, dass die Unternehmensleitung ein Gefühl der Gerechtigkeit vermittelt. Gerade in der Sanierungssituation wird mit besonderer Aufmerksamkeit registriert, ob einzelne Personen oder Personengruppen anders bzw. besser behandelt werden als andere. Dies kann dazu führen, dass Mitarbeiter die sowieso schon schwierige Situation noch negativer wahrnehmen (Breitsohl 2014, S. 239). Aus diesen Gründen ist eine offene und transparente Kommunikation über Veränderungsprozesse und ihre Gründe von besonderer Wichtigkeit.

Neben dem niedergeschriebenen Arbeitsvertrag geht die betriebswirtschaftliche Theorie davon aus, dass ein impliziter Vertrag zwischen Arbeitgeber und Arbeitnehmer besteht, in dem die Wünsche und Erwartungen beider Seiten teilweise unausgesprochen vereinbart sind. Dieser Vertrag ist seinem Wesen nach nicht justiziabel, hat aber eine große psychologische Bedeutung (vgl. Rousseau und Tijoriwala 1998). Beispielsweise erwarten Arbeitnehmer ein stabiles und sicheres Arbeitsverhältnis mit ihrem Unternehmen, dafür sind sie im Gegenzug bereit auch Dinge zu tun, die über die niedergeschriebenen Verpflichtungen des Arbeitnehmers hinausgehen, zum Beispiel die Ableistung von Überstunden in einem vertretbaren Rahmen. Die mit einer Restrukturierung verbundene Entlassung von Mitarbeitern wird häufig als Vertrauensbruch und damit als Bruch der impliziten Vertragsvereinbarung angesehen (vgl. De Meuse et al. 2004). Relevant für den Sanierungserfolg ist die Reaktion der im Unternehmen verbleibenden Mitarbeiter. Diese ziehen sich entweder psychologisch (durch geringere Motivation, Vertrauen etc.) zurück oder sogar physisch (durch vermehrte Abwesenheiten, die mit Krankheit begründet werden). Dies kann zu einem Misslingen der Sanierungsbemühungen beitragen oder gar den Misserfolg begründen.

Insofern ist es ein wichtiger Erfolgsfaktor, dass die Unternehmensleitung das Vertrauen der Mitarbeiter behält, selbst in Situationen, die einzelne Mitarbeiter stark belasten sowohl psychologisch als auch physisch. Hierzu gehört eine offene und transparente Kommunikation, ein „Mitnehmen" der Belegschaft. Auch harte Maßnahmen müssen offen kommuniziert werden. Dies sind Aussagen, die in vielen Managementratgebern zu lesen sind, häufig aber nicht umgesetzt werden können. Gerade die Ausarbeitung einer Strategie unter Hochdruck (was im Falle einer Sanierung häufig aufgrund des Zeitdrucks zwangsläufig so sein muss) verbietet eine breite Einbeziehung der Belegschaft in den Strategieentwicklungsprozess. Die Entscheidung über die strategischen Änderungen fällt hinter verschlossenen Türen, mit nur wenigen besonders vertrauenswürdigen Mitarbeitern. Alles andere wäre falsch und würde den Handlungsdruck einer Sanierung nicht adäquat berücksichtigen.

Dennoch ist es wichtig, dass die so getroffenen Sanierungsschritte transparent mit klaren Begründungen kommuniziert werden. Ebenso wichtig ist, dass die Unternehmensführung nicht über alles und jedes diskutieren kann. Trotzdem haben Mitarbeiter ein Recht auf Erklärung und erwarten dies von ihrer Unternehmensleitung. Führung in dieser besonderen Situation erfordert daher ein großes Einfühlungsvermögen von Führungskräften, gepaart mit einem starken Durchsetzungsvermögen.

Insgesamt kann man zusammenfassen, dass es in der Unternehmenskrise nicht ausreichend ist, auf normale Führung zu setzen. Es sind besondere Maßnahmen erforderlich, was auch besondere Fähigkeiten erfordert. Eine Generalisierung, welche Eigenschaften in der Krise notwendig oder mindestens hilfreich sind, ist aufgrund der Heterogenität der Krisenursachen und -verläufe nicht möglich (vgl. Eisenberg 2006, S. 611). Neben fachlichen Anforderungen ist es aber offensichtlich, dass bestimmte überfachliche Kompetenzen bei erfolgreichen Sanierern vorhanden sein sollten. Eine wichtige Eigenschaft ist es, Mitarbeiter begeistern zu können, sie abholen und mitnehmen zu können auch in ungewisse Strategien. Dabei ist es wichtig, insbesondere auch dann Sicherheit zu vermitteln, wenn Entscheidungen auf unsicherer Datenbasis getroffen werden. Nur so bekommt man das Vertrauen, das notwendig ist, um eine Sanierung erfolgreich bewerkstelligen zu können. Ein Erfolgsfaktor ist es auch, dass man auch in hektischen Situationen die Ruhe bewahrt. Mindestens nach außen sollte man Ruhe vermitteln und damit die oben genannten Aufregungen in der Belegschaft kompensieren bzw. beruhigen. Dabei muss eine Führungskraft damit umgehen, dass sie selbst nicht sicher sein kann, dass die beschlossenen Maßnahmen überhaupt funktionieren können.

2.2 Operative Sanierung

Die häufigsten Krisenursachen liegen in operativen Problemen des Unternehmens. Auch Sofortmaßnahmen greifen im operativen Bereich, die Strategie eines Unternehmens ist in der Regel nur schwer und längerfristig zu ändern. In jedem Fall braucht die Änderung der Strategie Zeit. In einer Krise ist Zeit aber ein knappes Gut, weil die Lösung der Krise drängt. Insofern müssen zügig Schritte eingeleitet werden, um die Krise zu bewältigen. Dies geht in der Regel nur im operativen Bereich.

Ausgangspunkt der operativen Sanierung sollte die Analyse mit der Wertkette sein. Mit der Wertkette werden alle Bereiche des Unternehmens analysiert und man kann die in dieser Analyse gewonnenen Erkenntnisse zur Systematisierung der erforderlichen Schritte anwenden. Im Folgenden werden die einzelnen operativen Bereiche entlang der Wertkette auf mögliche Sanierungsmaßnahmen untersucht.

In diesem Kapitel finden sich am Ende der einzelnen Abschnitte jeweils kurze Checklisten mit den empfohlenen Sanierungsmaßnahmen. Diese fassen den Inhalt des vorgehenden Kapitels kurz zusammen, erheben aber keinen Anspruch auf eine vollständige Übersicht der denkbaren Sanierungsmaßnahmen. Sinnvolle Sanierungsmaßnahmen hängen in großem Maße von Spezifika der Branche und des Unternehmens ab. Daher müssen sie im Einzelfall von Experten des jeweiligen Bereichs im Detail geprüft werden.

2.2.1 Eingangs- und Ausgangslogistik

Der Begriff der Logistik stammt eigentlich aus den Militärwissenschaften. Der byzantinische Kaiser Leontos VI. etablierte die Logistik als die dritte Kriegswissenschaft neben Strategie und Taktik. Damit gehört der Begriff der Logistik zu der Vielzahl von Begriffen, die die Betriebswirtschaftslehre aus den Militärwissenschaften übernommen hat. Häufig wird kritisiert, dass der militärische Ursprung vieler Begrifflichkeiten zu einer autoritären Kultur in vielen Unternehmen führt, weil dadurch implizit ein bestimmtes Menschenbild transportiert wird. Allerdings muss man konstatieren, dass viele der ursprünglich militärischen Begriffe ihre ursprüngliche Bedeutung verloren haben und nicht mehr als militärisch geprägt wahrgenommen werden. Dies wird man sicherlich auch für den heute meist positiv besetzten Begriff „Logistik“ konstatieren können.

In der Betriebswirtschaftslehre wird heute meist das Management von materiellen und immateriellen Fließsystemen unter Logistik verstanden (vgl. Heiserich et al. 2011, S. 5). Die Wertschöpfung des Unternehmens kann als fließendes System verstanden werden. Die gesamte Versorgungs- und Lieferkette (Supply Chain) des Unternehmens von der Beschaffung der Rohstoffe, deren Umwandlung im Produktionsprozess und die Lieferung des fertigen Produkts zum Kunden gehören zu diesem Fließsystem dazu. Logistik geht einher mit einer Geschäftsprozessorientierung im Unternehmen. Geschäftsprozesse legen fest (vgl. Funk et al. 2010, S. 9):

- Wer (Akteure)
- macht was (Aufgabe)
- wann (zeitliche Abfolge)
- wie (Qualität)
- womit (Ressourcen)
- und zu welchem Zweck (Unternehmensziele).

In der Logistik unterscheidet man drei Bereiche. Die ausreichende Bereitstellung von Produktionsfaktoren, sodass die jederzeitige Produktionsbereitschaft gesichert ist, ist Aufgabe der Beschaffungslogistik. Der reibungslose Ablauf der Faktorkombination, also des eigentlichen Produktionsprozesses, in dem die einzelnen Produktionsfaktoren so kombiniert werden, dass sie zu einem neuen Produkt werden, ist Aufgabe der Produktionslogistik. In den vergangenen Jahren immer bedeutender wurde die schnelle und kostengünstige Auslieferung an den Kunden. Dieser Bereich wird als Absatz- oder Distributionslogistik bezeichnet.

Das Durchleuchten der operativen Abläufe in einem Unternehmen anhand dieser Fragestellungen kann erhebliche Rationalisierungspotenziale aufzeigen. In einer Krise kann es allerdings sein, dass die Zeit für eine ausführliche Analyse aller Geschäftsprozesse nicht vorhanden ist. Die Suche nach Sanierungsbeiträgen beschränkt sich dann auf schnell umsetzbare Möglichkeiten, sogenannte Quick-Wins.

Ineffiziente Vorgänge können innerhalb der gesamten Lieferkette des Unternehmens auftreten. Beim Transport von Produktionsfaktoren, Halbfertigwaren und Fertigwaren. Probleme können auch bei der Disposition auftreten, also bei der Zuordnung von Produktionsfaktoren zu Produktionsaufträgen. Gerade hier können erhebliche Kostenprobleme entstehen. Lagerhaltung kostet Geld. Außerdem ist ein Produkt, das im Lager liegt, vorfinanziert, das heißt, die notwendigen Produktionsfaktoren sind alle bereits bezahlt, während noch kein Kunde etwas bezahlt hat. Bei einem eingelagerten Produkt besteht zudem keine Gewissheit, dass sich auch ein Kunde zum Kauf findet. Insofern sollte ein Unternehmen darauf achten, die Lagerhaltung auf ein Maß zu reduzieren, das ständige Lieferbereitschaft gewährleistet, aber die Bestände an

Produktionsfaktoren, Halbfertigwaren und Fertigwaren auf ein Mindestmaß reduziert werden. Dabei besteht das Problem, die Lieferbereitschaft sicherzustellen. Dies ist Aufgabe des Kommissionierens, also der Zuordnung von vorhandenen Einheiten auf die Auslieferbedürfnisse. Hier spielt die Bestellmenge eine gewichtige Rolle und die Spezifikationen von Produkten. Ebenfalls in diesen Bereich gehören die Bereiche der Verpackung von Produkten und die Kenntlichmachung bzw. im internationalen Geschäft auch die länderspezifische Behandlung der Produkte (Beilegen der entsprechenden Sprachversionen der Gebrauchsanweisungen, Berücksichtigung lokaler Besonderheiten wie zum Beispiel spezifischer Anforderungen an Stecker oder Stromspannung).

Ineffiziente Vorgänge bei der Ausgangslogistik entstehen häufig durch zu viele Lieferbeziehungen mit den Kunden. Wird jeder Kunde einzeln beliefert, kann er optimal versorgt werden, auch zu den von dem Kunden gewünschten Zeiten. Allerdings entstehen viele Transportbeziehungen, das heißt viele Lieferfahrten. Eine Möglichkeit, diese Transportbeziehungen deutlich zu reduzieren ist das sogenannte Cross Docking (vgl. Werner 2013, S. 136 f.). Beim Cross Docking werden Lieferungen zusammengefasst, sodass ein Kunde mit einem Warenbündel beliefert wird und nicht jeder Vorgang einzeln durchgeführt wird. Dies führt zu einer Reduktion der Transportkosten (vgl. Nagel und Mielke 2014, S. 114). Die Kostenersparnis kann einen erheblichen Sanierungsbeitrag leisten. Voraussetzung ist jedoch, dass sich der Hersteller und der Kunde über die veränderten Lieferbedingungen und -beziehungen einigen. Dabei wird häufig auch der Kunde einen Teil der Kostenersparnis in Form von Preisreduzierungen einfordern.

Wichtigster Angriffspunkt für schnell wirkende Maßnahmen im Bereich der Logistik ist die Reduzierung von Beständen. Verringerte Lagerbestände senken unmittelbar die Kapitalbindungskosten. Dies führt hinwiederum zu einer verbesserten Kapital- und Vermögensstruktur. Als Nebenfolge wird der Abschreibungs- bzw. Verschrottungsbedarf gesenkt, weil die Vorräte bedarfsgerecht sind, es keine Überbestände gibt. Ausgangspunkt ist eine Bedarfsplanung. Die einsatzsynchrone Beschaffung sorgt im besten Fall dafür, dass auf Eingangslager vollständig verzichtet werden kann (dies bezeichnet man als Just-in-Time Logistik, vgl. Kummer et al. 2009, S. 312 ff.). Einher mit dieser Errungenschaft geht aber ein deutlich erhöhtes Risiko. Kommt es zu Fehlplanungen, wird der Produktionsprozess aufgehalten und kaufwillige Kunden können nicht unmittelbar bedient werden.

Des Weiteren sollte unmittelbar geprüft werden, welche Teile man preiswerter erhält. Da in den meisten Produktionsunternehmen die Zahl der benötigten Teile immens groß ist, empfiehlt sich dazu eine Strukturierung der Analyse mit der ABC-Analyse, einem gängigen betriebswirtschaftlichen Instrument zur Strukturierung von großen Datenmengen (vgl. Nagel und Mielke 2014, S. 106 ff.), das ursprünglich aus der Materialwirtschaft stammt. Es lässt sich immer dann anwenden, wenn ein großer und unübersichtlicher Datenbestand aufgearbeitet werden soll. Durch die ABC-Analyse werden die Daten kategorisiert und sind dadurch leichter zu bearbeiten. In vielen Fällen zeigen auch die Daten zur Beschaffung von Rohstoffen eine Struktur, auf die die ABC-Analyse anwendbar ist. Die Daten werden dabei in drei Klassen eingeteilt:

1. Die A-Teile: Diese weisen eine geringe Zahl auf, stehen aber für hohe Wertanteile an dem gesamten Einkaufsvolumen des Unternehmens. Etwa zehn Prozent der eingekauften Teile stehen für circa 70 % des gesamten Einkaufsvolumens des Unternehmens.
2. Die B-Teile: Diese sind in der mittleren Kategorie, was Menge und Wert angeht. So machen circa 20 % der eingekauften Teile circa 20 % des Einkaufsvolumens des Unternehmens aus.
3. Die C-Teile: Dies sind die kleinen Teile, die aber eine hohe zahlenmäßige Ausprägung haben. So haben die übrigen circa 70 % der eingekauften Teile einen Wertanteil von lediglich circa zehn Prozent an dem gesamten Einkaufsvolumen.

In einer Sanierung ist es sinnvoll, sich auf die A-Teile zu konzentrieren. Bei diesen können tatsächlich Quick-Wins realisiert werden, das heißt, man findet Einsparvolumina, die schnell realisiert werden können und ein Volumen haben, das auch einen kritischen Erfolgsbeitrag zu der Sanierung haben kann. Vorteile der ABC-Analyse liegen insbesondere in ihrer Einfachheit und Anschaulichkeit. Die Daten für Einkaufsvolumina sind einfach aus den ERP-Systemen der Unternehmen zu generieren. Damit liegen die Daten vor, die dann mit jedem Tabellenkalkulationsprogramm (zum Beispiel Microsoft Excel) aufbereitet werden können. Problematisch an der ABC-Analyse ist die statische Herangehensweise. Es wird lediglich der Verbrauch in einer bestimmten Planperiode betrachtet. Diese Betrachtung leistet zwar einen wertvollen Beitrag zum Herausfiltern von schnellen Einsparmöglichkeiten. Für eine langfristig korrekte Planung, die ein bestandsminimiertes Fertigungsverfahren bietet sich dahingegen die Anwendung der XYZ-Analyse an, die eine Weiterentwicklung der ABC-Analyse darstellt. In dieser Methode werden die Teile ebenfalls in drei Kategorien eingeteilt (vgl. Thommen und Achleitner 2012, S. 323 ff.):

1. X-Güter haben einen regelmäßigen Bedarfsverlauf. Es gibt nur wenige Schwankungen. Sie können leicht prognostiziert werden. Hier bietet sich die umgehende Einrichtung einer weitgehend bestandslosen Beschaffung an. Diese kann schnell und ohne große Risiken durch das zu sanierende Unternehmen umgesetzt werden.
2. Y-Güter lassen sich anhand eines Trends nachverfolgen. Entweder gibt es einen fallenden oder steigenden Trend, möglich sind auch saisonale Schwankungen des Verlaufs. Die Prognosequalität des Bedarfs ist von mittlerer Güte. Für diese Güter sollte ein ausreichender Sicherheitsbestand gehalten werden. Meistens lässt sich aber auch bei diesen Gütern ein unmittelbarer Einsparungsbedarf feststellen, der in der Sanierung sofort realisiert werden kann.
3. Z-Güter haben einen unregelmäßigen Verlauf. Ihr Bedarf ist außerordentlich schwer vorherzusagen. Hier sollte ein ausreichender Sicherheitsbestand vorgehalten werden, um die Fertigungsbereitschaft sicherzustellen und damit letztlich keine Kunden zu verlieren. Kurzfristig lassen sich bei Z-Gütern selten Effizienzpotenziale bergen. Langfristig muss überlegt werden, ob man Lieferanten findet, die kurzfristiger liefern können. Dabei kann eventuell sogar ein Preisaufschlag gerechtfertigt werden, weil die Lagerung ja ebenfalls Kosten verursacht.

Die Checkliste Tab. 2.1 fasst die Erkenntnisse dieses Kapitels kurz zusammen.

2.2.2 Produktion und Fertigung

Produktion und Fertigung können als Begriffe synonym verwendet werden. Produktion hat in der betriebswirtschaftlichen Literatur häufig eine

Tab. 2.1 Checkliste Sanierungsmaßnahmen im Bereich Eingangs- und Ausgangslogistik. (Quelle: Eigene Erstellung)

1	Transport Produktionsfaktoren (Roh-, Hilfs- und Betriebsstoffe) und Halbfertigwaren überprüfen
2	Disposition: Zuordnung von Produktionsfaktoren zu Produktionsaufträgen überprüfen
3	Transport: Fertigprodukt zum Kunden (Ausgangslogistik) prüfen
4	Optimierte Lagerhaltung für Produktionsfaktoren (Beachte die Bestellmenge)
5	Optimierte Lagerhaltung für Fertigprodukte (Beachte die Produktionsmengen)
6	Kommissionierung von Produktionsaufträgen prüfen
7	Verpackung von Produkten prüfen
8	Lokalisierung von Produkten optimieren
9	Lieferbeziehung zu Kunden (Zahl der logistischen Kontakte prüfen); prüfen, ob Cross-Docking möglich ist
10	Möglichkeit zu Just-in-Time Logistik prüfen (bedarfssynchrone Beschaffung)
11	Analyse der Beschaffungsteile mithilfe der ABC-Analyse, insbesondere Prüfung der A-Teile auf Einsparpotenziale
12	Analyse der Beschaffungsteile mithilfe der XYZ-Analyse, insbesondere Prüfung der X-Teile auf einsatzsynchrone Beschaffung

allgemeinere Bedeutung, weil darunter auch die Produktion von Dienstleistungen gefasst werden kann, während der Begriff Fertigung stärker auf die Herstellung von materiellen Produkten bezogen wird. Die Produktion ist Kern des betrieblichen Umsatzprozesses. Daraus folgt, dass hier ein wesentlicher Teil der Wertschöpfung entsteht. Es ist Herzstück des Unternehmens. Ohne ein Produkt kann nichts verkauft werden. Gleichzeitig ist die Produktion aber auch ein wesentlicher Kostenfaktor (vgl. Steven 2007, S. 1). Formal kann man die Produktion als einen Vorgang definieren, bei dem Produktionsfaktoren (Inputs) durch Transformation (oder Faktorkombination) in ein Produkt (Output) umgewandelt werden (vgl. Steven 2007, S. 16).

Folgende Punkte können darauf hindeuten, dass die Produktion eine wesentliche Krisenursache ist (vgl. Hohberger und Damlachi 2014, S. 74):

- steigende Rückstände bei Auslieferungen an Kunden
- zunehmende Beschwerden von Kunden und Reklamationen bzw. Retouren
- abnehmende Lagerumschlagszeiten

- Bestandserhöhungen bei fertigen und halb fertigen Erzeugnissen bzw. Roh-, Hilfs- und Betriebsstoffen
- Verlängerungen der Durchlaufzeiten
- sinkende Produktivität
- Erhöhung der Fehlerquote, die in der Folge zu steigendem Ausschuss führt
- sinkende Investitionsquote mit in der Folge veralteten Anlagen,
- sinkende Forschungs- und Entwicklungsaufwendungen mit in der Folge veraltetem Produktportfolio und/oder Produktionsmethoden
- steigende Anzahl von ineffizienten Arbeitsvorgängen (steigender Zeitbedarf für Transport, Suchen, Instandhalten, Umrüsten etc.)
- Probleme in der Kommunikation zwischen verschiedenen Abteilungen beispielsweise mit der Folge, dass Dinge nicht in ausreichender Zahl produziert werden, die aber im Mittelpunkt von Werbeaktionen stehen

Die unmittelbaren Bemühungen innerhalb einer Sanierung müssen darauf abzielen, die Produktionskosten zu reduzieren. Dazu kann es geboten sein, die Durchlaufzeiten zu reduzieren. Dies kann zum Beispiel durch eine Verringerung der Rüstzeiten, also die Zeiten bis zur Fertigungsbereitschaft der Produktionsanlage, geschehen. Leerläufe und Stillstände sollten möglichst reduziert werden, was durch eine bessere Produktionsprogrammplanung und Losgrößenplanung geschehen kann. Mit Hilfe von Methoden der Arbeitszeitanalyse (REFA) können Arbeitsplätze und Arbeitsabläufe anders gestaltet werden, sodass sie schneller und effizienter eingesetzt werden können. Eine Verbesserung des Instandhaltungsprogramms kann dazu führen, dass Stillstände durch technische Probleme reduziert werden. Allerdings ist dabei zu berücksichtigen, dass Instandhaltung Geld und Zeit kostet, die bei einer Sanierung zu den knappen Gütern gehören. Insgesamt muss es der Ansatz in der Sanierung sein, die Maschinenstillstände so weit wie möglich zu reduzieren. Stillstände kann es durch technische Probleme mit den Anlagen, Rüstzeiten, fehlendes oder falsches Material, fehlendes Personal, Fehlbedienungen, Stromausfall, fehlende Entscheidungen oder Freigaben geben. All diese Faktoren müssen im Rahmen der Analyse untersucht werden, um Ansätze bzw. Maßnahmen zu finden, welche die produktive Anlagenzeit verlängern.

Ein weiterer Aspekt, der bei einer Sanierung der Fertigung unbedingt zu beachten ist, ist die Produktqualität. Bei allen potenziellen Kosteneinsparungen in der Produktion muss geprüft werden, ob sich die Maßnahmen auf die Qualität auswirken. Auch wenn Qualität vom Wortstamm (qualis = wie beschaffen, aber auch qualitas = Verhältnis zu den Dingen) eigentlich wertneutral ist (vgl. Brüggemann und Bremer 2012, S. 3), ist der Begriff umgangssprachlich positiv besetzt, was sich auch in zahlreichen Wortschöpfungen wie Lebensqualität etc. zeigt. Nach der Definition der betrieblichen Produktionswirtschaft ist Qualität die Menge der Eigenschaften, die einem Produkt innewohnen und die Erwartungen der Kunden erfüllen sollen (Definition in Anlehnung an DIN EN ISO 9000). Qualität ist damit eigentlich ein Vergleich (vgl. Zollondz 2006, S. 162 f.): Das, was der Kunde erwartet, wird verglichen mit dem, was das Produkt bietet. Gibt es eine Deckung oder annähernde Deckung zwischen beidem, kann man von einer guten Qualität sprechen. Daraus folgt, dass die Qualität (also die Beschaffenheit eines Produkts) erhebliche Auswirkungen auf die Kaufentscheidungen des Kunden hat. Für die Sanierung ist damit zu beachten, dass eine Maßnahme, die negative Auswirkungen auf die Produktqualität hat, eher zu unterlassen ist, weil sie die Einnahmesituation des in die Krise geratenen Unternehmens unmittelbar betrifft. Auf der anderen Seite können Maßnahmen zur Steigerung der Kundenzufriedenheit die Nachfrage erhöhen oder dazu führen, dass höhere Preise verlangt werden können. Hier muss innerhalb einer Sanierung geprüft werden, ob man Möglichkeiten findet, die Qualität kostengünstig zu verbessern.

Ist das Unternehmen bereits in der Liquiditätskrise angekommen, so muss ein Investitionsstopp verhängt werden. Dadurch wird verhindert, dass Zahlungsmittel für Investitionsgüter abfließen – auch dann, wenn diese mittelfristig betriebswirtschaftlich positiv wirken (was sich an einem positiven Kapitalwert festmacht, vgl. Gabath 2010, S. 146). Auch in vorherigen Krisenphasen muss ein positiver Kapitalwert, der nach der betriebswirtschaftlichen Logik eigentlich automatisch zu einer positiven Investitionsentscheidung führen soll, genauer untersucht werden. In dem normalen Instrumentenkasten der Betriebswirtschaftslehre bedeutet ein positiver Kapitalwert, dass eine Investition getätigt werden sollte (stehen mehrere Investitionen mit positivem Kapitalwert zur Verfügung, soll diejenige mit dem höchsten Kapitalwert gewählt werden, vgl. Franke und Hax 2009, S. 170). In der Krise ist die genaue zeitliche Struktur des Rückflusses der Investition detailliert zu beachten. Für ein solide finanziertes Unternehmen ist es in Ordnung, wenn der Rückfluss der Investition erst in späteren Perioden erfolgt. Für ein Unternehmen in der Krise kann das fatal wirken. Deswegen sollte neben die Rechnung mit dem Kapitalwert in einer Sanierung unbedingt noch die Rechnung mit der Amortisationsdauerrechnung treten, um genau zu prüfen, wann die Rückflüsse aus einer Investition zum Tragen kommen (vgl. Obermeier und Gasper 2008, S. 67).

Im Zuge der Sanierung der Produktion sollte das Unternehmen auch prüfen, welche Vermögensgegenstände nicht betriebsnotwendig sind. Das nicht betriebsnotwendige Vermögen umfasst diejenigen Vermögensgegenstände, die veräußert werden könnten, ohne dass davon die Erfüllung des Sachziels der Unternehmung berührt wird (vgl. Wagner 2007, S. 43). Beispiele sind Überkapazitäten, überdimensionierte Verwaltungsgebäude, ungenutzte Grundstücke (vgl. Helbling 1989, S. 176). In diesem Rahmen sollte auch geprüft werden, welche Vermögensgegenstände im Rahmen eines Sale-and-lease-back-Verfahrens schnell in liquide Mittel verwandelt werden können. Bei diesem Verfahren veräußert das Krisenunternehmen Vermögensgegenstände, erlöst dadurch einen Verkaufspreis und behält gleichzeitig den Besitz an dem Vermögensgegenstand. Allerdings muss dann laufend eine Leasingrate an den Leasinggeber, der der Erwerber des Vermögensgegenstands ist, gezahlt werden. Insofern wird beim Sale-and-lease-back ein einmaliger Erlös erzielt, allerdings auf Kosten von laufenden Auszahlungen für die Weiternutzung des verkauften Vermögensgegenstandes. Diese beiden Zahlungsströme müssen miteinander in Relation gesetzt werden.

Die Produktion und Fertigung muss im Rahmen einer Sanierung besondere Aufmerksamkeit erfahren. Dies liegt zum einen in ihrer besonderen Bedeutung für den Umsatzprozess (und damit für die Einnahmenseite) und zum anderen in ihrer besonderen Bedeutung für die Kostensituation (und damit die Ausgabenseite des Unternehmens) begründet. Die Bedeutung und die Möglichkeiten in diesem Zusammenhang variieren extrem je nach Branche, Fertigungstiefe, verwendeter Technologie und vielen anderen Faktoren. Daraus folgt, dass es essenziell ist, diesen Bereich individuell zu prüfen und ihm besondere Aufmerksamkeit in einem Sanierungsprozess zu schenken (s. Tab. 2.2).

2.2.3 Marketing und Vertrieb

Der Vertrieb ist in vielen Unternehmen insbesondere aus dem Industriegütersektor das wichtigste Element des Marketing Mix. Hinzu kommt, dass der

Tab. 2.2 Checkliste Sanierungsmaßnahmen im Bereich Produktion und Fertigung. (Quelle: Eigene Erstellung)

1	Reduktion der Durchlaufzeiten (Still, Leer-, Rüstzeiten reduzieren)
2	Optimierung der Arbeitsplatzgestaltung (z. B. mithilfe von REFA-Methoden)
3	Optimierung des Instandhaltungsprogramms
4	Qualifizierung des Personals, um Fehler zu reduzieren/zu vermeiden
5	Ansätze zur Qualitätsverbesserung prüfen
6	Je nach Liquiditätslage: Investitionsstopp aussprechen!
7	Prüfung, welche Vermögensgegenstände nicht-betriebsnotwendig sind und veräußert werden können, ohne die Leistungserstellung negativ zu beeinflussen
8	Prüfung, ob Sale-and-lease-back-Maßnahmen sinnvoll sind

Vertrieb in vielerlei Hinsicht speziell ist. Er ist die einzige Unternehmensfunktion, die direkt und unmittelbar Einfluss auf den Umsatz hat. Es gibt zwar viele andere Abteilungen (zum Beispiel die oben behandelte Produktionsabteilung), die notwendig sind, damit das Unternehmen überhaupt Umsatz erzielen kann, aber deren Einfluss ist in der Regel nur mittelbar. Aufgrund seiner dezentralen Struktur ist der Vertrieb schwer zu steuern. In vielen Fällen arbeiten Vertriebsmitarbeiter nicht von den Räumlichkeiten des Unternehmens, sondern von zu Hause aus. Dies verlangt eine besondere Steuerung. Für Unternehmenskrisen besonders relevant ist, dass der Vertrieb ein bedeutender Kostenfaktor in vielen Unternehmen ist. Empirische Untersuchungen zeigen, dass der Kostenanteil bei Industrieunternehmen bei circa zehn Prozent vom Umsatz liegt, was häufig signifikant mehr als der Werbeaufwand ist (dieser wird mit durchschnittlich circa zwei Prozent vom Umsatz beziffert, vgl. Krafft und Frentzen 2006, S. 613). Da der Vertrieb den Verkauf der Produkte und damit die Einnahmen aus der Leistungserstellung unmittelbar beeinflusst, sind hier die Stellschrauben für eine Änderung der Einnahmesituation besonders groß.

Hinzu kommt, dass schlechte Leistungen und Beschwerden über den Vertrieb einen direkten negativen Einfluss auf das Unternehmen haben können. Der Vertrieb hat den unmittelbaren Kundenkontakt und prägt damit die Reputation des Unternehmens sehr viel unmittelbarerer als andere Abteilungen. Da in letzter Zeit der Onlinehandel und damit auch die sozialen Netzwerke erheblich an Bedeutung gewinnen, spielen auch die Bewertungen im Internet eine große Rolle. Sie können durchaus eine Krisenursache darstellen. Plattformen wie amazon oder eBay ermöglichen es den Kunden, Bewertungen für die Zufriedenheit mit den von ihnen gekauften Produkten und dem Service durch den Lieferanten abzugeben. Diese Kundenbewertungen können einen erheblichen Einfluss auf die Vertriebschancen haben. Viele Käufer richten ihre Kaufentscheidung an den Internetbewertungen aus, was inzwischen vielfach empirisch belegt ist (Ho-Dac et al. 2013, S. 37 ff.; Zhu und Zhang 2010, S. 133 ff.). Dabei sind insbesondere die Zahl und die Güte der Bewertungen ausschlaggebend. Allerdings können einzelne negative Bewertungen erhebliche Folgen haben. Dieser User Generated Content hat eine höhere Glaubwürdigkeit für Kunden als die unternehmenseigene Kommunikation (Arnhold 2010, S. 347). Da das Internet nicht vergisst, ist es notwendig, zur Vermeidung von Krisen schnell und glaubwürdig auf die Bewertungen im Internet zu reagieren.

Der Vertrieb ist häufig selbst Krisenursache. Umsätze brechen ein und führen zu einer gesamtheitlichen Schieflage des Unternehmens. Durch wegbrechende Umsätze fehlen die liquiden Mittel, um Investitionen zu tätigen und letztlich auch den laufenden Geschäftsbetrieb aufrecht zu erhalten. Diese Szenarien haben in prominenten Fällen, wie Karstadt, Praktiker Baumärkte oder Schlecker, zu Insolvenzen geführt (vgl. Beutin und Ziechmann 2014, S. 173). In anderen Fällen hatte sich die Vertriebsstrategie überlebt, zum Beispiel bei der Einstellung der Financial Times Deutschland, die nicht angemessen auf die Konkurrenz von Online-Nachrichtenportalen reagiert hatte.

Wichtigster Grundsatz für die Sanierung des Vertriebs ist die Maxime: „Kenne Deine Kunden!“ Für eine angemessene Vertriebsstrategie ist es zwingend notwendig, genau zu wissen, welche Kunden man bedient. Im Vertriebscontrolling sind insbesondere zwei Methoden entwickelt worden, die als Basis für eine Vertriebsstrategie angewendet werden können: die Portfolio-Methode und der Customer Lifetime Value. In der Praxis wird häufiger auch die ABC-Analyse, die (vgl. Abschn. 2.2.1) eigentlich aus dem Bereich Materialwirtschaft stammt, angewendet. Dabei werden die Kunden je nach ihren Umsatzbeiträgen in die Kategorien A-Kunden, B-Kunden und C-Kunden einsortiert. Die Erkenntnisse aus der ABC-Analyse können aber zu Fehlschlüssen führen, weil nur auf den Status quo abgestellt wird. Außerdem korrespondieren die Umsätze mit einem Kunden nicht unbedingt mit dessen

Profitabilität, die im Rahmen einer Sanierung aber jedoch im Mittelpunkt stehen muss. Kunden, die hohe Umsätze generieren jedoch keine Gewinne oder gar Verluste erwirtschaften, sollten eher abgestoßen werden. Die mangelnde Übereinstimmung zwischen Umsatz und Gewinn durch Kunden zeigte auch eine empirische Untersuchung bei einem deutschen Hausgerätehersteller (vgl. Krafft und Albers 2000), in der herauskam, dass lediglich die B-Kunden profitabel waren. Die A-Kunden waren aufgrund hoher Rabatte oder besonderer anderer Konditionen, die ihnen aufgrund ihres VIP-Status gewährt wurden, unprofitabel. Die C-Kunden waren ebenfalls unprofitabel, was mit zu hohen Prozesskosten bei geringen Umsätzen erklärt wurde.

Da die ABC-Analyse zu falschen Urteilen führen kann, hat die Betriebswirtschaftslehre andere Methoden entwickelt, bei denen die genannten Probleme nicht auftreten. Im Folgenden werden die Kundenportfolios und das Modell des Customer Lifetime Values als Alternativen mit höherer Reliabilität dargestellt.

Basis der Methode der Kundenportfolios ist die Portfolio-Matrix die von der Boston Consulting Group zur strategischen Steuerung von Geschäftsbereichen entwickelt wurde. In ihr werden Marktwachstum (als Umweltdimension, also von außen auf das Unternehmen wirkend) und relativer Marktanteil (als Unternehmensdimension, also als interne durch das Unternehmen selbst zu steuernde Dimension) ins Verhältnis gesetzt (vgl. Reisinger et al. 2013, S. 93 ff.). Es resultieren vier Felder, in die die Geschäftsbereiche einsortiert werden. Jedes Viertel der Matrix wird mit einer Normstrategie verbunden, die einen strategischen Hinweis auf die zu empfehlenden Handlungen des Unternehmens gibt.

Dieses Grundmuster aus dem strategischen Management wird bei den Kundenportfolios auf die Kundenpotenzialanalyse übertragen (vgl. Kleinaltenkamp 2011, S. 132 ff.). Es werden eine Umfeld- und eine Unternehmensdimension ins Verhältnis gesetzt, sodass eine Vier-Felder Matrix resultiert. Für die Umfelddimension kann beispielsweise die Kundenattraktivität genutzt werden. Dies bedeutet unter anderem, dass man mögliche zukünftige Umsätze mit einem Kunden verwendet. Darin können dann auch Up- und Cross-Selling-Potenziale berücksichtigt werden. Up-Selling bedeutet, dass man einem Kunden künftig Produkte mit einem höheren Deckungsbeitrag verkaufen kann. Cross-Selling bedeutet, dass man dem Kunden zukünftig andere Produkte aus dem Produktportfolio anbietet. Die

Begriffsabgrenzungen sind nicht immer trennscharf (vgl. Pohlkamp 2009, S. 13 f.). Als Unternehmensdimension kann man beispielsweise die eigene Position als Lieferant heranziehen. Aufpassen muss man, dass die beiden gewählten Dimensionen nicht direkt voneinander abhängen, sodass man Aussagen verdoppelt und dadurch verzerrte Resultate erhält. Die gewählten Variablen werden in ein Koordinatensystem eingetragen und man bildet vier Felder, in die die Kunden einsortiert werden können. In Abb. 2.6 wird die resultierende Vier-Felder Matrix dargestellt.

Die einzelnen Kunden werden je nach Ausprägung der Dimensionen Kundenattraktivität und Lieferantenposition in die Quadranten eingeordnet. Der eigene Umsatz mit dem Kunden ist dabei leicht aus dem Rechnungswesen zu entnehmen. Die Kundenattraktivität ist schwieriger zu bestimmen. Die verlässlichsten Informationen haben die Vertriebsmitarbeiter, die die Kunden betreuen. Aus diesem Grund kann es sinnvoll sein, die Attraktivität der Kunden in einem Workshop mit Vertrieb und Controlling zu diskutieren und die großen Kunden gemeinsam auf der Achse zu platzieren. Im Business-to-Consumer-Geschäft mit zahlreichen Kunden wird dies aus Kapazitätsgründen nicht immer möglich sein. Dann muss man das Urteil auf statistischen Daten (sofern sie bekannt sind) wie Wohnort, Alter, Beruf basieren lassen. Dies machen zum Beispiel Online-Shops mit den ihnen zur Verfügung stehenden Daten auf automatischer Basis über die hinter den eigentlichen Verkaufsshops liegenden Softwaremodule.

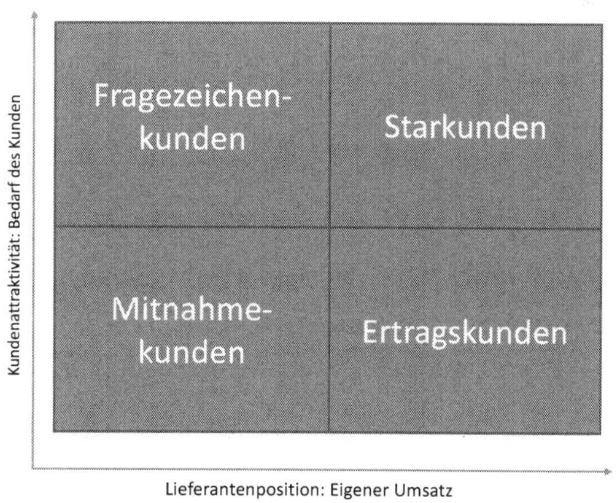

Abb. 2.6 Kundenportfolio in Anlehnung an die BCG-Matrix. (Quelle: Eigene Erstellung)

Den einzelnen Quadranten der Matrix werden Normstrategien zugeordnet, die ebenfalls in Analogie zu den Normstrategien der Boston-Consulting-Portfolio-Matrix stehen. Die Ertragskunden haben eine feste Kundenbeziehung. Diese Kundenbeziehung sollte man halten, ein Ausbau scheint nicht möglich, weil die Attraktivität beschränkt ist. Daher sollte man den Ertrag mit dem Kunden möglichst maximieren. Bei den Starkunden ist die eigene Position gut, aber es bestehen aufgrund der hohen Attraktivität noch Möglichkeiten, die Position zu verbessern. Aus diesem Grund sollte man in diese Kundenbeziehungen investieren. Bei den Fragezeichenkunden weiß man als Lieferant noch nicht genau, wie sich die Kundenbeziehung entwickelt. Die Attraktivität dieser Kunden ist sehr hoch, aber die eigene Position schwach. Man sollte in diese Kundenbeziehung investieren, um die eigene Position auszubauen. In der Folge wird man aber erst erkennen, ob sich der Kunde für die Intensivierung der Kundenbeziehung entscheidet oder doch mit anderen Lieferanten zusammenarbeitet. Daher muss man diese Kunden genau beobachten. Bei den Mitnahmekunden ist wenig Potenzial vorhanden und die eigenen Umsätze sind gering. Diese Kunden sollte man nur so lange bedienen, wie sie ertragreich sind. Werden die Abwicklungskosten für die Kundenbeziehung zu hoch, sollte man sich überlegen, ob man die Kundenbeziehung beendet. Dies ist gerade für Vertriebler häufig ein verstörender Gedanke. Aber eine rationale Vertriebssteuerung erfordert, dass man nur solche Kundenbeziehungen eingeht, die profitabel sind. Gerade in der Krisensituation muss man sich dieser Frage stellen. Niemand kann durch Umsatz reich werden, wichtig ist allein der Deckungsbeitrag, den ein Kunde erwirtschaftet. Insofern muss gerade in einer Sanierungssituation sehr genau geprüft werden, welcher Kunde zu Gewinnen führt und welcher nicht.

Ein großer Vorteil des Instruments der Kundenportfolios ist die einfache Visualisierung, die Bekanntheit des Modells, welches fast jedem betriebswirtschaftlich gebildeten Menschen geläufig sein sollte und die Vereinfachung, die dieses Modell mit sich bringt. Die Vereinfachung hat aber auch zur Folge, dass man Fehlschlüsse ziehen kann, wenn man sich vollständig darauf verlässt. Erste Hinweise über den Umgang mit Kunden können aber sehr wohl durch die Normstrategien gegeben werden (vgl. Kunschert 2009, S. 56). Allerdings sind die Einschätzungen der Kundenportfolios meist auf den Status quo bezogen, wobei ein geschickt durchgeführter Workshop zur Festlegung der Kundenattraktivität bei überschaubarer Kundenzahl hier sehr wohl zukunftsorientierte Einschätzungen mit sich bringen kann. Außerdem wird in der Regel nur der aktuelle Kundenstamm einbezogen. Auch dies ist aber nicht ein zwangsläufiger Mangel, sondern kann durch das Sanierungsmanagement gesteuert werden. Wichtig ist, dass das Unternehmen nicht aus dem Blick verliert, dass die Neukundenakquise nach wie vor notwendig ist und man sich nicht lediglich auf die Pflege des Kundenstammes beschränkt.

Kundenportfolios werden nach einer empirischen Untersuchung aus dem Jahre 2006 in circa 15 % aller deutschen Unternehmen regelmäßig eingesetzt. Ein großer Teil der Unternehmen setzt dieses Instrument mindestens sporadisch ein (vgl. Tomczak und Rudolf-Sipötz 2006, S. 149). Dies zeigt die hohe praktische Relevanz dieser Methode, auch außerhalb von Sanierungsfällen.

Eine Weiterentwicklung der kundenorientierten Controllinginstrumente stellt der Customer Lifetime Value (Kundenlebenswert) dar. Die Idee des Customer Lifetime Values ist es, die Kundenattraktivität in einer Kennzahl zu bündeln und dem Vertrieb damit eine einfache Entscheidungsgrundlage zur Verfügung zu stellen. Das Instrument überträgt die dynamische Investitionsrechnung auf die Kundenbeziehung. Im Normalfall beginnt eine Kundenbeziehung mit Aufwendungen, um den Kunden zu gewinnen. Dabei handelt es sich um Reisekosten, Vorführungskosten, vielleicht das Überlassen eines Demonstrationsgeräts etc. Damit ähnelt die Zahlungsreihe, die mit einer Kundenbeziehung verbunden ist, der Zahlungsreihe einer Investition, wie sie die Investitionsrechnung vorsieht: Man erwirbt eine Maschine oder ein anderes Anlagegut und der Einsatz dieses Gutes führt erst später zu Einzahlungen, zum Beispiel durch die Produkte, die durch die Maschine produziert und dann verkauft werden. Mit dem Customer Lifetime Value wird dieser Ansatz auf den Vertrieb übertragen: Die Entscheidung, einen Kunden anzusprechen, wird als Investition betrachtet. Die Anfangsbemühungen müssen sich durch spätere Einzahlungen auszahlen. Außerdem wird die Kundenbeziehung über die gesamte Laufzeit betrachtet. Dies bringt den Vorteil, dass überprüft werden kann, ob kurzfristige Rabatte und Sonderaktionen sich im Laufe der Zeit auszahlen oder nicht.

Eine Kundengruppe, die häufig mit Rabatten umgarnt wird, sind beispielsweise Studenten. Anbieter gehen davon aus, dass sich die Kaufkraft durch die gute Ausbildung, die sie gerade absolvieren, nachhaltig verbessert. Die gewährten Rabatte sollen die Kunden frühzeitig an den Lieferanten binden. Mithilfe des Customer Lifetime Values kann zum einen die Vorteilhaftigkeit dieses Vorgehens bestimmt werden und zum anderen ein Richtwert gegeben werden, in welcher Höhe Rabatte gerechtfertigt werden können. Aus der Investitionsrechnung übertragen wird dabei die dynamische Sichtweise: Ein Euro heute ist mehr wert als ein Euro, der einem erst später zufließt (vgl. Behringer 2010, S. 22 ff.). Ein Euro, der heute in den Aufbau der Kundenbeziehung gesteckt wird, muss zusätzlich zu seinem Nominalwert noch den Zinsverlust verdienen, also den Zinsertrag, den das Unternehmen erzielt hätte, wenn es das Geld an den Kapitalmärkten angelegt und nicht in Vertriebsbemühungen gesteckt hätte.

Analog zur Kapitalwertmethode der Investitionsrechnung ergibt sich die Formel zum Customer Lifetime Value:

$$Customer\ Lifetime\ Value = \sum_{t=1}^{T} \frac{DB_t - Fixkosten(t)}{(1+i)^t}$$

Mit:

$$DB_t = \sum_{p=1}^{P} Erlös(p,t) - Erlösschmälerung(p,t) - variableStückkosten(p,t)$$

DB = Deckungsbeitrag
i = Kalkulationszinsfuß
p = 1, …, P alle Produkte des Unternehmens
t = 1, …, T Periodenindex bis zum Ende der Kundenbeziehung in T

Die Deckungsbeiträge, die mit einem Kunden erzielt werden, werden, gekürzt um die Fixkosten des Vertriebs, auf ihren Gegenwartswert diskontiert. Die Deckungsbeiträge, die mit einem Kunden erwirtschaftet werden, bestehen zum einen aus den Erlösen abzüglich der Erlösschmälerungen (Rabatte, Skonti etc.). Zum anderen müssen aber hier die nicht monetären Wertbeiträge, die ein Kunde liefert, zum Beispiel in Form von Referenzen oder Hilfestellung bei der Produktentwicklung, einbezogen werden. Dies ist theoretisch einfach möglich, praktisch stellt sich jedoch die Frage, wie diese Faktoren in einen Geldbetrag übersetzt werden können. Daneben erfordert die Methode, dass abgeschätzt wird, wie häufig der Kunde kauft, welche Produkte zu welchen Preisen er dabei erwirbt und zu welchen Zeitpunkten er seine Käufe tätigt. Besonders schwierig ist auch zu schätzen, wie lange die Kundenbeziehung andauern wird.

Eine Kundenbeziehung ist dann lohnend, wenn der Customer Lifetime Value größer 0 ist. Ein Betrag größer 0 gibt an, was der Überschuss, der im Laufe der Kundenbeziehung erwirtschaftet wird, heute wert ist. Damit gibt dieser Wert auch vor, welche Mittel maximal zur Verfügung stehen, um in die Kundenbeziehung investiert zu werden.

Ähnlich wie bei der Investitionsrechnung ist die Wahl des korrekten Kalkulationszinses schwierig. Theoretisch korrekt wäre die Veranschlagung eines laufzeit- und risikoäquivalenten Zinsfußes zur Kundenbeziehung. Dessen Ermittlung wird aber praktisch unmöglich sein. Insofern sollte der im Unternehmen allgemein für Investitionen verwendete Zins Anwendung finden. Diesen für jede Kundenbeziehung neu zu ermitteln, ist nicht leistbar und wird durch den Informationsgewinn auch nicht gerechtfertigt. Insofern kann eine schematische Herangehensweise beim Kalkulationszinsfuß sinnvoll sein. Gleiches gilt auch für die Berücksichtigung von Finanzierungseffekten und Steuerwirkungen. Beide sind nicht auf einzelne Kunden herunterzubrechen. Von daher kann man sie vernachlässigen (vgl. Stüker 2009, S. 167).

Die Funktionsweise der Methode sei an einem vereinfachten Beispiel demonstriert. Gehen wir von einem Automobilhändler aus, der einem Kunden ein Auto verkaufen möchte. Er überlegt sich, wie viel er zu Anfang der Kundenbeziehung investieren soll, zum Beispiel durch Rabatte. Dazu möchte er den Customer Lifetime Value dieses Kunden berechnen. Der Autohändler geht davon aus, dass der Kunde alle vier Jahre ein Auto kauft. Dieses Auto hat einen Deckungsbeitrag von 10.000 EUR. Um den Kunden zu betreuen, benötigt das Unternehmen in den vier Jahren zwischen den Käufen einen fixen Aufwand von durchschnittlich 1000 EUR, zum Beispiel für Mailings, allgemeine Kontaktpflege durch Events, direkte Ansprache etc. Der Kunde ist heute Mitte 40, daher geht der Autohändler von einer Dauer der Kundenbeziehung von circa 20 weiteren Jahren aus. Von Informations- und Referenzwerten abstrahieren wir für dieses Beispiel. Wenn man von einem Kalkulationszinsfuß von zehn Prozent ausgeht, ergibt sich die folgende Rechnung durch Einsetzen der Daten in die Grundformel:

$$\textit{Customer Lifetime Value} = \frac{10.000 - 1.000}{(1+0{,}1)} + \frac{9.000}{1{,}1^4} + \frac{9.000}{1{,}1^8} + \cdots + \frac{9.000}{1{,}1^{20}} = 24.692\,€$$

Die Kundenbeziehung hat einen positiven Customer Lifetime Value, was bedeutet, dass die Kundenbeziehung grundsätzlich lohnend ist. Das Unternehmen sollte sich bemühen, den Kunden zu akquirieren. Um die Kundenbeziehung zu festigen, besteht noch ein Spielraum von maximal 24.692 EUR bis zum Break-even-Punkt. Das bedeutet: Sollte der Kunde zum Beispiel mit Beendigung der Beziehung drohen, könnten ihm Rabatte oder Sonderausstattungen bis zu dieser Höhe gewährt werden können. Wird dieser Betrag voll ausgeschöpft, gleichen sich Erlöse und Aufwendungen aus der Kundenbeziehung gerade aus, das heißt, de facto wird lediglich Geld getauscht. Wird der Betrag gar überschritten, lohnt sich die Geschäftsbeziehung nicht mehr, das Unternehmen verliert Geld und sollte die Geschäftsbeziehung lieber beenden.

Zu beachten ist, dass der Customer Lifetime Value durch Up-Selling oder Cross-Selling erhöht werden kann. Da diese Bemühungen nicht zu einem sicheren Erfolg führen können, ist es aber ratsam, dass das Unternehmen sich nicht über Gebühr, das heißt im Rahmen des bisherigen positiven Customer Lifetime Values, um diese Möglichkeiten bemüht.

Grundsätzlich sollte jeder Kunde mit seinem Customer Lifetime Value analysiert werden. Dies wird aber gerade im Endkonsumentengeschäft nicht zu tragfähigem Aufwand leistbar sein. Im B2B-Bereich mit großen Aufträgen kann das aber sehr wohl leistbar und sinnvoll sein. Dies kann ein Unternehmen vor manchem Verlustgeschäft bewahren. Unternehmen aus dem Konsumentengeschäft schnüren mit Hilfe von statistischen Daten Kundenportfolios zum Beispiel mit der oben genannten Methode der Kundenportfolios und beurteilen diese gesamthaft. So kann man zum Beispiel im Onlinehandel über die Adressdaten, die der Kunde zur Lieferung der Ware angeben muss, auf die Kaufkraft schließen. Aus dieser Erkenntnis wiederum kann dann ermittelt werden, ob der Kunde einen Rabattgutschein angeboten bekommt oder nicht.

Problematisch bei dieser Methode ist, wie bei allen zukunftsorientierten Methoden der Betriebswirtschaftslehre, die Prognoseunsicherheit. Alle notwendigen Daten sind zukunftsbezogen und müssen daher geschätzt werden. Naturgemäß kann es dabei auch zu Fehleinschätzungen kommen.

Das Konzept des Customer Lifetime Value kann erweitert werden. Kundenbeziehungen stellen in jedem Unternehmen einen ganz, wenn nicht den wesentlichen Vermögenswert dar. Insofern liegt der Gedanke nahe, dass man den Wert des Unternehmens durch die Summe seiner Kundenbeziehungen misst. Diese werden in der Literatur unter den Überschriften Customer

Equity oder Client Contribution Approach diskutiert (vgl. Wiesel und Skiera 2007).

Die Analyse aller Kunden mithilfe des Customer Lifetime Values kann dazu führen, dass diejenigen Kunden identifiziert werden können, auf die sich die Vertriebsbemühungen konzentrieren sollten. Dies sind zum Beispiel Kunden, bei denen es genügend Up- und Cross-Selling-Potenziale gibt, die sich schnell in zusätzlichen Erträgen niederschlagen können. Kunden, bei denen keine positiven Deckungsbeiträge erwirtschaftet werden können, sollten tunlichst nicht weiter bedient werden. Dadurch können Vertriebskosten gesenkt werden. Ansonsten ist es schwer für ein Unternehmen in der Krise, gerade am Vertrieb zu sparen. Durch die besondere Bedeutung des Vertriebs für die Einnahmeseite kann ein Sparen am Vertrieb die Situation des Unternehmens noch deutlich verschärfen.

Ein weiteres häufiges Problemfeld, das zu einer Krisensituation bei Unternehmen führt, ist die Preispolitik. Zum einen kann eine verfälschte Preispolitik dazu führen, dass Unternehmen nicht mehr genug Umsätze schreiben können. Grund kann sein, dass das Unternehmen eine rein kostenorientierte Preispolitik verfolgt, ohne den Markt zu beobachten. Das Unternehmen kalkuliert sich praktisch aus dem Markt heraus. Preise müssen marktgerecht, zum Beispiel durch Benchmarking, hergeleitet werden. Dabei kann durchaus herauskommen, dass die Produktion zu marktgerechten Konditionen nicht möglich ist. Muss das Unternehmen zum Erwirtschaften eines positiven Deckungsbeitrags einen zu hohen, nicht am Markt realisierbaren Preis verlangen, so gibt es nur die Möglichkeit, das Produkt aus dem Sortiment zu nehmen.

Im Bereich der Preispolitik sollte unbedingt auch die Rabattpolitik hinterfragt werden. Häufig unterscheiden sich Listenpreise und tatsächlich realisierte Preise erheblich voneinander. Vertriebsmitarbeiter neigen dazu, großzügig Rabatte zu gewähren, weil sie nach Umsatz und nicht nach Deckungsbeitrag provisioniert werden. In diesen Rabatten stecken häufig erhebliche Reserven, die ein Unternehmen zur besseren finanziellen Positionierung leicht nutzen kann.

Natürlich müssen auch die Preise selbst auf den Prüfstand. Dem Unternehmen stehen grundsätzlich zwei Möglichkeiten zur Verfügung: die Preiserhöhung und die Preissenkung (vgl. Lafrenz 2004, S. 98). Eine Preiserhöhung ist deshalb sehr attraktiv, weil ohne zusätzliche Kosten oder Investitionen die Ertragssituation schnell gesteigert werden kann. Ob dies tatsächlich realisierbar ist, hängt allerdings von der Preiselastizität der Nachfrage ab. Wird der

Preis verändert, gibt es zwei gegenläufige Effekte für den Umsatz: Zum einen erhöht sich der Umsatz durch einen höheren Preis pro Einheit, zum anderen verringert sich aber der Umsatz, weil bei einem höheren Preis weniger Kunden das Produkt kaufen werden (Mengeneffekt). Überwiegt der Preiseffekt, spricht man von einer unelastischen Nachfrage, überwiegt der Mengeneffekt, spricht man von einer elastischen Nachfrage (vgl. Hutzschenreuter 2013, S. 188 f.). Eine Preiserhöhung bei einer Sanierung empfiehlt sich daher bei einer unelastischen Nachfrage. Häufig kann man auch beobachten, dass Kunden gerade in einer Krise unelastisch auf Preisänderungen reagieren, weil sie ein Interesse an dem Erhalt des Unternehmens als Lieferanten haben. Dies ist allerdings ein Faktor, der deutlich häufiger im Business-to-Business Geschäft auftritt als im Geschäft mit Endkunden, die sehr preissensitiv sind.

Eine Preissenkung kann ebenfalls zu Umsatzerhöhungen führen, nämlich immer dann, wenn die Nachfrage elastisch ist. Mittel- und langfristig ist dieses Vorgehen nur dann sinnvoll, wenn der verlorene Deckungsbeitrag durch die Preissenkung durch die steigende nachgefragte Menge aufgefangen wird. Kurzfristig kann eine Preissenkung aber auch zu einer Erhöhung des Bestands an liquiden Mitteln führen, schlicht durch eine Erhöhung der verkauften Menge. Dieses Vorgehen wäre bei einem gesunden Unternehmen nicht unbedingt ratsam, weil die Preise auch langfristig durch eine Preissenkung „kaputt" gemacht werden könnten. Es ist schwierig, den Preis nach einer Reduktion wieder zu erhöhen. In einer Krisensituation spielt diese längerfristige Überlegung häufig keine Rolle, weil man unbedingt liquide Mittel vereinnahmen muss. Um diesen langfristigen Effekt auch in der Krisensituation zu vermeiden, sollte man nicht die Produktpreise selbst verändern, sondern möglichst Rabatte erhöhen. Dies gibt einem später mehr und leichtere Möglichkeiten, die Preise wieder zu erhöhen.

Besondere Aufmerksamkeit muss die Kommunikation mit den Kunden in einer Krisensituation haben (vgl. Beutin und Ziechmann 2014, S. 193 f.). Hat sich die Krise des Unternehmens im Markt herumgesprochen, halten sich auch bisher treue Kunden mit Aufträgen zurück. Sie scheuen das Risiko einer Insolvenz, weil dann Gewährleistungen, Nachlieferungen etc. nicht mehr sicher sind. Darüber hinaus werden Anzahlungen nicht geleistet, weil diese möglicherweise mit in die Insolvenzmasse rutschen. Viele Großunternehmen haben in ihren Anweisungen für Einkaufsvorgänge bestimmt, dass mit Krisenunternehmen keine Lieferbeziehungen unterhalten werden sollen. All dies bedingt die Notwendigkeit einer engen Kommunikation mit den Kunden. Die wichtigsten Kunden müssen davon überzeugt werden, dass die Sanierung gelingen und damit die Krise überwunden werden kann. Diese Kommunikation sollte nicht nur auf Ebene des Vertriebs, sondern auf Geschäftsleitungsebene stattfinden. Ein gelungenes Beispiel für die Kommunikation der Sanierung ist der Schweizer Elektrokonzern ABB, der monatlich die wichtigsten Kunden über den Fortschritt der Sanierungsbemühungen informierte. Neben die persönliche Ansprache der wichtigen Kunden muss aber auch die Kommunikation mit den kleineren Kunden treten, die auf schriftlichem Wege ebenfalls regelmäßig erfolgen sollte.

Die wesentlichen Sanierungsvorschläge werden in Tab. 2.3 zusammengefasst.

Tab. 2.3 Checkliste für Sanierungsmaßnahmen im Bereich Vertrieb und Marketing. (Quelle: Eigene Erstellung)

1	Internetbewertungen: Übersicht bekommen über Bewertungen; schnell und angemessen auf Kritik reagieren.
2	Ist die Vertriebsstrategie (Vertriebswege und -techniken) den Kundenanforderungen entsprechend?
3	Werden die Techniken der Kundenanalyse gemäß dem Grundsatz „Kenne Deine Kunden!" angewendet?
4	Sind alle Up-Selling-Potenziale geprüft und ausgenutzt?
5	Sind alle Cross-Selling-Potenziale geprüft und ausgenutzt?
6	Findet Neukundenakquise weiterhin statt? Wird sie eventuell sogar verstärkt?
7	Werden Geschäftsbeziehungen zu unprofitablen Kunden auch tatsächlich aufgegeben?
8	Bewegen sich die Vertriebsmaßnahmen in einem Rahmen, sodass der Customer Lifetime Value größer als 0 ist?
9	Sind die verlangten Preise marktgerecht?
10	Decken die realisierten Preise die Kosten?
11	Gibt es Möglichkeiten durch Preiserhöhung oder Preissenkung die Einnahmesituation des Unternehmens kurzfristig zu verbessern (unter Beachtung der Preiselastizität)?
11	Gibt es Möglichkeiten, die gewährten Rabatte zu senken?
12	Sind die wichtigsten Kunden über die Sanierung und ihre Fortschritte angemessen und auf geeignetem Weg informiert?

2.2.4 Kundendienst

Der Kundendienst bzw. After-Sales-Service umfasst alle Bereiche, die den Kundennutzen nach dem eigentlichen Verkaufsvorgang verbessern, zur Kundenbindung beitragen bzw. ergänzende Leistungen darstellen, die von dem Unternehmen verkauft werden können. Häufig stellen diese Leistungen eine gute Möglichkeit zur Differenzierung des eigenen Produkts gegenüber anderen Herstellern dar. Grund hierfür ist die Diffusion von Technik, die dazu führt, dass die Produkte häufig hinsichtlich ihrer Eigenschaften austauschbar geworden sind. In diesen Fällen stellen die vor- und nachgelagerten Leistungen eine Möglichkeit dar, sich von Wettbewerbern zu unterscheiden. Allerdings besteht die Gefahr, dass alle Hersteller einer Branche die Leistungen übernehmen und sie damit keinen Wettbewerbsvorteil mehr darstellen, im Gegenteil: Sie werden vom Kunden erwartet und das Fehlen bestimmter Leistungen wird als Mangel empfunden. Daher kann man drei Bereiche im Kundendienst unterscheiden, die im Rahmen einer Sanierung auf verschiedene Weise behandelt werden sollten (vgl. Schmalen 2002, S. 535):

- Ein Basisprogramm: Das Erbringen dieser Leistungen macht keinen Kunden zufrieden. Sind diese Leistungen aber nicht vorhanden, so wird dies als Mangel empfunden. Im Falle einer Sanierung darf man an diesem Basisprogramm nicht sparen. Dies würde die Krise verschlimmern, weil Kunden unzufriedener werden und weniger nachfragen. Zudem sind einzelne Teile dieser Leistungen gesetzlich vorgeschrieben (beispielsweise Gewährleistungen).
- Ein Leistungsprogramm: Hier handelt es sich um Dienstleistungen, die erwartet werden, aber in durchaus unterschiedlichen Abstufungen. Die Kunden sind umso zufriedener, je mehr von diesen Leistungen angeboten werden. Dies kann beispielsweise ein Kundenbindungsprogramm wie Meilensammeln bei Fluggesellschaften sein. Dies wird inzwischen gerade von Vielfliegern erwartet. Wie viel eine Meile wert ist, ist aber durchaus unterschiedlich zu betrachten. Kunden werden zufriedener, wenn mehr geliefert wird, aber nur eine völlige Abwesenheit dieser Leistung wird als Mangel empfunden. Aus diesem Grund kann beim Leistungsprogramm auch bei der Sanierung angesetzt werden. Naturgemäß sind Verschlechterungen immer schwierig zu verkaufen und bergen

ein Unzufriedenheitspotenzial bei den Kunden. Allerdings ist in diesem Bereich nicht mit großen Folgen zu rechnen.

- Ein Begeisterungsprogramm: Hier handelt es sich um echte Differenzierung durch zusätzliche Leistungen. Beispielsweise kann es sich um 24-h Kundendienste handeln oder kostenlose Wartung. Dies dient der Kundenbindung. In Krisenzeiten kann es sinnvoll sein, an diesen Leistungen anzusetzen und hier einzusparen. Grundsätzlich führen diese Leistungen zwar zur Kundenbindung und damit mittelfristig zu Verkäufen. Kurzfristig stehen aber Kosten für die Leistungserbringung keine Umsätze gegenüber.

Das Unternehmen muss sich klar werden, welche Angebote es im Kundendienst machen will. Wichtig ist zu beachten, dass nur diejenigen Angebote auch gemacht werden, die den Kunden einen Nutzen stiften, den sie auch bereit sind zu bezahlen. Entschließt sich das Unternehmen zu einer differenzierten Ansprache der Kunden, so ist zu prüfen, ob die Kunden richtig einsortiert sind. Hierbei sollte neben der Umsatzgröße insbesondere auch der Customer Lifetime Value, der von einem Kunden zu erwarten ist, beachtet werden.

2.2.5 Beschaffung

Aspekte der Beschaffung und des Einkaufs spielen schon in der Logistik wie auch in der Produktion und Fertigung eine Rolle. Mit der Beschaffung in der Porterschen Wertkette ist das Management des Einkaufs gemeint: Dies besteht aus Lieferantenauswahl, Bestellwesen und Konditionenverhandlung. Das Beschaffungswesen umfasst also alle Aktivitäten, die im Hintergrund ablaufen und nicht direkt am Produkt selbst ansetzen.

Die Analyse und Verbesserung des Beschaffungsprozesses sollte sich auf die wesentlichen Teile beschränken, weil sonst Aufwand und Ertrag einer Optimierung in keinem sinnvollen Verhältnis zueinander stehen. Als Analyseinstrument zur Bestimmung der wesentlichen Teile sollte die ABC-Analyse angewendet werden, die in diesem Kapitel schon in den Bereichen Logistik und Vertrieb Produktion dargestellt worden ist (vgl. Abschn. 2.2.1).

Bei der Beschaffung ist es von besonderer Wichtigkeit zu ermitteln, ob wesentliche Produkte selbst gefertigt oder fremd bezogen werden sollen

(Make-or-buy-Entscheidung). Die Überlegung, ob eine Komponente eines Produkts selbst erstellt werden soll oder nicht, hat etwas mit den Kernkompetenzen eines Unternehmens zu tun. Dort, wo das Unternehmen sein spezielles Know-how hat und es sich von dem Wettbewerb unterscheidet, wird man in der Regel für „make" plädieren. Diese Überlegung wird im Rahmen einer Sanierung eher eine Randbedingung sein, die man beachtet. Im Mittelpunkt der Make-or-buy-Entscheidung wird die Kostenfrage stehen. Ein schneller Sanierungsbeitrag kann erreicht werden, wenn man ein Produkt kostengünstiger fremd beziehen kann. Nichtsdestotrotz sollte aber auch hier darauf geachtet werden, dass man sich die eigene strategische Position nicht kaputt macht und die entscheidenden Kernkompetenzen beim Unternehmen verbleiben. Insgesamt sollten in die Entscheidung insbesondere die folgenden Punkte einfließen (vgl. Mikus 1998, S. 17 f.):

- Höhe der Kosten: Sie ist meistens und insbesondere in der Sanierung das entscheidende Argument (vgl. Kremis et al. 2006, S. 471)
- Bedeutung der betroffenen Kernkompetenzen
- Höhe der Produktkapazität
- Regelmäßigkeit des Bedarfs der Objekte
- Verfügbarkeit potenzieller Lieferanten für einen eventuellen Fremdbezug
- Verhandlungsposition am Markt
- Abhängigkeit von etwaigen Lieferanten

Normalerweise ergibt sich, dass man Teile mit geringen Stückzahlen eher fremdbezieht, weil hohe Fixkosten die Eigenfertigung unattraktiv machen. Mit steigenden Stückzahlen dreht sich das Verhältnis um, weil sich die Fixkosten auf mehr Stücke verteilen und damit die Kosten der Eigenfertigung geringer sein werden, als der Fremdbezug (Effekt der Fixkostendegression als Teil der Economies of Scale). Grund hierfür ist, dass beim Fremdbezug der Hersteller eine Marge erwirtschaftet, die bei interner Fertigung wegfällt. Abb. 2.7 stellt diesen Zusammenhang grafisch dar.

Wichtig ist auch in der Sanierung, die etwaigen künftigen Risiken einzubeziehen und nicht nur von den Kosten zum Zeitpunkt der Entscheidung auszugehen. Begibt man sich in die Abhängigkeit eines Lieferanten, so ist programmiert, dass die vielleicht derzeit positiven Konditionen sich im weiteren Verlauf verschlechtern und sich dann keine Vorteilhaftigkeit der

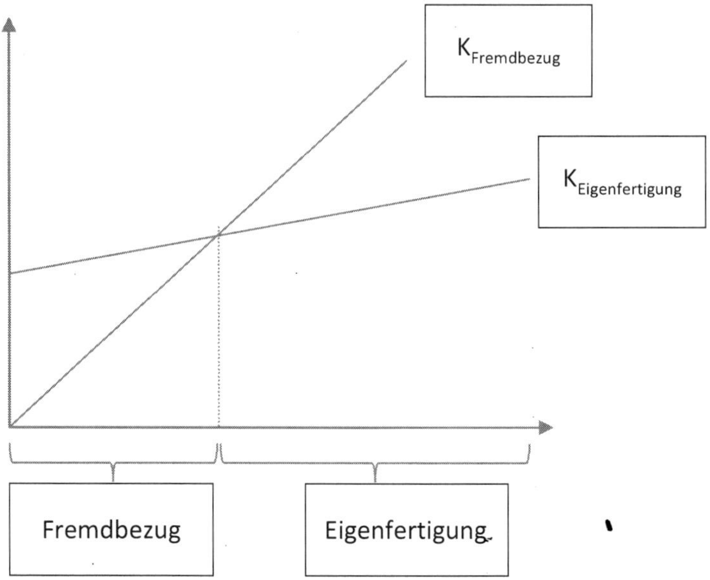

Abb. 2.7 Kostenverlaufsdiagramm Fremdbezug versus Eigenfertigung. (Quelle: Nagel und Mielke 2014, S. 72)

Entscheidung für „buy" ergeben würde. Ein weiterer Aspekt, der geprüft werden muss, ist wie schnell die vorhandenen Produktionskapazitäten aufgegeben werden können und was die Aufgabe dieser Kapazitäten kosten wird. Bei den Kosten der Aufgabe ist zu berücksichtigen, was die Entsorgung und Verschrottung alter Anlagen kostet.

Klassischerweise wird in der Sanierung ein bisher eigengefertigtes Produkt fremd bezogen. Aber auch die umgekehrte Überlegung kann einen Sanierungsbeitrag leisten. Auch die Eigenfertigung eines bisher fremd produzierten Teils kann die Kosten senken. Insofern müssen in der Sanierung für alle großen Produkte beide Szenarien betrachtet werden.

Das Design des Beschaffungsnetzwerks (Global Supply Chain Design) ist in der Regel eine Aufgabe, die auf der höchsten Ebene des Unternehmens angesiedelt ist, weil von ihr auch in hohem Maße die Leistungsfähigkeit des Unternehmens in seiner Gesamtheit abhängt (vgl. Bogaschewsky 2015, S. 141). Für Unternehmen in der Sanierung müssen schnelle Entscheidungen getroffen werden. Ein wichtiger Blick betrifft den weltweiten Beschaffungsmarkt

(Global Sourcing). Gerade mittelständische Unternehmen haben häufig ihr Beschaffungsnetzwerk ausgerichtet auf Unternehmen ihrer Region. Eine weltweite Suche kann Beschaffungsalternativen aufzeigen, die im Kosten-Nutzen Verhältnis günstiger sind und damit schnelle Sanierungsbeiträge bringen. Dabei wird häufig der Blick in die Low-Cost-Countries gerichtet, in denen in der Regel aber nur Teile mit geringem technischen Anspruch bezogen werden können. Außerdem muss in diesen Ländern beachtet werden, dass man alle Kosten in das Kalkül einbeziehen muss, zum Beispiel auch die Kosten eventuellen Know-how-Verlusts durch die Zusammenarbeit mit einem Lieferanten. Dadurch kann ein auf den ersten Blick günstiges Angebot unattraktiv werden (vgl. Bogaschewsky 2015, S. 151).

Eine weitere Möglichkeit, die gerade mittelständischen Unternehmen in der Sanierung offensteht, ist das Eingehen bzw. der Beitritt zu einer Einkaufskooperation. Nach dem deutschen Kartellrecht können mittelständische Unternehmen auch den Wettbewerb durch Einkaufskooperationen einschränken (Art. 81 Abs. 1 des EG-Vertrages und § 1 GWB). Diese Einschränkung darf nur nicht wesentlich sein. Damit steht aber insbesondere den kleinen und mittleren Unternehmen ein größeres Handlungsfeld zur Verfügung als Großunternehmen. Durch Einkaufskooperationen können Volumina gebündelt und damit bei den Lieferanten bessere Konditionen ausgehandelt werden.

In Tab. 2.4 sind die wesentlichen diskutierten Maßnahmen für eine Sanierung kurz zusammengefasst.

2.2.6 Human Resources/Personal

Die Personalwirtschaft spielt im Rahmen jeder Sanierung eine herausragende Rolle. Zum einen ist das Personal in den allermeisten Unternehmen die größte

Tab. 2.4 Checkliste für Sanierungsmaßnahmen im Bereich Beschaffung. (Quelle: Eigene Erstellung)

1	Kosteneinsparungen durch Fremdbezug von Zulieferteilen, die bislang selbst gefertigt worden, geprüft (Make-or-buy-Entscheidung)?
2	Prüfung des Beschaffungsnetzwerks: Gibt es auf den überregionalen bzw. globalisierten Beschaffungsmärkten preiswertere Lieferanten?
3	Möglichkeit zum Beitritt zu Einkaufskooperationen geprüft?

Kostenposition. Daher müssen auch Sanierungsbemühungen hier vorrangig ansetzen. Zum anderen ist das Personal auch ein (wenn nicht der) wesentliche Erfolgsfaktor. Gerade in Zeiten von Krisen können die damit verbundene Unsicherheit und auch die Sanierungsmaßnahmen selbst zu Unmut und schlechteren Leistungen führen, die die Krise weiter verschärfen. Dies ist dann besonders kritisch, wenn Kunden direkt mit der Situation im Unternehmen konfrontiert werden. Hinzu kommt, dass sich die Sanierung im Bereich der Personalwirtschaft in einem engen rechtlichen Korsett bewegt. Das individuelle und kollektive Arbeitsrecht beschränkt die Sanierungsmöglichkeiten teilweise erheblich. Dieses Recht geht grundsätzlich davon aus, dass der Arbeitnehmer in der schwächeren Position ist und durch gesetzliche Regeln vor Missbrauch der Machtposition des Arbeitgebers geschützt werden muss. Dadurch sind die Möglichkeiten des Arbeitgebers zu Handlungen deutlich beschränkt.

Nicht nur aus diesen rechtlichen Überlegungen heraus wird jedes Unternehmen mit Freisetzungsentscheidungen außerordentlich sorgfältig umgehen. Jeder verantwortungsvolle Unternehmensverantwortliche weiß, dass eine Kündigung ein erheblicher Eingriff in das Leben des betroffenen Arbeitnehmers sein wird. Insofern wird diese Maßnahme für jedes Unternehmen eine Ultima Ratio sein (vgl. Hamel 2013, S. 263). Nichtsdestotrotz ist gerade für eine Sanierung die Kündigung von Mitarbeitern eine notwendige Maßnahme, um das Unternehmen langfristig in seiner Existenz zu sichern.

Ausgangspunkt der personalwirtschaftlichen Sanierung muss eine Personalbedarfsplanung sein. Diese ist auch deshalb von besonderer Bedeutung, weil Personalmaßnahmen in der Regel nicht ad hoc lösbar sind. Viel mehr benötigen Einstellungen Zeit, insbesondere Einstellungen von besonders qualifiziertem Personal und Personalfreisetzungen können nur unter Berücksichtigung von Kündigungsfristen erfolgen. Zunächst wird ein Bruttopersonalbedarf ermittelt. Dieser bezeichnet die Anzahl der Mitarbeiter, die notwendig sind, um die Leistungen des Unternehmens zu erbringen (vgl. Stock-Homburg 2010, S. 106). Dieser Bruttobedarf teilt sich in zwei Komponenten: Zunächst wird der tatsächliche Einsatzbedarf bestimmt, also diejenige Zahl von Mitarbeitern, die unmittelbar notwendig sind, um die betrieblichen Funktionen aufrecht zu erhalten. Der Reservebedarf muss aber hinzugezählt werden: Dieser entsteht durch den Ausfall von regulären Kräften durch Urlaub, Krankheit oder Weiterbildung (vgl. Oechsler 2011, S. 165). Der so ermittelte Personalbedarf muss mit dem voraussichtlichen zukünftigen

Personalbestand abgeglichen werden. Dies bedeutet, dass von dem derzeitigen Personalbestand sichere Abgänge (zum Beispiel durch Kündigungen, Übergänge in den Ruhestand, Elternzeit, interne Wechsel, Beförderungen) abgezogen und sichere Zugänge (zum Beispiel Rückkehr aus der Elternzeit, bereits vorgenommene Einstellungen) hinzugezählt werden. Hinzu kommen statistische Werte für Fluktuation, zum Beispiel durchschnittliche Werte der Vergangenheit, die fortgeschrieben werden können. Durch Vergleich des Bruttopersonalbedarfs mit dem voraussichtlichen zukünftigen Personalbestand ergibt sich der Nettopersonalbedarf, der sowohl Ersatzbedarf als auch Neubedarf umfasst. Im Zuge einer Sanierung kann (oder vielleicht auch sollte) dieser Bedarf negativ sein, sodass es zu einem Personalabbau kommen muss.

Die Möglichkeiten zur Personalfreisetzung sind stark reglementiert. Erste Maßnahme sollte daher ein Einstellungsstopp sein, wodurch die natürliche Fluktuation ausgenutzt wird. Frei werdende Stellen werden nicht mehr besetzt. Bei einem generellen Einstellungsstopp werden gar keine frei werdenden Stellen mehr besetzt. Häufig entsteht dabei aber ein qualitatives Problem: Es verlassen Mitarbeiter das Unternehmen, die man gern gehalten hätte. In dem Fall kann man trotz Einstellungsstopp mittels Halteprämien versuchen, die wichtigsten Mitarbeiter zu halten. Es liegt auf der Hand: Die guten Mitarbeiter bekommen schnell ein anderes Angebot, gerade wenn die Krise auch bei den Wettbewerbern ruchbar wird. Diejenigen Mitarbeiter, die nicht so viel zum Erfolg beitragen, will auch niemand anderes gern einstellen. Eine Alternative ist der qualifikationsbezogene Einstellungsstopp. Bei ihm werden bestimmte Stellen doch nachbesetzt. Es handelt sich um Stellen, die für die Wertschöpfung im Unternehmen besonders wichtig sind. Um die Möglichkeiten ohne direkte Entlassungen möglichst vollständig auszunutzen, sollten Überstunden konsequent abgebaut werden. Zeitverträge werden in dieser Situation nicht mehr verlängert. Man kann der Fluktuation von betrieblicher Seite auch nachhelfen, indem man Aufhebungsverträge anbietet oder großzügig langfristigen unbezahlten Urlaub offeriert, der zum Beispiel zur Weiterqualifikation von Mitarbeitern ausgenutzt werden kann. Beim Aufhebungsvertrag wird im Gegensatz zur einseitigen Kündigung der Arbeitsvertrag im Einvernehmen zwischen Arbeitgeber und Arbeitnehmer aufgehoben. Für den Arbeitgeber hat der Aufhebungsvertrag den großen Vorteil, dass er sich auch von Mitarbeitern trennen kann, die bei einer Sozialauswahl durch das Raster fallen würden, die aber für die zukünftige Tätigkeit des Unternehmens nicht mehr wichtig sind. Für die Bereitschaft zur Akzeptanz des Aufhebungsvertrags erhält der Arbeitnehmer eine Abfindung, die aber in der Regel zu einer Sperrfrist bei der Bundesanstalt für Arbeit führt, sodass der Arbeitnehmer kein Recht auf Leistungen der Arbeitslosenversicherung für einen bestimmten Zeitraum hat.

Eine Möglichkeit, den Mitarbeiterbestand zu halten und gleichzeitig die Personalkosten zu senken, ist die Anmeldung von Kurzarbeit. Das Unternehmen verkürzt die betriebliche Arbeitszeit und zahlt entsprechend weniger an die Mitarbeiter. Die Bundesagentur für Arbeit deckt einen Teil der Lohnreduzierung für die Mitarbeiter. Das Kurzarbeitergeld beträgt für kinderlose Arbeitnehmer 60 % der Nettolohndifferenz und für Arbeitnehmer mit Kindern 67 % der Nettolohndifferenz (vgl. Dillerup und Stoi 2013, S. 614). Grundsätzlich kann das Kurzarbeitergeld für sechs Monate gewährt werden, bei Vorliegen außergewöhnlicher Umstände für bis zu 24 Monate. Die Voraussetzungen für die Zahlung von Kurzarbeitergeld sind im SGB III in den §§ 95 ff. geregelt. Danach muss die Kurzarbeit auf wirtschaftlichen oder unvermeidbaren Ereignissen beruhen und vorübergehend und unvermeidbar sein. Außerdem müssen mehr als ein Drittel der in einem Betrieb beschäftigten Arbeitnehmer von einer Entgeltminderung von mindestens zehn Prozent betroffen sein. Außerdem muss die Kurzarbeit durch den Arbeitgeber oder den Betriebsrat schriftlich bei der Bundesanstalt für Arbeit angezeigt werden. Zeigt der Arbeitgeber an, so muss eine Stellungnahme des Betriebsrats beiliegen (sofern es in dem Betrieb einen Betriebsrat gibt). Außerdem müssen die persönlichen Voraussetzungen bei den Arbeitnehmern vorliegen, um bezugsberechtigt zu sein. Dazu gehört auch, dass das Arbeitsverhältnis erhalten, also weder gekündigt noch aufgehoben werden soll. Im Arbeitsvertrag muss auch eine Kurzarbeiterklausel vorgesehen sein, weil die Kurzarbeit nicht in Form von Weisung einfach verordnet werden darf (vgl. Pallasch 2014, S. 168). Insbesondere in der Finanzkrise der Jahre 2008 und folgende und der damit verbundenen Nachfragekrise hat sich das Instrument der Kurzarbeit auch volkswirtschaftlich bewährt, weil in Deutschland im Gegensatz zu anderen Ländern mit weniger großzügigen Kurzarbeitsregeln die Arbeitslosigkeit deutlich weniger angestiegen ist. Die Kurzarbeit ist für ein Unternehmen eine gute Möglichkeit, die Personalkosten kurzfristig zu senken, ohne dabei die wichtigen Mitarbeiter zu verlieren.

Ebenfalls eine Möglichkeit, den Personalbestand zu reduzieren ist die Beteiligung an der Altersteilzeit (vgl. Groß 2014, S. 226). Wird die Arbeitszeit eines mindestens 55 Jahre alten Arbeitnehmers auf die Hälfte der gewöhnlichen Arbeitszeit reduziert, erhält der Arbeitgeber Zuschüsse. Allerdings müssen Rückstellungen zur Finanzierung der Altersteilzeit gebildet werden. Diese mindern zwar den Unternehmenserfolg, führen aber zunächst einmal nicht zum Liquiditätsabfluss, können also auch in der Liquiditätskrise gebildet werden. Für das Unternehmen hat die Altersteilzeit auch den Vorteil, dass es nicht sofort zu einem Know-how-Verlust kommt. Der Mitarbeiter steht dem Unternehmen noch länger zur Verfügung, die Einarbeitung eines Nachfolgers kann gewährleistet werden.

Des Weiteren muss das Unternehmen überlegen, Zeitverträge nicht zu verlängern. Auch Auszubildende können nicht übernommen werden. Ausscheidende Mitarbeiter werden nicht mehr ersetzt (zum Beispiel beim Übergang in den Ruhestand). Allerdings muss aufgepasst werden, dass nicht die besten und schlecht zu ersetzenden Mitarbeiter das Unternehmen verlassen. Hier kann überprüft werden, ob diese Mitarbeiter durch Halteprämien zum Verbleib im Unternehmen veranlasst werden können. Diese Maßnahme führt zwar kurzfristig zu Liquiditätsabflüssen, kann sich aber mittelfristig als Segen für das Unternehmen erweisen, weil kritische Kompetenzen im Unternehmen bleiben.

Greifen diese Maßnahmen nicht, bzw. reichen sie nicht aus, um auf einen Personalbestand zu kommen, mit dem das Unternehmen aus der Krise finden kann, muss das Unternehmen von sich aus Arbeitsverhältnisse kündigen. Da die Kündigung gegen den Willen des Arbeitnehmers erfolgt, ist sie die sozial härteste Maßnahme, um den Personalbestand zu reduzieren (vgl. Cohrs 2013, S. 153 f.). Die Möglichkeiten zur Kündigung sind durch Gesetze und Rechtsprechung beschränkt. Für besondere Personengruppen wie Schwangere, Behinderte etc. gelten besondere Kündigungsschutzregelungen, die unbedingt auch in der Krise Beachtung finden müssen. Bei der ordentlichen Kündigung erfolgt die Entlassung unter Beachtung der arbeitsrechtlichen und tarifvertraglichen Regelungen. Eine ordentliche Kündigung muss einen der folgenden drei Gründe haben:

- Bei der personenbedingten Kündigung ist die mangelnde Leistungsfähigkeit des Arbeitnehmers, zum Beispiel durch Krankheit, Grund für die

Kündigung. Diese Form der Kündigung kann keinen nachhaltigen Beitrag zu einer Sanierung leisten.

- Bei der verhaltensbedingten Kündigung schließt das Verhalten des Mitarbeiters eine Weiterbeschäftigung aus. Der Arbeitnehmer verletzt seine Pflichten zum Beispiel durch fehlerhafte Leistungen oder Störungen des Ablaufs im Betrieb. Auch durch diese Art der Kündigung kann kein nachhaltiger Sanierungsbeitrag geleistet werden.
- Ist die Kündigung aufgrund von geändertem Personalbedarf, zum Beispiel ausgelöst durch eine Unternehmenskrise, unausweichlich, spricht man von einer betriebsbedingten Kündigung. Insbesondere wenn ein dauerhafter und größerer Personalbestand vorhanden ist, muss eine größere Gruppe von Personen entlassen werden. Dies kann eine Massenentlassung darstellen. Davon spricht man, wenn in der Regel fünf bis zehn Prozent der Belegschaft innerhalb von 30 Kalendertagen entlassen werden. In einem solchen Fall muss der Arbeitgeber die zu kündigenden Mitarbeiter mittels Sozialauswahl identifizieren. Bei der Sozialauswahl sind Kriterien wie Lebensalter, Betriebszugehörigkeit oder Familienstand zu berücksichtigen. Da die genauen Punkte der Sozialauswahl nicht gesetzlich vorgegeben sind, bietet es sich an, einen Sozialplan mit den Mitarbeitervertretern (also wenn vorhanden: dem Betriebsrat) zu vereinbaren. Der Sozialplan dient dem Nachteilsausgleich. Er schützt den Arbeitgeber auch davor, dass ein im Zuge einer Massenentlassung gekündigter Mitarbeiter sich darauf beruft, dass er ohne die Berücksichtigung von Sozialkriterien für die Entlassung ausgesucht worden ist. Dies würde gemäß § 1 KSchG zur Unwirksamkeit der Kündigung führen. Ziel des Sozialplans ist es, dass diejenigen Mitarbeiter zur Entlassung ausgewählt werden, für die die Folgen des Arbeitsplatzverlusts am besten aufzufangen sind. Aus diesem Grund wird häufig auch ein Interessenausgleich zwischen Betriebsrat innerhalb eines Sozialplans vereinbart. In diesem Interessenausgleich einigen sich die Arbeitgeber und Arbeitnehmer über die genauen Konditionen des Betriebsumbaus bzw. des Personalabbaus, also wann werden welche Mitarbeiter gekündigt.

Daneben gibt es noch die Möglichkeit zur außerordentlichen Kündigung, manchmal auch fristlos genannt. Sie ist nur dann möglich, wenn die Fortführung des Arbeitsverhältnisses während der Kündigungsfrist für den

Arbeitgeber nicht mehr zumutbar ist. Dies ist nur in Fällen besonders schwerwiegenden Pflichtverletzungen, wie zum Beispiel bei Diebstahl, Betrug oder anderen strafrechtlich relevanten Tatbeständen möglich. Diese Form der Kündigung kann folglich auch keinen nachhaltigen Beitrag zur Lösung einer Krise leisten.

Bei allen Formen der Kündigung muss der Betriebsrat angehört werden. Bei allen Formen der ordentlichen Kündigung hat er darüber hinaus auch ein Widerspruchsrecht. Widerspricht der Betriebsrat der Kündigung, so hat der Mitarbeiter bis zur rechtskräftigen Entscheidung einen Anspruch auf Weiterbeschäftigung (vgl. Jung 2011, S. 90), was den Sanierungserfolg gefährden bzw. mindestens verzögern kann. Daraus folgt, dass die Unternehmensführung den Betriebsrat von Anfang an in die Sanierungsbemühungen einbeziehen sollte, die Notwendigkeiten erklären sollte und alle eingeleiteten Maßnahmen transparent darstellen sollte.

Die Personalführung hat in der Krise eine besondere kommunikative Verantwortung. Die Sanierung eines Unternehmens führt unweigerlich zu Gerüchten und aufgrund der Angst von Mitarbeitern vor dem Verlust ihres Arbeitsplatzes zu Blockaden und Demotivation. Von daher ist es ein außerordentlich wichtiger Erfolgsfaktor, Vertrauen zwischen Unternehmensführung, Führungskräften und Mitarbeitern zu schaffen. Eine besonders wichtige Rolle spielt dabei der Betriebsrat, auch aufgrund seiner starken Stellung bei Kündigungen und bei der Verhandlung des Sozialplans. Mit dem Betriebsrat sollte offen kommuniziert werden. Beschönigungen helfen genauso wenig weiter wie Versprechungen zu Arbeitsplatzerhalt und dem Erfolg der Sanierung, die später wieder zurückgenommen werden müssen. In größeren Unternehmen spielt der Wirtschaftsausschuss als Unterausschuss des Betriebsrats eine besondere Rolle. Hier informiert der Arbeitgeber die Belegschaftsvertreter über die wirtschaftlichen Zusammenhänge. Hier gehört auch eine frühzeitige Information über die Krise und die Sanierung hin. Hat man sich der Zustimmung und des Vertrauens des Betriebsrats und insbesondere des Wirtschaftsausschusses versichert, so kann man viele Sanierungsschritte schneller im Konsens durchführen.

Eine der Hauptaufgaben der Kommunikation während der Sanierung ist es, Gerüchte zu verhindern. Dazu dient eine klare Kommunikation, bei der die Hauptaussagen durch die Unternehmensleitung auch häufig wiederholt werden. Dies dient der Verankerung dieser Informationen bei allen

Mitgliedern der Belegschaft. Kommunikationsmedien sind die Betriebsversammlung, ein Schwarzes Brett, die Mitarbeiterzeitung, E-Mails an alle Arbeitnehmer etc. Wichtig ist es auch, dass das mittlere Management in die Kommunikation einbezogen wird und diesen wichtigen Führungskräften die Argumente an die Hand gegeben werden, um alle Mitarbeiter vom Gelingen der Sanierung zu überzeugen.

Die Personalabteilung muss sich auch damit auseinandersetzen, welcher Führungsstil in der Krise angemessen ist (vgl. Groß 2014, S. 228 f.), um die Krise erfolgreich zu meistern. So ist in einer Liquiditätskrise, die schnelles und entschiedenes Handeln erfordert, der Schwenk zu einem autoritären Führungsstil angemessen. In der strategischen Krise, die noch latent ist, wird eher ein kooperativer Führungsstil angemessen erscheinen, um die strategischen Fragen gemeinsam mit den wichtigsten Mitarbeitern lösen und fortentwickeln zu können. Innerhalb der Sanierung ist während der Analysephase, der Suche nach Krisenursachen und Strategien, ebenfalls eher eine kooperative Führung angezeigt, während bei der Durchsetzung der eventuell harten Sanierungsschritte ein autoritärer Führungsstil Anwendung finden sollte. In jedem Falle ist es wichtig, die Mitarbeiter auch in der Sanierung bei der Stange zu halten und für deren Motivation zu sorgen, die trotz der Unsicherheit gewährleistet, dass die Leistungen des Unternehmens gut erbracht werden können. Für jede Führungskraft entsteht dabei eine diffizile Situation: Eine Sanierung mit all ihren Einschnitten und Veränderungen führt dazu, dass die tägliche Arbeit schwieriger für alle Mitarbeiter wird. Auf der anderen Seite können die Unsicherheiten aber zu erheblicher Demotivation führen. Diese beiden Punkte in der Balance zu halten und gleichzeitig noch für die Durchsetzung von harten Sanierungsmaßnahmen zu sorgen, ist ein außerordentlich schwieriges Unterfangen, was selbst gestandene und erfahrene Führungskräfte in Schwierigkeiten bringen kann.

In der Sanierung wäre es ebenfalls wichtig, das kreative Personal der Belegschaft voll auszunutzen. Dies scheitert meist an der Blockade, die entsteht, weil die Mitarbeiter Angst um den eigenen Arbeitsplatz haben. Hier mit positiven, aber realistischen Botschaften zu helfen, ist eine der wichtigsten Aufgaben der Personalführung in der Krise.

Die Checkliste Tab. 2.5 fasst die Sanierungsmaßnahmen aus dem Bereich Human Resources/Personal noch einmal kurz zusammen.

Tab. 2.5 Checkliste Sanierungsmaßnahmen aus dem Bereich Human Resources/Personal. (Quelle: Eigene Erstellung)

1	Wurde eine Personalbedarfsplanung zur Ermittlung des möglichen bzw. notwendigen Personalabbaus durchgeführt?
2	Wurde ein Einstellungsstopp verkündet?
3	Sind Halteprämien für wichtige Mitarbeiter geprüft worden?
4	Überstundenabbau prüfen!
5	Zeitverträge nicht verlängern, Aufhebungsverträge anbieten, wo dies sinnvoll ist.
6	Möglichkeit zur Anmeldung von Kurzarbeit prüfen.
7	Prüfen, ob Mitarbeiter in Altersteilzeit gehen können.
8	Aussprechen von Kündigungen gemäß den arbeitsrechtlichen Möglichkeiten (Betriebsrat involvieren, Sozialauswahl beachten).
9	Kommunikation mit dem Betriebsrat zielführend gestalten.
10	Kommunikation mit allen Mitarbeitern zielführend gestalten.
11	Prüfen, welche Möglichkeiten es gibt, Führungskräfte aller Ebenen in ihren besonderen Aufgaben während der Sanierung zu unterstützen (Coaching etc.)

2.2.7 Forschung und Entwicklung

Forschung und Entwicklung hat je nach Branche einen erheblichen Einfluss auf die Kostenstrukturen in Unternehmen. So liegen die Forschungs- und Entwicklungskosten im Bereich der Automobilindustrie bei fünf bis sieben Prozent der Wertschöpfung, in der Chemie- und Pharmabranche sogar bei bis zu 20 %. Bei Dienstleistungsunternehmen ist der Anteil mit circa drei Prozent dagegen deutlich geringer (vgl. Ziechmann 2014, S. 158). Es wäre in forschungsintensiven Branchen fahrlässig, diesen Bereich bei der Sanierung auszublenden. Auf der einen Seite gehört Forschung und Entwicklung also zu den großen Kostenträgern. Auf der anderen Seite hat Forschung und Entwicklung erhebliche Auswirkungen auf die Zukunftsfähigkeit eines Unternehmens. Innovationen durch den Wettbewerb erfordern auch Reaktionen in vielen Bereichen. Immer mehr Umsätze werden mit neuen Produkten erzielt, sodass mangelnde Innovation zu größeren Schwierigkeiten in der Zukunft führt. Aus diesen Gründen ist es notwendig, dass man sich genau überlegt, welche Sanierungsmaßnahmen ergriffen werden. Dabei sind kurzfristige Kosteneinsparungen und langfristige Erfolgsaussichten des Unternehmens gegeneinander abzuwägen.

Erste Maßnahme in der Sanierung ist das Sichten von Innovationsprojekten. Gerade in Großunternehmen gibt es hierbei oft überraschende Ergebnisse. So manche Forschungs- und Entwicklungsabteilung verselbstständigt sich. Projekte müssen zur allgemeinen Strategie des Unternehmens passen. Insofern sollte ein F&E-Projektportfolio erstellt werden und diejenigen Projekte, die nicht zur Unternehmensstrategie passen, sofort beendet werden. Weiterhin ist bei jedem Projekt der Status zu erfragen und der mögliche Nutzen. Eine Möglichkeit der Messung der Nützlichkeit von Forschungs- und Entwicklungsprojekten ist die Earned Value-Methode aus dem Bereich Controlling des Forschungs- und Entwicklungsbereichs (vgl. ausführlich zu dem Instrument Britzelmaier 2013, S. 370 ff.; Stratton 2006).

Insgesamt kann man vier Stoßrichtungen des Sanierungsbeitrags der Forschungs- und Entwicklungsbereiche identifizieren (vgl. Ziechmann 2014, S. 165):

1. Liquiditätswirksame Einsparungen, um unmittelbar einen Einsparungseffekt zu erzielen. Ist das Unternehmen bereits in der Liquiditätskrise, muss hier mit besonderer Priorität angesetzt werden.
2. Erstellung eines Budgets für Forschung und Entwicklung, das die aktuelle Unternehmenssituation berücksichtigt, aber auch genügend Chancen für künftige Entwicklungen bietet.
3. Steigerung der Rentabilität des Technologie- und Produktentwicklungsprozesses in Übereinstimmung mit den strategischen Leitlinien des Unternehmens.
4. Entwicklung neuer attraktiver Technologien zur Erzielung von nachhaltigen Wettbewerbsvorteilen.

Die Unternehmensleitung muss abwägen, welche Stoßrichtung sie wählt, um das Unternehmen in der Sanierung voranzubringen.

2.2.8 Unternehmensinfrastruktur

Porter gibt in seiner Wertkette der Unternehmensinfrastruktur eine besondere Rolle. Sie hat nicht nur eine dienende Funktion für die primären Aktivitäten, sondern im Gegensatz zu den anderen sekundären Aktivitäten eine eigenständige strategische Position. Zu verstehen ist unter der Unternehmensinfrastruktur eine Reihe von Aktivitäten wie Planung, Finanzen, Rechnungswesen, Rechtsfragen, Qualitätsmanagement, Kontakte zu staatlichen Stellen etc. Damit trägt die Unternehmensinfrastruktur praktisch alle übrigen Wertaktivitäten des Unternehmens. Sie hat damit eine starke Stellung, die manchmal bei der Einordnung als sekundäre, rein unterstützende Aktivität unbeachtet bleibt.

Im Folgenden soll insbesondere auf die nicht-finanziellen Aktivitäten eingegangen werden, die zur Unternehmensinfrastruktur gehören. Dazu gehört in erster Linie die IT-Infrastruktur eines Unternehmens. Die Informationstechnologie ist in den allermeisten Unternehmen heutzutage das Rückgrat der Geschäftstätigkeit. Ohne automatisierte, in der Datenverarbeitung installierte Prozesse ist kaum ein Geschäft heute zu führen. IT ist für viele neue Geschäftsmodelle Ausgangsbedingung. Daneben ist die IT ein Mittel, um bestehende Geschäftsmodelle zu optimieren. IT ist in vielen Fällen ausschlaggebend für das Unternehmenswachstum bzw. zumindest ein wichtiger Treiber für Veränderungen und Wettbewerbsstärke in Unternehmen. Im Umkehrschluss folgt daraus, dass eine mangelhafte IT-Landschaft, die die notwendigen Funktionen nicht abdeckt, ein wesentlicher Krisenauslöser oder -verstärker sein kann. Daher muss in der Sanierung ein besonderes Augenmerk auf die Optimierung der IT gelegt werden.

Ein häufiges Problem, was zu einer negativen IT-Situation führt, ist ein schwaches Management. Dies kann insbesondere dadurch verursacht werden, dass IT-Manager technologiegetrieben sind und wenig in Geschäftszusammenhängen denken. Dies, gepaart mit einer Unternehmensleitung, die selbst wenig Affinität zu EDV-Themen hat, kann Probleme bringen, insbesondere, weil die Kommunikation zwischen den geschäftlichen Anforderungen an die IT und die Umsetzung nicht richtig funktionieren. Im schlimmsten Fall wird viel Geld in Lösungen gesteckt, die nicht praktikabel sind. Sanierungsansätze sind rigides IT-Controlling mit der Zielsetzung, Transparenz über Leistungen und Kosten zu erhalten. Im schlimmsten Fall kann die Sprachlosigkeit nur dadurch aufgelöst werden, dass sich die Geschäftsleitung von der IT-Leitung trennt und diese durch einen stärker in Geschäftsprozessen denkenden IT-Leiter ersetzt. Dies kann während einer Sanierung der richtige Ansatz sein.

Daneben können sowohl die IT-Infrastruktur als auch die IT-Anwendungssysteme ungeeignet bzw. ungünstig sein. Insbesondere eine heterogene

Hard- und Softwareinfrastruktur kann durch Inkompatibilitäten geprägt sein, die wiederum zu teuren Extralösungen führen. Ein Ausweg kann die Arbeit mit Standardsoftware sein. Diese hat den Vorteil, dass eine Servicelandschaft existiert und viele Komponenten für Anforderungen verfügbar sind, die sonst mit hohem Aufwand selbst erstellt werden müssen. Für Standardsoftware gibt es auch in der Regel auf dem freien Markt verfügbare Arbeitnehmer, die über Kenntnisse verfügen. Damit ist gewährleistet, dass kein Spezialwissen geschaffen wird und keine Erpressbarkeit durch Mitarbeiter mit Einzelwissen entsteht. Dies könnte gerade während einer Sanierung auch zu Problemen führen, weil spezialisierte, nur schwer ersetzbare Mitarbeiter, ihren Sanierungsbeitrag verweigern können.

In der akuten Sanierung ist die IT-Projektarbeit schwierig, weil sie mit hohen Kosten verbunden ist. Aufgrund der Bedeutung elektronischer Systeme muss aber sichergestellt werden, dass die Funktionsfähigkeit der Systeme gegeben ist. Hier muss also auch in einer sonst auf rigides Sparen ausgerichteten Situation eventuell Geld investiert werden. Eine Möglichkeit, schnell die Situation zu verbessern und dabei auch noch Geld zu sparen, ist es, bestimmte oder im Extremfall auch alle IT-Aktivitäten an fremde Unternehmen zu vergeben, was die Betriebswirtschaftslehre unter dem Begriff „Outsourcing“ diskutiert. Outsourcing ist ein zusammengesetztes Wort aus den Begriffen „outside“, „resource“ und „using“. Seine Bedeutung im Zusammenhang mit der IT ist, dass Aktivitäten wie Infrastruktur, Applikationen, Prozesse oder Personal für einen vorher festgelegten Zeitraum an ein anderes Unternehmen vergeben werden. Grundlage dieses Engagements ist ein Vertrag (vgl. Krcmar 2011, S. 165). Das Outsourcing kann dabei intern oder extern ausgestaltet sein. Ein internes Outsourcing bedeutet, dass die IT-Aktivität in ein selbstständiges, aber rechtlich verbundenes Unternehmen (zum Beispiel ein Shared Service Center) ausgegliedert wird. Bei einem externen Outsourcing übernimmt ein fremdes Unternehmen die Tätigkeit. Die Idee von Outsourcing wird häufig im Zusammenhang mit IT diskutiert, allerdings gibt es auch Anwendungen in allen anderen Fragen des Unternehmens (zum Beispiel unter dem Stichwort der verlängerten Werkbank). Die Vorteile des IT-Outsourcings liegen vor allem im wirtschaftlichen Bereich, zum Beispiel durch Kosteneinsparungen oder einer Variabilisierung von Kosten. Daneben kann dadurch eine verbesserte Servicequalität erreicht werden.

Eine starke Ähnlichkeit mit dem Outsourcing weist das sogenannte Offshoring (vgl. Krcmar 2011, S. 166) auf. Hier werden bestimmte Aktivitäten in Niedriglohnländer verlegt. Insbesondere Großunternehmen haben Aktivitäten wie Buchhaltung, Spesenabrechnung etc. in Niedriglohnländer wie Indien verlegt. Damit lassen sich schnell Kosten einsparen, allerdings muss auf der anderen Seite eine ausreichende Servicequalität sichergestellt werden und die Compliance der Prozesse auch mit deutschem Recht langfristig sichergestellt werden. Eine Entscheidungsalternative, die das Sanierungsmanagement berücksichtigen sollte, ist es, die Angemessenheit von Leistungen zu hinterfragen und auch bestimmte, insbesondere interne Services, von denen die Kunden nicht direkt betroffen sind, zurückzufahren. So ist wahrscheinlich eine taggenauere Bearbeitung von Spesenabrechnungen nicht notwendig. Es reichen in den allermeisten Unternehmen Bearbeitungszeiten von einmal in der Woche oder anderen, noch größeren Zeiträumen aus.

Dabei haben viele Outsourcing-Entscheidungen einen ambivalenten Hintergrund (vgl. Pfaller 2013, S. 12 f.). Zum einen wird die IT-Leistung von vielen Entscheidern als Commodity angesehen, die wenig strategische Bedeutung hat, weil es sich lediglich um eine unterstützende Funktion handelt. Andere Entscheider, manchmal aus demselben Unternehmen, sehen in der Informationstechnologie einen strategischen Faktor, der Wettbewerbsvorteile begründet. Beide Aspekte sind sicherlich branchen- bzw. unternehmensabhängig deutlich unterschiedlich zu beurteilen. Wichtig ist, dass man auch in einer langfristig angelegten Sanierung nicht die Kernkompetenzen des Unternehmens einfach weggibt. Dies ist insbesondere deshalb wichtig, weil ein Outsourcing der IT langfristig ist und nur schwer reversibel ist. Aus diesem Grund sollte man auch in einer Krisensituation die Outsourcing-Entscheidung gut reflektieren, bevor man zu einer Entscheidung kommt.

Bei allen Entscheidungen im Zusammenhang mit der Informationstechnologie ist die fortschreitende Digitalisierung zu beachten. Loebbeckke (2006, S. 360) definiert Digitalisierung wie folgt: „Being digital is […] actually a way of living and is going to impact absolutely everything.“ Diese Definition ist extrem weit gefasst, zeigt aber die Bedeutung, die digitale Elemente des Wirtschaftens jetzt und noch mehr in der Zukunft haben werden. Man kann davon ausgehen, dass sich die reale Wirtschaft immer mehr in eine virtuelle Welt verlagern wird. In einer empirischen Untersuchung unter mittelständischen Unternehmen (vgl. Becker und Vogt 2015, S. 429 ff.) zeigt sich eindrucksvoll, dass die allermeisten Unternehmen bereits jetzt die Aktivitäten der Wertkette vielfach mit digitalen Methoden betreiben. Dazu gehört zum Beispiel beim Personal das eRecruiting, Online-Werbung, Betrieb von eShops und Nutzung von Social Media im Marketing und Vertrieb, Nutzung von Online-Banking und dem elektronischen Versand von Rechnungen im Finanzwesen etc. All diese Beispiele zeigen, dass heute unternehmerisches Tun ohne digitale Instrumente nicht mehr denkbar ist. Aus diesen Gründen müssen die Unternehmen auch in einer Sanierung sorgsam mit dem Bereich Informationstechnologie umgehen. Eine zu stark nur auf Kosteneinsparungen setzende Sanierung kann gefährlich sein und das Geschäft schwer schädigen. Auf der anderen Seite ist die Informationstechnologie ein wichtiger Kostenfaktor, der auch keinesfalls ausgespart werden darf.

Zur Unternehmensinfrastruktur gehört auch der Bereich Corporate Governance, also die Unternehmensführung an sich. Es ist bereits an anderer Stelle erwähnt worden, dass die Unternehmensführung in vielen Fällen der Grund für die Schieflage ist, weil die verfolgte Strategie nicht erfolgreich war oder die Unternehmensführung nicht stringent durchgeführt wurde. Der Begriff Corporate Governance wird im Deutschen am ehesten mit „Unternehmensverfassung" übersetzt (vgl. Ringleb et al. 2014). Man kann Corporate Governance so definieren, dass es die Methoden sind, die Investoren anwenden bzw. von ihren Unternehmen einfordern, um sicherzustellen, dass sie einen angemessenen Ertrag aus ihrer Investition ziehen. Dabei geht man meist von einer Trennung von Eigentum (Gesellschafter oder Aktionäre) und Verfügungsgewalt (Unternehmensführung oder Management, gesellschaftsrechtlich Geschäftsführer oder Vorstand) aus (vgl. Shleifer und Vishny 1997, S. 737).

Für eine gute und angemessene Corporate Governance ist es empfehlenswert, mit einem Sanierungsbeirat auf die besondere Krisensituation zu reagieren. Mitglieder dieses Beirats können Vertreter der Kredit gebenden Banken, Berater, Eigentümer, Kunden oder Lieferanten sein. Der Sanierungsbeirat ist kein gesetzlich vorgeschriebenes Organ, kann aber durch den Gesellschaftsvertrag oder die Satzung einer GmbH oder AG geschaffen werden. Ihm können Verantwortlichkeiten als Aufsichts-, aber auch als Entscheidungsgremium gegeben werden, insbesondere all diejenigen Verantwortlichkeiten, die unmittelbar mit dem Sanierungsprojekt zusammenhängen. Grenze der Übernahme von Verantwortlichkeiten sind dabei die Pflichtaufgaben der gesetzlich vorgesehenen Organe, die nicht übertragen werden können. Bei der GmbH können allerdings der Gesellschafterversammlung zustehende Verantwortlichkeiten teilweise durch Beschluss des Gremiums selbst an einen Sanierungsbeirat übertragen werden. Ein solcher Beirat hat den großen Vorteil, dass er Vertrauen schafft, wichtige Stakeholder unmittelbar in die Sanierung einbezieht und damit den Sanierungserfolg wahrscheinlicher werden lässt. Ein Problem, was insbesondere für Gläubiger entstehen kann, ist, dass ihr Darlehen durch die Position im Beirat eventuell als eigenkapitalersetzend angesehen werden kann (vgl. Pleßke 2014, S. 355). Dies ist umstritten, erschwert aber sicherlich die Einbeziehung von möglichen hilfreichen Vertretern der Kredit gebenden Banken.

Corporate Governance umfasst auch die Compliance des Unternehmens. Compliance kann man durch folgende Definition charakterisieren: „Alle Maßnahmen zur Einhaltung von gesetzlichen und anderen Regeln, die dem Unternehmen extern vorgegeben sind, und die Ausarbeitung von Regeln, die sich das Unternehmen selbst gegeben hat, sowie die dazu eingeführten Maßnahmen“ (Behringer 2013, S. 39). Verstöße gegen Compliance-Regeln können existenzbedrohende Krisen von Unternehmen auslösen. Insbesondere im Kartellrecht sind die durch die Behörden verhängten Strafen sehr hoch, sodass ein Unternehmen durchaus in eine Schieflage geraten kann (vgl. dazu Roos 2015, S. 17 f.). Ist es zu einem Verstoß gekommen, kann dies zum einen Reputationsschäden durch negative Medienberichterstattung nach sich ziehen. Zum anderen kann es zum Ausschluss des Unternehmens von öffentlichen Aufträgen oder zu anderen Sanktionen kommen. Diese können eine Krise auslösen oder eine bestehende Krise verschärfen. Um die Krise nicht weiter zu verstärken, ist es notwendig, geeignete Maßnahmen des Compliance-Managements einzuführen. Zu den Details dieser Instrumente sei auf die Literatur verwiesen (zum Beispiel Behringer 2015). Zur Bestätigung und Absicherung, dass die Organe des Unternehmens aktiv waren und etwas zur Gefahrenabwehr unternommen haben, bietet sich eine Zertifizierung an. Eine gute Möglichkeit, die insbesondere auch für mittelständische Unternehmen angemessen ist, ist das Hamburger Compliance Zertifikat, das die Handelskammer Hamburg in Zusammenarbeit mit dem Unternehmensverein Pro Honore e. V. verleiht (vgl. Passarge 2013, S. 157). Eine Zertifizierung gibt zwar keine Garantie, dass keine Schadensfälle auftreten und sorgt auch nicht für vollständigen Haftungsausschluss, hilft aber beim Schutz. Um die teils enormen Strafen zu vermeiden, kann es sinnvoll sein, auch während einer Sanierung ein Compliance-Management-System zu installieren, insbesondere wenn Compliance-Verstöße häufiger passiert sind – egal ob sie von den Behörden bemerkt und belangt wurden oder nicht.

In einer Sanierung kann auch die Entscheidung zu einer Standortverlagerung getroffen werden. Ein Aufbau einer neuen Produktionsstätte in einem Land mit niedrigen Löhnen ist zunächst mit Investitionen verbunden und scheidet damit insbesondere in einer Liquiditätskrise aus. In einer latenten Krise kann es aber sehr wohl hilfreich sein, den Standort in ein Niedriglohnland zu verlegen. Hierbei muss aber berücksichtigt werden, dass niedrige Löhne allein kein entscheidender Faktor sein dürfen. Die Produktivität ist wichtig. Die Entscheidung muss auf Basis von Lohnstückkosten getroffen werden. Auch sind andere Faktoren wie steigende Transportkosten und das Risiko von Know-how-Abfluss in das Entscheidungskalkül zu ziehen. Dabei muss man aber berücksichtigen, dass Standortentscheidungen riskante Entscheidungen sind (vgl. Buhmann und Schön 2009, S. 279). Die Usancen und Standortfaktoren ändern sich. Insbesondere steigen auch die Lohnkosten und es können sich die politischen Bedingungen verändern. So können Steuern und Arbeitsgesetze verändert oder Mindestlöhne eingeführt werden. Insbesondere zeigt sich in der historischen Entwicklung, dass die Länder mit Kostenvorteilen sich nach und nach ändern. Man spricht von der „internationalen Jagdlinie" (Müller und Kornmeier 2002, S. 275 f.). Nach dem Zweiten Weltkrieg war es vielfach Japan, das die Position besetzte, Produkte mit Standardqualität kostengünstig herzustellen. Danach folgten Länder wie Süd-Korea und später die osteuropäischen Länder. Heute sind es vielfach ostasiatische Länder, zum Beispiel Indonesien oder Vietnam, die diese Position im strategischen internationalen Wettbewerb einnehmen. Von daher ist es häufig nur ein kurzfristiger Erfolg, eine Produktion am kostengünstigen Standort der Welt zu haben. Eine ständige Veränderung von Standorten ist aber aus Kosten- und Sanierungsgründen nicht sinnvoll und möglich.

Der am weitesten gehende Sanierungsbeitrag der Unternehmensinfrastruktur ist die Schließung von Standorten. Dies bedeutet, dass einzelne Standorte ihre betriebliche Tätigkeit vollständig einstellen, die Betriebsmittel und auch das Personal abgebaut werden (vgl. Rudhart 1978, S. 68 f.). Dies ist zu unterscheiden von der Liquidation, die sich auf die gesamte rechtliche Einheit des Unternehmens beziehen würde. Die weitgehende Entscheidung zu einer

Standortschließung bedarf einer gründlichen Vorbereitung, weil sie Rückwirkungen auf zahlreiche Bereiche des bestehenden Unternehmens hat. So wird die Ablauforganisation der verbliebenen Geschäftstätigkeit verändert, worauf reagiert werden muss. Beispielsweise müssen bisher selbsterstellte Produkte künftig fremd zugekauft werden. Sicherlich verändern sich die Kapazitäten des Unternehmens. Dies ist bei Absatzplanungen zu berücksichtigen. Zu beachten ist stets die besondere Problemlage beim Personalabbau. Die Mitarbeiter, die noch im Unternehmen verbleiben sollen, müssen mittels Änderungskündigungen (mit einem anderen Arbeitsort) versetzt werden. Bleiben Immobilien im Besitz des Unternehmens zurück (durch eigenes Eigentum oder langfristige Mietverträge), so ist frühzeitig damit zu beginnen, Nachmieter oder Alternativnutzer zu gewinnen. Ansonsten ergeben sich erhebliche Kostenbelastungen durch leerstehende Immobilien, die auch den Sanierungserfolg gefährden, mindestens aber relativieren. Die Checkliste Tab. 2.6 soll helfen, die wichtigsten Punkte bei einer Schließung einer Betriebsstätte rechtzeitig zu beachten.

Die Checkliste Tab. 2.7 fasst die wesentlichen Prüfpunkte im Bereich der Unternehmensinfrastruktur noch einmal kurz zusammen.

Tab. 2.6 Maßnahmen bei einer Schließung eines Betriebsteils. (Quelle: Eigene Erstellung in Anlehnung an Hohberger und Damlachi 2014, S. 56)

1	Sind die Voraussetzungen des Kündigungsschutzrechtes für Mitarbeiter beachtet worden?
2	Sind die einzelnen Verträge rechtzeitig gekündigt worden? Zu beachten sind Miet-, Gas-, Wasser-, Strom-,Telefon-, Dienstleistungsverträge etc.
3	Sind die Möglichkeiten von Änderungskündigungen ausgeschöpft worden, d. h. die Versetzung von Mitarbeitern in andere Betriebsstätten?
4	Ist die Umzugslogistik rechtzeitig begonnen worden?
5	Sind Gegenstände des Anlagevermögens eingelagert, umgezogen bzw. verkauft worden?
6	Sind die Regeln für Entsorgung von Anlagegegenständen, insbesondere derjenigen, die im Zusammenhang mit Gefahrgut stehen, beachtet worden?

Tab. 2.7 Übersicht über die Sanierungsmaßnahmen im Bereich Unternehmensinfrastruktur. (Quelle: Eigene Erstellung)

1	Ist die IT-Infrastruktur angemessen für die Geschäftstätigkeit?
2	Wurden die laufenden IT-Projekte auf ihre Notwendigkeit geprüft?
3	Wurden neue IT-Projekte gestartet, die einen Sanierungsbeitrag leisten?
4	Wurden Outsourcing und Offshoring von IT und anderen Funktionsbereichen geprüft?
5	Ist das Unternehmen auf die weitere Digitalisierung der Geschäftstätigkeit gut vorbereitet?
6	Ist die Corporate Governance klar, eindeutig und situationsadäquat?
7	Wurde die Einrichtung eines Sanierungsbeirats geprüft?
8	Ist ein adäquates Compliance-Management-System vorhanden?
9	Wurden Standortverlagerungen geprüft?
10	Wurden Standortschließungen geprüft?

Literatur

Aaker DR (1992) Strategic Marketing Management, 3. Auflage, New York.

Ansoff I (1976) Managing Surprise and Discontinuity – Strategic Response to Weak Signals, ZfbF, 28. Jg., S. 129–152.

Arnhold U (2010) User Generated Branding – An exploration into a new field of study focusing on the effectiveness of participatory communication programmes, Wiesbaden.

Becker W, Vogt M (2015) Digitalisierung im Mittelstand, in: Becker W, Ulrich P BWL im Mittelstand, Stuttgart, S. 429–451.

Behringer S (2010) Der Weg zur modernen Investitionsrechnung, Der Betriebswirt, 51. Jg., S. 22–29.

Behringer S (2013) Compliance – Modeerscheinung oder Prüfstein für gute Unternehmensführung, in: Behringer S: Compliance kompakt, 3. Auflage, Berlin, S. 29–48.

Behringer S (2015) Compliance, in: Becker W, Ulrich P BWL im Mittelstand. Grundlagen – Besonderheiten – Entwicklungen, Stuttgart, Verlag W. Kohlhammer, S. 751–761.

Beutin N, Ziechmann P (2014) Restrukturierung und Sanierung im Vertriebsbereich, in: Buth AK, Herrmanns M: Restrukturierung, Sanierung, Insolvenz, 4. Auflage, München, S. 173–195.

Bogaschewsky R (2015) Einkauf im Mittelstand, in: Becker W, Ulrich P: BWL im Mittelstand, Stuttgart, S. 139–157.

Breitsohl H (2014) Beiträge zur Restrukturierung/ Sanierung – Führung, in: Buth AK, Hermanns M: Restrukturierung, Sanierung, Insolvenz, 4. Auflage, München, S. 236–244.

Britzelmaier B (2013) Controlling, München.

Brüggemann H, Bremer P (2012) Grundlagen Qualitätsmanagement, Wiesbaden.

Buhmann M, Schön M (2009) Dynamische Standortbewertung. Denken in Szenarien und Optionen, in: Kinkel S Erfolgsfaktor Standortplanung, Wiesbaden, S. 279–299.

Chandler AD (1962) Strategy and Structure: Chapters in the History of the American Industrial Enterprise, 20. Auflage, Cambridge.

Cohrs C (2013) Personaleinsatz und Personalfreisetzung, in: Rowold, J.: Human Resource Management, Wiesbaden, S. 145–157.

Cummings S (1993) The first strategists, Long Range Planning, 26. Jg., Nr. 3, S. 133–135.

Datta DK, Guthrie JP, Basuil D, Pandey A (2010) Causes and Effects of Employee Downsizing: A review and synthesis, Journal of Management, 36. Jg., S. 281–348.

De Meuse KP, Bergmann TJ, Vanderheiden PA, Roraff CE (2004) New evidence regarding organizational downsizing and a firm's financial performance: A long-term analysis. Journal of Managerial Issues, 16. Jg., S. 155–177.

Dillerup R, Stoi R (2013) Unternehmensführung, 4. Auflage, München.

Eisenberg N (2006) Sanierungsmanagement: Veränderung der Unternehmensführung, in: Hommel U, Knecht T, Wohlenberg H: Handbuch Unternehmensrestrukturierung, Wiesbaden, S. 609–624

Feldbauer-Durstmüller B, Stiegler H (2002) Sanierung, in: Küpper H-U, Wagenhofer A (Hrsg.): Handwörterbuch Unternehmensrechnung und Controlling, Stuttgart, Sp. 1727–1735.

Fleege-Althoff F (1930) Die notleidende Unternehmung, Stuttgart.

Franke G, Hax H (2009) Finanzwirtschaft der Unternehmung, 6. Auflage, Wiesbaden.

Freiling J, Reckenfelderbäumer M (2010) Markt und Unternehmung, 3. Auflage, Wiesbaden.

Funk B, Gomez JM, Niemeyer P, Teuteberg F (2010) Geschäftsprozessintegration mit SAP, Wiesbaden.

Gabath C (2010) Risiko- und Krisenmanagement im Einkauf. Methoden zur aktivem Kostensenkung, Wiesbaden.

Greiner LE (1970) Evolution and Revolution as Organizations Grow, Harvard Business Review, 50. Jg., Nr. 4, S. 37–46.

Groß H (2014) Beiträge zur Restrukturierung/ Sanierung – Personal, in: Buth AK, Herrmanns M: Restrukturierung, Sanierung, Insolvenz, 4. Auflage, München, S. 215–235.

Grünert T (2007) Mergers & Acquisitions in Unternehmenskrisen, Wiesbaden.

Hamel E (2013) Personalwirtschaft, in: Pfohl HC: Betriebswirtschaftslehre der Mittel- und Kleinbetriebe, 5. Auflage, Berlin, S. 245–275.

Hauschildt J, Grape C, Schindler M (2006) Typologien von Unternehmenskrisen im Wandel. Die Betriebswirtschaft, 66. Jg., S. 7–25.

Heiserich O-E, Helbig K, Ullmann W (2011) Logistik. Eine praxisorientierte Einführung, Wiesbaden.

Helbling C (1989) Unternehmenswertoptimierung durch Restrukturierungsmaßnahmen durch Minimierung des betrieblichen Substanzwertes, Die Unternehmung, 43. Jg., S. 173–182.

Ho-Dac NN, Carson SJ, Moore W (2013) The Effects of Positive and Negative Online Customer Reviews: Do Brand Strength and Category Maturity Matter? Journal of Marketing, 77. Jg., S. 37–53.

Hohberger S, Damlachi H (2014) Praxishandbuch Sanierung im Mittelstand, Wiesbaden.

Hungenberg H (2012) Strategisches Management in Unternehmen: Ziele – Prozesse – Verfahren, 7. Auflage, Wiesbaden.

Hutzschenreuter T (2013) Allgemeine Betriebswirtschaftslehre, 5. Auflage, Wiesbaden.

Jung H (2011) Personalwirtschaft, 9. Auflage, München.

Kleinaltenkamp M (2011) Kundenwert und Kundenselektion, in: Kleinaltenkamp M et al.: Geschäftsbeziehungsmanagement, 2. Auflage, Wiesbaden, S. 113–140.

Krafft M, Albers S (2000) Ansätze zur Segmentierung von Kunden: Wie geeignet sind herkömmliche Ansätze, ZfbF, 52. Jg., S. 515–536.

Krafft M, Frentzen H (2006) Vertriebscontrolling, in: Reinecke S, Tomczak T: Handbuch Marketingcontrolling, Wiesbaden, S. 611–639.

Krcmar H (2011) Einführung in das Informationsmanagement, Berlin.

Kremis T, Tukel OI, Rom WO (2006) Outsourcing decision support. A survey of benefits, risks, and decision factors, Supply-Chain Management, 11. Jg., S. 467–482.

Krystek U, Moldenhauer R (2007) Handbuch Krisen- und Restrukturierungsmanagement. Generelle Konzepte, Spezialprobleme, Praxisberichte, Stuttgart.

Kummer S, Grün O, Jammernegg W (2009) Grundzüge der Produktion, Beschaffung und Logistik, 2. Auflage, München.

Kunschert M (2009) Der Kundenwert im Industriegütermarketing, Köln.

Lafrenz K (2004) Shareholder Value-orientierte Sanierung, Wiesbaden.

Loebbeckke C (2006) Digitalisierung: Technologien und Unternehmensstrategien, in: Scholz C: Handbuch Medienmanagement, Berlin u. a.

Lucas HC, Jie Mein Goh (2009) Disruptive technology: How Kodak missed the digital photography revolution, The Journal of Strategic Information Systems, 18. Jg., S. 46–55.

Macharzina K, Wolf J (2012) Unternehmensführung, 8. Auflage, Wiesbaden.

Magretta J (2012) Understanding Michael Porter. The essential guide to competition and strategy, Boston.

Mikus B (1998) Make-or-buy Entscheidungen in der Produktion. Führungsprozesse – Risikomanagement – Modellanalysen, Wiesbaden.
Müller R (1986) Krisenmanagement in der Unternehmung, 2. Auflage, Wiesbaden.
Müller S, Kornmeier M (2002) Strategisches Internationales Management, München.
Mussnig W (2007) Strategien entwickeln und umsetzen: speziell für kleine und mittelständische Unternehmen, Wien.
Nagel M, Mielke C (2014) BWL-Methoden, Konstanz u. a.
Obermeier T, Gasper R (2008) Investitionsrechnung und Unternehmensbewertung, München u. a.
Oechsler W-A (2011) Personal und Arbeit, 10. Auflage, München u. a.
Pallasch U (2014) Arbeitsrecht. Ein Lehrbuch für Wirtschaftswissenschaftler, München.
Passarge M (2013) Repression und Prävention. Hamburger Compliance-Initiativen, ZRFC, 8. Jg., S. 157–159.
Pfaller R (2013) Outsourcing Entscheidungen, Wiesbaden.
Pinkwart A, Kolb S, Heinemann D (2005) Unternehmen aus der Krise führen. Die Turnaround Balanced-Scorecard als ganzheitliches Konzept zur Wiederherstellung des Unternehmenserfolgs von kleinen und mittleren Unternehmen, Stuttgart.
Pleßke C (2014) Gesellschaftsrechtliche Aspekte in der Krise, in: Crone A, Werner H: Modernes Sanierungsmanagement, 4. Auflage, München, S. 337–356.
Pohlkamp A (2009) Identifikation und Ausschöpfung von Up-Selling Potenzialen; Wiesbaden.
Porter ME (1979) How competitive forces shape strategy, Harvard Business Review, 57. Jg., Nr. 2, S. 21–38.
Porter ME (1980) Competitive Strategy, New York.
Porter ME (2008) The five competitive forces that shape strategy, Harvard business review, Nr. 1, 86. Jg., S. 25–40.
Porter ME (2010) Wettbewerbsvorteile. Spitzenleistungen erreichen und behaupten, 7. Auflage, Frankfurt.
Reisinger S, Gattringer R, Strehl F (2013) Strategisches Management, Hallbergmoos.
Ringleb H-M, Kremer T, Lutter M, von Werder A (2014) Kommentar zum Deutschen Corporate Governance Kodex, 5. Auflage, München.
Robbins SP, Judge TA (2013) Organizational Behavior, 15. Auflage, Boston u. a.
Roos A (2015) Compliance Defence. Kartellrechtliche Umsetzung im verfassungsrechtlichen Rahmen, Frankfurt.
Rousseau DM, Tijoriwala SA (1998) Assessing psychological contracts: issues, alternatives and measures, Journal of Organizational Behavior, 19. Jg., S. 679–695.
Rudhart PM (1978) Stillegungsplanung, Wiesbaden.
Rummelt RP (1991) Strategic Management and Economics, Strategic Management Journal, 12. Jg., Special Issue in Strategy and Economics, S. 5–29.
Schmalen H (2002) Grundlagen und Probleme der Betriebswirtschaft, 12. Auflage, Stuttgart.

Shleifer A, Vishny RW (1997) A Survey on Corporate Governance, Journal of Finance, 52. Jg., S. 737–783.

Steven M (2007) Handbuch Produktion, Stuttgart.

Stock-Homburg R (2010) Personalmanagement, 2. Auflage, Wiesbaden.

Stratton RW (2006) The Earned Value Management Maturity Model, Vienna.

Stüker D (2009) Evaluierung und Steuerung von Kundenbeziehungen aus Sicht des unternehmenswertorientierten Controllings, Wiesbaden.

Thommen JP, Achleitner A-K (2012) Allgemeine Betriebswirtschaftslehre, 7. Auflage, Wiesbaden.

Tomczak T, Rudolf-Sipötz E (2006) Bestimmungsfaktoren des Kundenwerts – Ergebnisse einer branchenübergreifenden Analyse, in: Günter B, Helm S (Hrsg.): Kundenwert Grundlagen, innovative Konzepte, praktische Umsetzungen, Wiesbaden, S. 127–156.

Volck S (1997) Die Wertkette im prozessorientierten Controlling, Wiesbaden.

Wagner W (2007) Die Unternehmensbewertung, in: WP-Handbuch 2008, Bd. 2, 13. Auflage, Düsseldorf, S. 1–196.

Weibler J (2012) Personalführung, München.

Werner H (2013) Supply Chain Management, 5. Auflage, Wiesbaden.

Wiesel T, Skiera B (2007) Unternehmensbewertung auf der Basis von Kundenlebenswerten, ZfbF, 59. Jg., S. 706–731.

Zhu F, Zhang X (2010) Impact of Online Consumer Reviews on Sales: The Moderating Role of Product and Consumer Characteristics, Journal of Marketing, 74. Jg., S. 133–148.

Ziechmann P (2014) Beiträge zur Restrukturierung/ Sanierung – Forschung & Entwicklung, in: Buth AK, Herrmanns M: Restrukturierung, Sanierung, Insolvenz, 4. Auflage, München, S. 157–172.

Zollondz D (2006) Grundlagen Qualitätsmanagement, 2. Auflage, München.

Umsetzung einer Sanierung 3

3.1 Projektablauf: Das Modell von Lewin zum geplanten Wandel als Referenzmodell

Voraussetzung für das Gelingen einer Sanierung ist die Annahme, dass eine Organisation eine steuerbare und damit geplant veränderbare Institution ist. Der Status quo der Institution ist nicht (mehr) erwünscht, man möchte die Organisation in einen anderen (besseren) Zustand verwandeln, der die Krise, in der das Unternehmen steckt, überwindet. Implizite Voraussetzungen dieser Überlegungen sind (vgl. Ungericht 2012, S. 362):

- Die Organisation des Unternehmens wird als statische, sich nicht selbst verändernde Organisation wahrgenommen. Sie muss auf sich ändernde Umweltbedingungen angepasst werden.
- Diese Anpassung soll möglichst rational, also dem ökonomischen Prinzip folgend, durchgeführt werden. Dies setzt eine Planbarkeit der Aktivitäten und ihrer Konsequenzen voraus.
- Wandel ist eine Aufgabe des Top-Managements. Die Widerstände innerhalb des Unternehmens gegen Veränderungen sind so groß, dass sie nur durch die oberste Hierarchiestufe im Unternehmen zu überwinden sind.

In allen Organisationen wird Wandel als ein unerwünschter Zustand aufgefasst, der so weit wie möglich minimiert werden soll. Das Unternehmen wird durch Wandel gestört, normale Abläufe dauern länger und werden nicht mehr so durchgeführt wie gedacht. Wandel ist ein Weg von einem

S. Behringer, *Unternehmenssanierung*,
DOI 10.1007/978-3-8349-3802-2_3

Gleichgewichtszustand (vor der Krise) in einen nächsten Gleichgewichtszustand (nach erfolgreicher Sanierung). Das Unternehmen ist erfolgreich, wenn der Zeitraum zwischen den beiden Gleichgewichtszuständen so gering wie möglich ist.

Das Management von Veränderungen ist keine Modeerscheinung des Managements. Der Human Relations Ansatz der Organisationstheorie hat sich schon vor mehr als 100 Jahren mit Fragen des Veränderungsmanagements befasst. Ausgangspunkt aller Überlegungen war, dass Veränderungen nur dann erfolgreich sein können, wenn die Mitarbeiter von der Notwendigkeit und vom Erfolg der Veränderung überzeugt werden können (vgl. Schauf 2015, S. 285 f.). Einer der wichtigsten Beiträge zum Change-Management stammt von Kurt Lewin. Lewin (1890 bis 1947) war Professor für Philosophie und Psychologie in Berlin, emigrierte aber 1932 vor dem Hintergrund des heraufziehenden Nationalsozialismus in die USA, wo er zunächst eine Professur für Kinderpsychologie in Iowa annahm und dann später am Massachusetts Institute of Technology im Bereich psychologischer Forschung mit Relevanz für die Wirtschaft tätig war (vgl. o. V. 2005, S. 116). Er gilt als „intellektueller Vater" der Theorien zum geplanten Wandel (Schein 1988, S. 239). Sein Denken war tief geprägt von der Gewaltherrschaft, die er in Deutschland aufziehen sah. Ziel seines Denkens war es, einen Beitrag zu leisten, um den sozialen Konflikt, sei er religiös, politisch, oder wirtschaftlich geprägt, zu lösen. Das demokratische Prinzip sollte alle Bereiche der Gesellschaft bestimmen (vgl. Burnes 2004a, S. 311).

Lewins Feldtheorie ist die Grundlage des Modells des geplanten Wandels. Grundidee war es dabei, die physikalische Theorie der Kraftfelder auf soziale Gebilde zu übertragen. Damit wird die Komplexität aus der Betrachtung ausgeblendet. Schematisch werden Kräfte nachgezeichnet, nicht mehr das individuelle Verhalten der Organisationsmitglieder und ihre Hintergründe (vgl. Back 1992). Allerdings wurde die Theorie nicht für Changeprozesse auf Ebene des Unternehmens entwickelt. Vielmehr wollte Lewin beschreiben, wie Gruppen Wandlungsprozesse durchleben, wobei diese Änderungen schon gewaltige Ausmaße annehmen konnten und nicht nur bei kleineren Änderungen stehen blieben (vgl. Dawson 1994). Für Individuen werden Veränderungen durch Änderungen in ihrem Lebensraum erklärt. Der Lebensraum umfasst alles, was in irgendeiner Weise mit dem Individuum zu tun hat (seien es andere Menschen, seien es Dinge oder Räumlichkeiten). Dies lässt sich am Beispiel einer Beförderung gut illustrieren: Ein Mitarbeiter der Controlling-Abteilung eines Unternehmens wird zum Abteilungsleiter befördert. Vor der Beförderung war sein Arbeitsalltag klar strukturiert. Durch seine langjährige Erfahrung kannte der Mitarbeiter auch die Abläufe hervorragend. Dies ändert sich durch die Beförderung nicht. Aber durch die Beförderung verhalten sich seine ehemals gleichrangigen Kollegen ihm gegenüber wahrscheinlich deutlich anders als früher. Seine ehemaligen Vorgesetzten, die jetzt zu Kollegen auf gleicher Ebene geworden sind, werden ebenfalls ihr Verhalten verändern. Trotz der gleichen Arbeitsumwelt hat sich das tatsächliche Verhalten in dieser Umwelt gravierend verändert. Darauf muss der frisch beförderte Abteilungsleiter reagieren.

Es gibt nach Lewin zwei Arten von Kräften, die sich diametral gegenüberstehen. Zum einen diejenigen Kräfte, die einen Wandel unterstützen oder ihn sogar fordern (driving forces oder akzelerierende Kräfte). Dem steht der Widerstand in Form von retardierenden Kräften (oder Restraining Forces) gegenüber (vgl. Lauer 2014, S. 66). Diese Kräfte machen den Status quo der Organisation aus. Die individuellen Kräfte der Angehörigen einer Organisation haben durch ihre Kräfte ein Feld geschaffen. Dieses Feld ist nie ganz stabil. Im Gegenteil, es verändert sich kontinuierlich. Allerdings ist der Grad, in dem sich Wandel abspielt, je nach Zeit unterschiedlich (Lewin 1947, S. 199). Lewin ist der Ansicht, dass man durch Identifikation aller Kräfte verstehen kann, wo die Ansatzpunkte für einen geplanten Wandel sind (vgl. Burnes 2004b, S. 982). Unter normalen Umständen ist der Wandel in Organisationen langsam. Ausnahmen stellen Prozesse des Wandels in Krisen dar. Diese außerordentlichen Umstände können zu radikalem Wandel führen. Der Status quo hat keine Bedeutung mehr, neue Verhaltensmuster können sehr schnell entstehen, was zu einem neuen Gleichgewicht der Kräfte führen kann. Wandel ist ständig in jeder Gruppe vorhanden, der Einsatz des geplanten Wandels ist also insbesondere auch eine Frage der Stärke des Wandels.

Als Modell für einen geplanten Wandel des Kraftfelds hat Lewin das Drei-Phasen-Modell entwickelt. Hierbei wird der Wandel in drei Schritten durchgeführt, bis er sich endlich in der Organisation durchgesetzt hat. Der Prozess des Wandels soll dabei drei Phasen durchlaufen: Unfreeze (Auftauen), Change (Veränderung) und Refreeze (Einfrieren). Abb. 3.1 zeigt schematisch den Verlauf der Veränderungen.

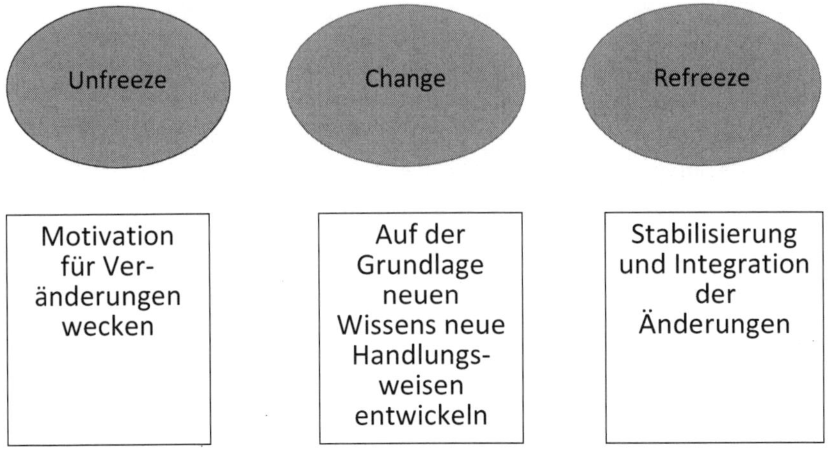

Abb. 3.1 Drei-Phasen-Modell der Veränderung nach Lewin. (Quelle: Eigene Erstellung in Anlehnung an Lauer 2014, S. 68)

Die drei Phasen beinhalten die folgenden Schritte:

1. Unfreeze, das Auftauen: In dieser Phase müssen die akzelerierenden Kräfte ein Übergewicht bekommen. Der Wunsch nach Wandel und Veränderung muss in der Organisation so lange steigen, bis genügend Kräfte vorhanden sind, um den Veränderungsprozess tatsächlich starten zu können. Ein anderer Weg ist, dass sich die retardierenden Kräfte verringern und der Widerstand gegen einen als notwendig erachteten Veränderungsprozess zurückgeht. In einer akuten Krise ist die Phase des Unfreeze nicht so wichtig, weil es den meisten Organisationsmitgliedern offensichtlich ist, dass etwas verändert werden muss. Dies zeigt sich ja bereits in den finanzwirtschaftlichen Ergebnissen des Unternehmens. Ist die Krise noch nicht akut, sondern erst latent, ist es schwieriger, den Wandel ins Rollen zu bringen. Psychologische Gewissheiten müssen in Zweifel gezogen bzw. widerlegt werden, um den Wandelprozess zu beginnen (vgl. Schein 1996, S. 27). In der latenten Krise, die noch nicht offen zutage getreten ist, ist das Aufrütteln der Mitarbeiter und damit der Wunsch nach Veränderungen von ganz entscheidender Bedeutung für den Erfolg des Sanierungsprojekts.

2. Change: Der eigentliche Prozess des Wandels geschieht in der zweiten Phase. In der Phase „Unfreeze“ werden die Kräfte des Wandels entfesselt, es ist aber nicht klar, welche Richtung ein Prozess des Wandels einschlagen wird. In einem normalen Prozess ohne existenziellen Druck ist es auch schwer vorherzusagen, welche der verschiedenen Kräfte sich durchsetzen werden. Lewin schlägt in diesem Zusammenhang die Herangehensweise des „Action Research“ vor. In diesem Prozess sollen drei Fragen beantwortet werden (vgl. Lewin 1946, S. 201):

   - Was ist die gegenwärtige Situation?
   - Was sind die Risiken?
   - Als wichtigste Frage: Was sollen wir tun?

   Man kann durch die Beantwortung der Fragen die Richtung des Wandels vorgeben. Allerdings werden die Kräfte die Richtung hin und her beeinflussen. Die Phase des Wandels ist ein hochpolitischer Suchprozess, in dem normalerweise Lösungen in einem Suchprozess iterativ gesucht werden. Dies geschieht in Experimenten. Geht ein Experiment schief, so wird der nächste Lösungsansatz ausprobiert. Dieser iterative Prozess läuft so lange, bis wieder ein Gleichgewicht der Kräfte erreicht worden ist. Das theoretische Grundprinzip kommt aus dem Feld der Gestaltpsychologie, in dem Lewin seine Forschertätigkeit begann und die sich mit der Wahrnehmung von Strukturen und Ordnungsprinzipien befasst. Danach kann Wandel nur durch Reflexion oder neue Erkenntnisse erreicht werden (Burnes 2004a).

   Die Führungsspitze des Unternehmens kann in das Feld allerdings mit ihrem Führungsstil, mit Anreizsystemen oder durch Training eingreifen. Das Modell des Action Researchs ist nicht auf Notsituationen ausgelegt, wie sie eine Krise darstellt. Daher wird bereits an dieser Stelle deutlich, dass eine Sanierung eine starke und kraftvolle Führung verlangt. Ansonsten kann der Wandel, der notwendig ist, um das Unternehmen wieder in ein erfolgreiches Fahrwasser zu bringen, nicht gelingen. Häufig werden die Zeit und die Ressourcen in einem Sanierungsfall nicht ausreichen, um einen iterativen Lösungsprozess zu versuchen. Von daher müssen die Zielsetzungen und die Richtung top-down vorgegeben werden.
3. Refreezing: In der letzten Phase des Wandlungsprozesses sollen sich die veränderten Prozesse und Aspekte der täglichen Organisationsroutine

wieder so weit verfestigen, dass man in einen Zustand des Gleichgewichts gelangt. Dazu muss die Führung Verstärkungsprozesse durch Trainings, Anreizsysteme oder ähnliche Maßnahmen ergreifen. Um die veränderten Umstände zu verfestigen, ist eine Kongruenz zwischen den persönlichen Normen und Werten der Mitarbeiter und der veränderten Umwelt notwendig. Ansonsten gibt es bereits wieder Ansätze zu einer neuen „Unfreezing"-Phase, weil es akzelerierende Kräfte gibt, die auf einen Wandel drängen werden. Da Unternehmen aus Gruppen bestehen, ist es hier notwendig, dass sich Veränderungen in der Organisationskultur ergeben. Die Unternehmenskultur (bestehend aus Normen, Werten, Prozessen etc.) muss nachhaltig verändert werden. Da Gruppen dazu neigen, wieder auf das Ausgangsniveau vor dem Veränderungsprozess zurückzufallen, darf die Bedeutung dieser Phase in keinem Sanierungsprojekt unterschätzt werden.

In Abb. 3.2 wird das Modell von Lewin schematisch dargestellt. Die Linie innerhalb des Koordinatensystems ist die Leistung einer Organisation. Sie startet auf einem niedrigen Niveau und soll durch den Wandel gesteigert werden. Sie soll durch die organisatorischen Änderungsmaßnahmen ein neues und höheres Plateau erreichen. Die akzelerierenden Kräfte unterstützen die Leistungssteigerung, während die retardierenden Kräfte die Performance eher schwächen. Daraus folgt, dass die akzelerierenden Kräfte durch Führungsmaßnahmen unterstützt und die retardierenden Kräfte möglichst vermindert werden sollen. Am Ende ist die Situation auch noch nicht stabil. Immer noch gibt es retardierende Kräfte, die die neue Leistung behindern wollen. Ab und an wird als Kritik an Lewins Modell geäußert, dass am Ende keine retardierenden Kräfte mehr da sind (vgl. Ungericht 2012, S. 364), was sich mit der praktischen Erfahrung in den meisten Projekten (seien es Sanierungs- oder andere Projekte) nicht deckt. Hier muss allerdings gesagt werden, dass Lewin lediglich der Ansicht ist, dass die Kräfte in ein neues Gleichgewicht eingebunden worden sind und damit keine verändernde Wirkung mehr entfaltet können.

Hauptkritik an dem Modell von Lewin ist allerdings die Statik und die lineare Abfolge der drei Stufen. In der Praxis überlappen sich die drei Phasen häufig und gehen schnell ineinander über. Lewin hat nach dieser kritischen Ansicht nicht mehr dargestellt als einen Vergleich zwischen Organisation und Eiswürfel (Kanter et al. 1992, S. 10). Allerdings hat Lewin in seinen eigenen

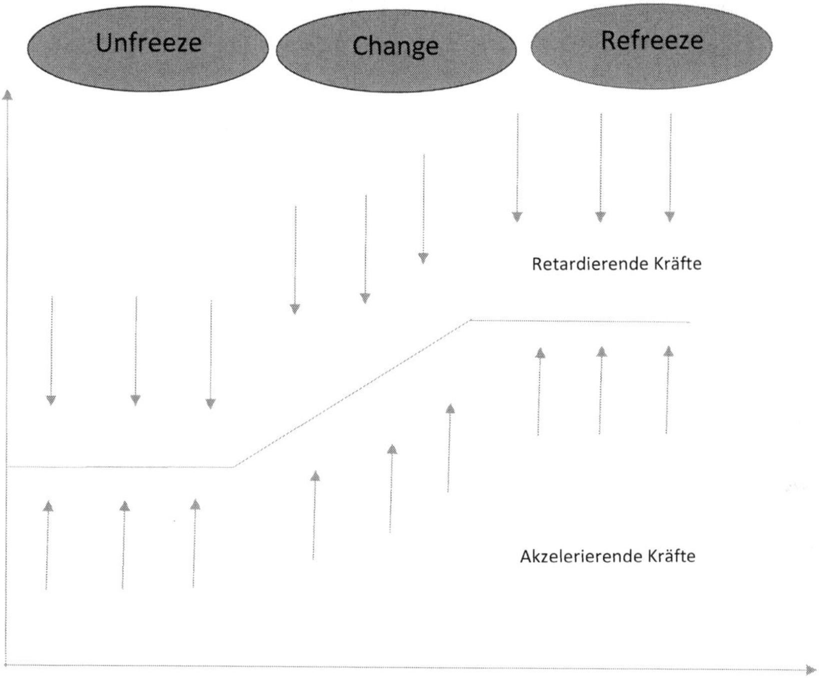

Abb. 3.2 Kräfte in der Feldtheorie von Lewin. (Quelle: Eigene Erstellung in Anlehnung an Ungericht 2012, S. 363)

Werken immer geschrieben, dass sich Organisationen und Gruppen im Allgemeinen ständig verändern. Allerdings ist die Geschwindigkeit der Veränderung abhängig von den äußeren Umständen. Insofern kann eine Sanierung in der Krise durchaus zu heftigen Veränderungen den Anlass geben, wo schon in der Unfreezing-Phase genügend akzelerierende Kräfte zusammenkommen, um die Sanierung zu beschleunigen.

Menschen, die in Organisationen arbeiten sind keine Objekte von Manipulationen, wie sie an einem Ding wie einem Eiswürfel vorgenommen werden können. Eine andere Kritik, die insbesondere für den Fall der Sanierung erhebliche Relevanz hat, ist der Vorwurf der Langsamkeit. Wie oben dargestellt, ist eine Sanierung geprägt durch Zeit- und Entscheidungsdruck. In der Tat wird selten Zeit sein, um eine Entscheidung im „Trial and Error“ zu fällen und dann einen Konsens über den finalen Zustand zu bilden. Nichtsdestoweniger gibt das Modell von Lewin für jeden Sanierer einige wichtige Hinweise:

- Zuerst müssen Kräfte freigemacht und der Wille geweckt werden, um Wandel in der Organisation überhaupt erst durchsetzen zu können. In der akuten Krise wird das für jeden aufmerksamen Mitarbeiter evident sein. In der latenten Krise wird es hingegen schwierig sein, den Willen zum Wandel überhaupt zu wecken. Die Erkenntnis, dass man sich überhaupt in einer Krise befindet, muss erst einmal geweckt werden. Ansonsten hat der Sanierer keine oder zu wenige Unterstützer für sein Vorhaben.
- Es gibt Kräfte, die den Prozess der Sanierung in verschiedene Richtungen ziehen wollen. Es ist die Aufgabe des Sanierungsmanagers, die richtigen Kräfte zu verstärken und zu unterstützen. Kommunikation ist in jedem Change Management Prozess besonders wichtig. In dem Fall einer Sanierung muss die Balance der Kräfte berücksichtigt werden. Der damit verbundene Entscheidungsdruck kann dazu führen, dass man sich von Kräften trennen muss, die nicht das Sanierungsziel verfolgen.
- Auch wenn in der Literatur häufig kritisiert wird, dass das Modell von Lewin nicht in der Lage ist, radikalen, mithin in einer Krise notwendigen Wandel zu erklären, besteht auch die Sanierung meistens aus zwei Phasen: zum einen dem sehr schnellen radikalen Wandel, der notwendig ist, um das Systemüberleben des Unternehmens zu gewährleisten. Darauf folgt aber auch bei der Sanierung eine lange Phase mit kleineren Änderungen (der lange Marsch, vgl. Kanter et al. 1992), in dem auch die Unternehmenskultur angepasst werden muss. Während in der Phase des radikalen Wandels der dreistufige Prozess außerordentlich schnell durchlaufen wird und ein Konsens künstlich durch Anweisung (bis hin zur Trennung von den Kräften, die in die Gegenrichtung gehen) schnell hergestellt wird, wird das Modell bei den nachfolgenden Prozessschritten meist vollständig durchlaufen. Dies ist auch notwendig, um wieder eine vertrauensvolle Zusammenarbeit zwischen den Mitarbeitern und dem Top-Management zu etablieren.

Daneben gibt es auch modernere Konzepte, die aber sehr häufig Ähnlichkeiten mit dem Grundmodell von Lewin aufweisen und sich auf dieses explizit beziehen. Sie stellen aber für die praktische Anwendung nur selten eine tatsächliche Fortentwicklung dar. Trotz aller Kritik und des Alters des Ansatzes von Lewin ist es in der Organisationspsychologie doch eine weit verbreitete Meinung, dass fast alle Modelle organisatorischen Wandels auf den Punkt des Aufrüttelns in der Unfreeze-Phase als wichtigem Erfolgsfaktor zurückgeführt werden können (vgl. Hendry 1996).

Stellvertretend für viele andere in der Literatur diskutierten Modelle sei hier das Pinguin-Prinzip von Kotter genannt, welches sich deutlich stärker auf Unternehmen bezieht und deutlicher handlungsleitend für Manager sein will (vgl. Kotter 2006). Der Name „Pinguin-Prinzip" entstammt der Geschichte, die Kotter zur Illustration seines Ansatzes erzählt: Eine Pinguin-Kolonie lebt auf einer Eisscholle. Einer der Pinguine bemerkt, dass sie sich in großer Gefahr befinden, weil das Eis schmelzen wird. Ein Wandel, eine Sanierung, ist notwendig, aber keiner will die Nachricht hören. Alle Pinguine sind dagegen. In seinem Buch beschreibt er ein achtstufiges Prinzip für das Change-Management:

1. Gefühl der Dringlichkeit wecken
2. Leitungsteam zusammenstellen
3. Entwicklung einer Vision
4. Werbung um Verständnis und Akzeptanz
5. Für Handlungsspielräume sorgen
6. Für kurzfristige Erfolge sorgen
7. Nicht nachlassen
8. Für Nachhaltigkeit sorgen: Festigung der neuen Kultur

Die Phasen 1 bis 4 gehören in die Unfreeze-Phase nach Lewin, Phasen 5 bis 7 in die Change-Phase und Phase 8 ist die Refreeze-Phase (vgl. Alas und Sharifi 2002). Nach Kotter müssen alle acht Stufen der Veränderung so durchlaufen werden, um diejenigen Fehler zu vermeiden, die gemeinhin zum Scheitern von Veränderungsprozessen in Unternehmen führen. In empirischen Analysen (Alas und Sharifi 2002) wurden die von Kotter erdachten Phasen in realen Projekten wiedergefunden. Lediglich die Stufen 5 und 7 finden sich nicht wieder in den empirischen Analysen, die überprüft wurden an Changeprozessen in Unternehmen aus Estland.

Der Erkenntnisfortschritt dieses Modells gegenüber dem allgemeineren Modell von Lewin ist gering, abgesehen von einer sehr viel praxisorientierteren

Sprache. Fast alles lässt sich auf das grundlegende Modell des geplanten Wandels zurückführen. Nichtsdestotrotz ist die Verbreitung des Pinguin-Prinzips in der Praxis ganz außerordentlich. Kritisiert wird im Wesentlichen am Modell von Kotter, dass ihm die empirische Validierung fehlt. Zwar beruft sich der Autor auf Erfahrungen in mehr als 100 Unternehmen, er versäumt allerdings, diese genauer zu spezifizieren (vgl. Cameron und Green 2001, S. 101). Außerdem wird an dem Pinguin-Prinzip die Beschränkung auf eine top-down Perspektive kritisiert, die beispielsweise Initiativen von Mitarbeitern nicht richtig berücksichtigt (vgl. Cameron und Green 2001).

Im Folgenden bleiben wir bei der Darstellung analog zu dem Modell des geplanten Wandels von Lewin, weil dies den Ausgangspunkt der anderen gängigen Modelle zum Wandel in Unternehmen darstellt.

3.2 Unfreeze-Phase

3.2.1 Erkenntnis einer Krise

Die Unfreeze-Phase ist dadurch gekennzeichnet, dass die akzelerierenden Kräfte auf dem Feld ein Übergewicht gewinnen. Dazu muss an erster Stelle die Erkenntnis stehen, dass ein Wandel notwendig ist. Dies erfordert die Erkenntnis, dass das Unternehmen in einer Krise steckt. Diese ist offensichtlich, wenn die Krise bereits in ihrer akuten Phase ist. Allerdings kann diese Erkenntnis zu spät sein, um noch einen Sanierungserfolg zu gewährleisten. Es ist mithin deutlich erfolgversprechender, die Krise bereits in ihrer latenten Phase zu erkennen. Hier ist die Erkenntnis allerdings noch nicht offensichtlich. Selbst wenn die Unternehmensleitung die Erkenntnis zum notwendigen Wandel hat, bedeutet dies nicht, dass alle Mitarbeiter zur gleichen Einsicht gelangen. Aus diesem Grund wird die Unternehmensleitung auch im günstigen Fall der frühzeitigen Krisenerkennung mit Widerstand konfrontiert sein.

Bezüglich Zeichen zur Krisenerkennung und Instrumenten zur Frühwarnung vor Krisen sei auf Abschn. 1.3 dieses Buches verwiesen. Es gehört zu den Kernaufgaben des Controllings, diese Instrumente anzuwenden und die Unternehmensleitung so früh wie möglich auf potenzielle Krisen hinzuweisen, sodass genügend Möglichkeiten bestehen, der Krise frühzeitig entgegenzuwirken.

Trägheit kann dazu führen, dass die notwendige Selbstreflexion nicht stattfindet und die Erkenntnis des Sanierungsbedarfs folglich nicht getroffen wird. Trägheit ist eine aus der Psychologie stammende Kategorie, die eine geminderte Bereitschaft eines Individuums zu Anstrengungen und Leistungen ausdrückt (vgl. Welsch 2010, S. 61). Diese Trägheit kann sich in Organisationen durch das Bedürfnis nach Kontinuität und Sicherheit ausdrücken. Dies führt dazu, dass die Individuen keine Bereitschaft zur Veränderung erkennen lassen (Kieser et al. 1998, S. 121 ff.). Vom Status quo abweichende Signale, zum Beispiel solche, die auf eine nahende Krise hindeuten, werden nicht wahrgenommen. Dies bezeichnet man als kognitive Dissonanz (vgl. Staehle 1999, S. 247 ff.). Diese kann sich beispielsweise dadurch ausdrücken, dass die Glaubwürdigkeit einer Quelle in Zweifel gezogen oder der zurückgehende Umsatz mit einmaligen, nicht-beeinflussbaren Ereignissen aus der Umwelt in Verbindung gebracht wird. Die kognitive Dissonanz führt dazu, dass die Krise nicht als solche erkannt und damit auch nicht der Impuls für Sanierungsanstrengungen ausgesendet wird.

Die individuellen Wahrnehmungen werden auf organisationaler Ebene zusammengefasst. Organisationen haben eine gemeinsame Wahrnehmung der Dinge, einen konsensuellen Bereich, in dem gemeinsame Wertvorstellungen und eine gemeinsame Wahrnehmung der Wirklichkeit vorhanden sind (vgl. Maturana 2000, S. 108 ff.). Hier können zum einen Signale aufgenommen werden, die auf individueller Ebene verdrängt werden. Zum anderen kann aber auch eine gemeinsame Verdrängung stattfinden, dadurch, dass sich die Organisationsmitglieder gegenseitig in der Wahrnehmung bestärken, dass keine Krise vorhanden oder in Sicht sei.

Die Risiken der beschränkten Wahrnehmung der Krise, die die Unfreeze-Phase verzögern oder sogar verhindern können, variieren je nachdem, wie das Unternehmen organisiert ist. Strikte bürokratische Regeln geben zwar erhebliche Vorteile bei der Arbeitsteilung, reduzieren aber die Aufmerksamkeit von Mitarbeitern (vgl. Gouldner 1954). In empirischen Untersuchungen hat sich gezeigt (vgl. Jenner 2003), dass gerade sehr erfolgreiche Unternehmen dazu neigen, die Informationsgenerierung zu reduzieren und somit Gefahr laufen, wichtige Informationen und Hinweise auf eine Krise zu versäumen.

Wie kann das Unternehmen nun dafür sorgen, dass die Krise auch in ihrer latenten Phase schon wahrgenommen wird? Es muss eine Offenheit innerhalb der Organisation und besonders in ihren Organen (insbesondere Vorstand und Aufsichtsrat) geschaffen werden, die vermeidet, dass man der kognitiven Dissonanz unterliegt. Insbesondere denjenigen Mitarbeitern, denen die Aufgaben des Controllings und des Risikomanagements anvertraut sind, muss die Möglichkeit gegeben werden, offen über potenzielle, auch sich noch entwickelnde Krisen zu reden. Dies sollte insbesondere der Leiter der Geschäftsführung ermuntern. Für Leiter von Sparten und Abteilungen wird es schwieriger sein, diese Aussagen zu akzeptieren, sobald sie ihren Bereich betreffen. Sie werden mit Kritik gleichgesetzt und zu vermeiden versucht. Nur eine Ermunterung einer offenen Diskussionskultur durch die oberste Geschäftsleitung kann ein Klima schaffen, in dem diese Informationen gehört und gewürdigt werden.

3.2.2 Erkenntnis eines Sanierungsbedarfs

Ist die Information gehört worden, dass eine Krise bereits latent vorhanden ist, ist es die nächste Aufgabe der Geschäftsleitung, Widerstände zum Start eines Sanierungsprojekts zu überwinden. Dies mag auf den ersten Blick redundant erscheinen. In einem Unternehmen kann man praktisch meist sehr wohl zwei Widerstandsgruppen unterscheiden: zunächst diejenigen, die sich gegen das Erkennen der Krise als solche wenden. Daneben gibt es aber auch diejenigen, die erst mit dem Sanierungsprojekt wahrnehmen und befürchten, dass sich Besitzstände für sie ändern könnten. Sie werden ihren Widerstand dann entwickeln, wenn sie merken, es wird ernst, Sanierungsmaßnahmen werden überlegt, es könnte sie persönlich und ihr vertrautes Arbeitsgebiet treffen, das ihnen bisher Sicherheit und Kontinuität versprochen hat.

Das Gegenmittel gegen diese Art des Widerstands ist offene Kommunikation, wo immer sie möglich ist. Dabei gibt es zwei Problemkreise: Der erste ist, dass insbesondere personelle Veränderungen eine Vorbereitung benötigen, in der Vertraulichkeit notwendig ist. Mit unausgegorenen Modellen der personellen Veränderung kann die Unternehmensleitung nicht in die Belegschaft gehen. Insbesondere würden dadurch Phasen der Unsicherheit entstehen, indem die Aufmerksamkeit von der eigentlichen Geschäftstätigkeit abgelenkt wird, was in jeder Situation schädlich ist, aber in der Krise als besonders gefährlich angesehen werden kann. Der zweite Problemkreis besteht darin, dass auch das Sanierungsteam zu Beginn der Sanierung nicht weiß, was das Ergebnis ist und damit zwangsläufig Unsicherheit erzeugen muss. Jeder Prozess des organisationalen Wandels führt zu einer Situation, in der sich Wirkungen ergeben, die man zu Beginn des Prozesses noch nicht einschätzen kann – wie bei einem Stein, der ins Wasser geworfen wird und seine Kreise zieht (vgl. Kreitner 1999).

Lewin war der Ansicht, dass es einfacher ist, die retardierenden Kräfte zu schwächen, als die akzelerierenden Kräfte zu stärken, um eine Unfreeze-Phase einzuläuten (vgl. Dent und Goldberg 1999, S. 30). Lewins Idee, mit Hilfe von Experimenten Veränderungen zu versuchen, ist für eine Unternehmenssanierung unpassend. Hier kann ein Experiment, das nicht erfolgreich ist, dem Unternehmen den letzten Stoß Richtung Insolvenz geben. Insofern sollte in einer Sanierung versucht werden, mit Offenheit zu agieren. Nur dort, wo es die Vertraulichkeit verlangt, sollte man sich zurückhalten. Ansonsten ist eine offene Kommunikation mit den Mitarbeitern hilfreich, um Unterstützer in der Organisation zu finden. In der Praxis ist die Abgrenzung von vertraulich zu behandelnden Themen und offen zu kommunizierenden Sachverhalten jedoch häufig problematisch.

Die Führungskräfte sind eine Gruppe, die besonders im Mittelpunkt der Sanierung steht. Insbesondere das mittlere Management steht unter einem besonderen Druck: Es ist häufig nicht selbst an den Entscheidungen im Zusammenhang mit der Sanierung beteiligt, muss die Entscheidungen aber in die breite Mitarbeiterschaft kommunizieren. Diese Sandwich-Position kann zu einem besonderen Widerstand bei der Sanierung führen. Das Top-Management muss sein mittleres Management von seinen Beschlüssen also mit allererster Priorität überzeugen, damit dieses in der Lage ist, seine Mitarbeiter zu überzeugen. Die Drucksituation, sich auf der einen Seite vor seinen Vorgesetzten zu rechtfertigen, wie die Sanierungserfolge laufen und auf der anderen Seite den Widerstand der Mitarbeiter zu spüren, kann dazu führen, dass gerade das mittlere Management retardierend wirkt. Hier kann mit Anreizsystemen versucht werden, die Loyalität und den Einsatz des mittleren Managements zu gewinnen.

Eine weitere retardierende Kraft, die einbezogen werden muss, um die Unfreeze-Phase erfolgreich zu gestalten, ist die gesamte Belegschaft. Hier kann in den meisten Unternehmen stellvertretend auf den Betriebsrat zugegangen werden. Der Betriebsrat soll die Interessen der Arbeitnehmer vertreten und wird durch die Belegschaft in den deutschen Unternehmensteilen durch Wahl bestimmt. Ist der Betriebsrat davon überzeugt, dass eine Sanierung notwendig ist, um die Arbeitsplätze langfristig und nachhaltig zu sichern, hilft das, die gesamte Belegschaft hinter sich zu bringen. Die Einbeziehung des Betriebsrats wird in der Regel sowieso innerhalb der Sanierungsbemühungen notwendig, spätestens dann, wenn es um Personalmaßnahmen geht. Aus diesem Grund ist es tatsächlich geboten, den Kontakt sehr frühzeitig zu suchen. Der Betriebsrat kann auch als Katalysator wirken, wenn es zu Kritik aus der Belegschaft kommt.

Mit den zwei Gruppen „mittleres Management" und „Betriebsrat" als Stellvertreter für die Belegschaft müssten wesentliche retardierende Kräfte einbezogen sein. Ist die Notwendigkeit für eine Sanierung erkannt, muss ein Startschuss für die eigentliche Sanierung gegeben werden. Der erste Schritt in diese Richtung ist die Zusammenstellung eines Sanierungsteams und die Aufstellung einer Projektorganisation.

3.2.3 Projektorganisation der Sanierung

Die Sanierung ist ein Projekt. Ein Projekt ist nach der Definition des amerikanischen Project Management Institute ein zeitlich begrenztes Unterfangen, um ein einmaliges Produkt, eine Dienstleistung oder ein Ergebnis zu erzielen (vgl. PMI 2015). Zeitlich begrenzt ist die Sanierung, weil das Ziel die Überwindung der Krise ist. Wird die Krise nicht überwunden, würden wir uns also in einem permanenten Zustand der Sanierung befinden, würde das Unternehmen früher oder später aufhören müssen zu existieren. Damit ist zwangsläufig eine zeitliche Beschränkung der Sanierung gegeben. Das Ergebnis, das mit der Sanierung erzielt werden soll, ist die Sicherung des Überlebens des Unternehmens. Konkrete Zielgestaltungen können dabei durchaus unterschiedlich sein, beispielsweise, ob das Unternehmen unverändert (das heißt ohne organisatorische Veränderungen bzw. Änderungen in der Eigentümerstruktur weitergeführt werden soll oder ob ein Verkauf oder gar eine Sanierung aus der Insolvenz angestrebt werden soll) oder in einer veränderten Art und Weise weitergeführt werden soll.

Projekte unterliegen anderen organisatorischen Rahmenbedingungen als die Linienorganisation. Eine Projektorganisation tritt neben die etablierte Linie. Um die Offenheit und Kreativität des Projekts zu gewährleisten, kann in der Projektorganisation auch eine andere Kultur etabliert werden. So können Tabus der Linienorganisation bewusst außer Kraft gesetzt werden. Ansatzpunkte zur Sanierung kennen zum Beispiel einfache Projektmitarbeiter eher als Führungskräfte, die ihre Machtpositionen unbedingt erhalten möchten. Hierarchien können also bewusst außer Kraft gesetzt werden. Die Projektorganisation erlaubt zudem, dass für die Sanierung besonders wichtige Experten eine besondere Rolle spielen können. Dies können zum Beispiel Controller sein, die die Liquidität des Unternehmens im Auge behalten müssen und damit darauf achten müssen, dass das Unternehmen nicht doch in die Zahlungsunfähigkeit und damit in die Insolvenz abgleitet.

Die Organisationswissenschaft hat in Theorie und Praxis eine Reihe von Organisationsstrukturen entwickelt, die für Projekte passen. Allgemein kann man das Modell in Abb. 3.3 für Projekte als adäquat ansehen (vgl. Kuster 2011, S. 104).

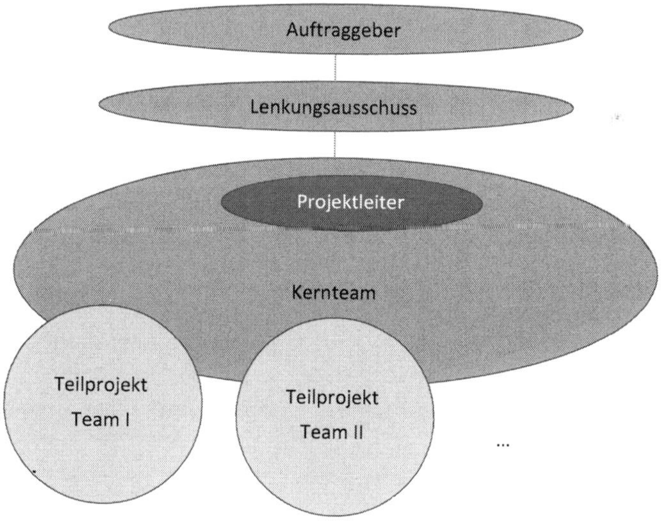

Abb. 3.3 Idealtypische Projektorganisation. (Quelle: Eigene Erstellung, in Anlehnung an Kuster 2011, S. 104)

In dieser idealtypischen Projektorganisation ist der Auftraggeber derjenige, der den Impuls zum Projekt gibt. Bei einem so bedeutenden, existenziellen Projekt wie der Sanierung wird in der Regel der Unternehmensleiter oder Eigentümer bzw. Vertreter der Eigentümer (also in der großen Publikumsgesellschaft der Aufsichtsrat) der Auftraggeber sein. Der in dieser Organisation genannte Auftraggeber wird kein Externer sein. Das bedeutet, dass wenn der Impuls zur Sanierung beispielsweise von einem Fremdkapitalgeber, wie der Bank ausgeht, ein interner Vertreter (zumeist das Top-Management) den externen Impuls aufnehmen und als Auftraggeber in der Organisation agieren wird. Das Top-Management ist auch deshalb der einzig denkbare Auftraggeber für ein Sanierungsprojekt, weil in dem Projekt normalerweise alle Unternehmensbereiche tangiert sein werden; teilweise mit radikalen Maßnahmen wie Entlassungen. Dieser Durchgriff kann dem Projektteam nur mit der Rückendeckung des Top-Managements als Auftraggeber gelingen.

Die Projektleitung steht in der Sanierung unter besonderem Druck. Die betroffenen Mitarbeiter, deren Arbeit sich ändert bzw. die sogar den Arbeitsplatz verlieren bzw. finanzielle Einbußen hinnehmen müssen, werden ihren Zorn zunächst am Leiter des Sanierungsprojekts auslassen. Des Weiteren wird der Druck durch die Unternehmensleitung sehr groß sein, weil der Erfolg des Sanierungsprojekts Voraussetzung für das Überleben des Unternehmens ist. Aus diesem Grund muss der Leiter eines Sanierungsprojekts eine erfahrene Führungskraft mit einem guten Standing in der Organisation sein. Er muss hervorragend mit den Mitarbeitern kommunizieren können und das Vertrauen des mittleren Managements und des Betriebsrats genießen. Auch externe Stakeholder müssen sich auf ihn verlassen können und ein gutes Gefühl bei seiner Berufung haben, insbesondere, wenn die Krise bereits so tief gehend ist, dass der Sanierungsimpuls von externen Stakeholdern wie den Banken ausgeht. Da der Druck sehr hoch ist und mit Anfeindungen aufgrund von unpopulären Maßnahmen zu rechnen sein wird, muss der Projektleiter eine starke Stressresistenz aufweisen und mit Anfeindungen gut und durchdacht umgehen können. Cholerische und aufbrausende Temperamente sind in diesen besonderen Situationen nicht sehr hilfreich. Vielmehr sind ausgleichende aber gleichzeitig durchsetzungsstarke Charaktere gefragt, um den Sanierungserfolg zu erreichen. Neben diesen besonderen Anforderungen an den Projektleiter einer Sanierung muss die ausgewählte Persönlichkeit auch die allgemeinen, in jedem Projekt notwendigen Aufgaben erfüllen (vgl. Kuster 2011, S. 103):

- Bereitstellung und Management der notwendigen Projektressourcen
- Projektstart und Kick-off durchführen
- Planung und Einteilung des Projekts mit entsprechenden Zuständigkeiten innerhalb des Projektteams
- Definition entsprechender Meilensteine zur Messung des Projektfortschritt, oder auch Einteilung gewisser Teilprojekte
- Koordination der verschiedenen Aktivitäten und Projektmitglieder bzw. Teilprojekte
- Termine, Personen, Kosten und Qualität planen, steuern und kontrollieren
- Leitung des Teams mit der vollen, auf das Projekt bezogenen Personalverantwortung
- Risikomanagement des Projekts
- Information der Stakeholder des Projekts innerhalb und außerhalb der Organisation
- Sitzungen und Workshops moderieren

Auch wenn einzelne Teilaufgaben delegiert werden können, zeigt sich anhand dieser Liste schon sehr deutlich, dass der Projektleiter eine sehr stark engagierte und erfahrene Persönlichkeit sein muss. Er muss über Fach-, Methoden- und Führungswissen verfügen. Ob der Projektleiter in einer Sanierung auch über Organisationswissen verfügen muss, ist umstritten. Man kann Szenarien ableiten, in denen es sinnvoll ist, dass der Projektleiter direkt Sanierungsvorschläge unterbreiten kann. In diesem Fall ist eine lange Erfahrung in dem zu sanierenden Unternehmen unabdingbar. Man kann sich aber auch Konstellationen vorstellen, in denen bewusst ein Externer, zum Beispiel ein Sanierungsberater, die Position des Projektleiters erhält. Der Blick von außen schützt dabei vor Betriebsblindheit und kann auch zu unkonventionellen Lösungen verhelfen. Außerdem ist der Zorn der Belegschaft bei einem Externen häufig besser aufgehoben, weil dieser nach erfolgreicher Sanierung das Unternehmen wieder verlässt. Die zukünftige Zusammenarbeit mit den Führungskräften kann also unbelastet von Konflikten innerhalb der Sanierungsphase weitergeführt werden. Zusammenfassend kann man festhalten, dass ein Projektleiter insbesondere die folgenden Eigenschaften und Fähigkeiten haben sollte (vgl. Werner 2014, S. 228):

- Er sollte eine hohe Umsetzungsorientierung aufweisen.
- Er sollte in der Lage sein, Sitzungen effizient leiten zu können.
- Er sollte das Projektteam motivieren und trotz schwieriger Umstände zu Hochleistungen anspornen können.
- Er sollte über sehr gute analytische Fähigkeiten verfügen, um das vielschichtige Projekt auch unter Zeitdruck optimal strukturieren und auch die Auswirkungen von einzelnen Maßnahmen auf das Gesamtunternehmen gut beurteilen zu können.

In dem Kernteam des Projekts sollten Mitarbeiter aus allen Bereichen vertreten sein. Diese wenig selektive Vorgehensweise erklärt sich damit, dass auch von vorneherein kein Bereich sich aus der Sanierung herausnehmen darf. Es ist zu Beginn des Sanierungsprojekts ja nicht klar, in welchen Bereichen die meisten Sanierungsgewinne erzielt werden können. Unverzichtbar ist eine hohe Kompetenz aus dem Bereich Controlling und Finanzen. Hier müssen die Auswirkungen der besprochenen Maßnahmen auf die Finanzen und insbesondere die Liquidität beurteilt werden. Die wesentlichen Aufgaben der Projektteams im Rahmen der Sanierung sind (vgl. Werner 2014, S. 228):

- Durchführung der grundlegenden Analysen, um die Handlungsalternativen beurteilen zu können
- Ableitung von Einzelmaßnahmen nach Unternehmensbereichen, sodass sie den Entscheidungsgremien des Projekts (Projektleitung und Lenkungsausschuss) zur Entscheidung vorgeschlagen werden können
- Erarbeitung von Maßnahmen und Maßnahmenplänen
- Bewertung der vorgeschlagenen Maßnahmen
- Wirkung als Multiplikator, um die Erfolge und Maßnahmen des Sanierungsprojekts in der Organisation zu verbreiten und zu erklären

Zwischen Auftraggeber und Projektleiter steht der Lenkungsausschuss. Dieser ist die oberste Instanz der Projektorganisation. Er hat die folgenden Aufgaben (vgl. Neumann-Szyska 2005, S. 105):

- Vorgabe der wesentlichen Ziele an die Projektteams
- Gestaltung der Projektorganisation, insbesondere auch die Auswahl des Projektleiters und die Leiter der Teilprojekte
- Entscheidung über die wesentlichen Maßnahmen, die im Rahmen der Sanierung umgesetzt werden sollen
- Entscheidung über die Ressourcen zur Projektdurchführung auf Vorschlag des Projektleiters
- Überwachung und Steuerung der wesentlichen Maßnahmen des Sanierungsteams

Wichtig ist, dass sich der Lenkungsausschuss zu Beginn seiner Tätigkeit eine Satzung gibt, in der unter anderem geregelt wird, mit welchem Quorum Entscheidungen getroffen werden können (denkbar ist hier auch eine Abstufung: bei weniger bedeutenden Entscheidungen wird mit absoluter Mehrheit entschieden; bei sehr bedeutenden Maßnahmen wird eine drei Viertel Mehrheit notwendig).

In normalen Projekten ist der Lenkungsausschuss nicht ins tägliche Projektgeschäft involviert. Aufgrund der Bedeutung der Sanierung kann das anders gehandhabt werden. Die Mitglieder des Lenkungsausschusses werden aber auch dann weiterhin ihre normalen operativen Aufgaben wahrnehmen und nicht von ihrer eigentlichen Aufgabe freigestellt, wie es für andere Mitglieder des Projektteams gehandhabt werden kann. Mindestens sollte der Projektleiter in der Sanierung vom Tagesgeschäft vollständig freigestellt werden. Für die Kernmitglieder des übrigen Sanierungsteams sollte dies zumindest erwogen werden. Hier kommen allerdings bei der Sanierung die besonderen Restriktionen in den Ressourcen ins Spiel: Aufgrund der krisenhaften Situation des Unternehmens ist es in dieser Phase selten möglich, zusätzliche Ressourcen zu akquirieren, die das Tagesgeschäft der Projektmitglieder auffangen. Aus diesem Grund muss häufig ein Kompromiss zwischen den Erfordernissen des Projekts und des normalen Tagesgeschäfts gefunden werden. Aufgrund der Wichtigkeit der Sanierung kann bei den wichtigsten Projektmitgliedern mindestens eine Art Vorfahrtsregelung für das Sanierungsprojekt vereinbart werden. Ein Risiko, dass nicht eintreten sollte, ist aber, dass das Tagesgeschäft zu sehr vernachlässigt wird. Dies kann die Krise des Unternehmens noch einmal verschärfen.

Eine weitere wichtige Aufgabe des Lenkungsausschusses besteht in der Konfliktlösung. Innerhalb eines so einschneidenden Projekts wie der Sanierung wird es fast zwangsläufig zu Konflikten kommen. Grund dafür ist, dass auch vollkommen für das Projekt freigestellte Mitarbeiter immer wieder darauf achten werden, welche Perspektive sich für sie persönlich nach Beendigung der Sanierung auftun wird. Kein Mitglied des Projektteams wird sich leicht damit tun, seinen eigenen regulären Arbeitsplatz infrage zu stellen und im Sanierungsprojekt auf den Prüfstand zu stellen. In einer Umgebung, in der solche auch persönlich weitreichenden Fragen gestellt und überprüft werden, ist es normal, dass die „Nerven blank liegen" und es immer wieder zu Reibereien kommen wird. Hierfür empfiehlt es sich, den Lenkungsausschuss als Schlichtungsstelle einzusetzen. Da hier aber sehr bedeutende Mitarbeiter des Unternehmens Mitglied sind, muss darauf geachtet werden, dass der Lenkungsausschuss mit kleinen Konflikten nicht überfrachtet wird, die eigentlich Petitessen sind. Innerhalb des Projektteams sollten daher von Beginn an Grundsätze der Zusammenarbeit und Kommunikation aufgestellt werden, auf deren Einhaltung sowohl der Projektleiter als auch der Lenkungsausschuss immer wieder achten sollte. Die folgenden Grundsätze werden dabei empfohlen (vgl. Werner 2014, S. 227):

- Einheit von Worten und Taten
- Offenheit und Ehrlichkeit
- Vermeidung böser Überraschungen durch rechtzeitige Kommunikation
- Vermeidung von Schuldzuweisungen. Kommt es zu einem Fehler, sollte die situative Lösung und Vermeidung von gleichen Fehlern im Mittelpunkt stehen und nicht die Frage, wer schuld ist.
- offene Darstellung der Krisensituation ohne Tabus und gleichzeitig realistische Einschätzung der Chancen und Risiken der Organisation, die Sanierung erfolgreich zu bewerkstelligen

Mit diesen Maßnahmen sollte das Projektteam sicherstellen, dass es keine Kommunikationsfehler innerhalb seines eigenen Bereichs macht. Dies ist für die Glaubwürdigkeit der Sanierungsbemühungen in der breiten Belegschaft besonders wichtig, weil der Krise häufig entsprechende Kommunikationsfehler vorausgegangen sind. Alle im Unternehmen werden mit besonderer

Achtsamkeit darauf gucken, wie das Team mit diesen Belangen umgeht, das angetreten ist, die Krise wieder in den Griff zu bekommen.

Wie jedes andere Projekt auch, sollte das Sanierungsprojekt durch ein Projektcontrolling begleitet und gesteuert werden. Controlling ist diejenige Aufgabe im Unternehmen, die versucht, die Rationalität der Führung sicherzustellen (vgl. Weber und Schäffer 1999). Die Aufgabe des Controllings ist es, möglichst die beschränkte Rationalität des Managements auszugleichen und mit Instrumenten Entscheidungen so weit wie möglich auf dem Rationalprinzip basieren zu lassen, was in den Wirtschaftswissenschaften durch das ökonomische Prinzip ausgedrückt wird (vgl. Behringer 2014, S. 16 ff.). Im Rahmen des Sanierungsmanagements lässt sich diese Aufgabe so konkretisieren, dass das Projektcontrolling darauf achten sollte, dass der Projektfahrplan eingehalten wird, dass die Meilensteine erfüllt und die Projektressourcen planmäßig verwendet werden und es nicht zu Budgetüberschreitungen kommt.

In der praktischen Umsetzung dieser Anforderung hat es sich bewährt, dass das Projektcontrolling und die Projektleitung in mindestens 14-tägigen Abständen zusammensitzen und anhand von Ablaufplänen und Maßnahmenkatalogen, die der Projektleiter erstellt hat, den Projektfortschritt verfolgen. Wichtig ist dabei, dass die Kommunikation nicht ausschließlich auf Papier erfolgt, sondern persönlich stattfindet. Pläne und Maßnahmenankündigungen können eine falsche Sprache sprechen und den Controller dazu verleiten, den Projektfortschritt deutlich zu positiv zu sehen. Diese Gefahr wird durch einen persönlichen Kontakt deutlich abgemildert. Außerdem gibt das persönliche Gespräch die Möglichkeit, auch Dinge zu erwähnen und zu erörtern, die in einer standardisierten Abfrage nicht thematisiert worden wären. Erfahrene und gute Controller suchen daher eher das Gespräch als die standardisierte Kontaktaufnahme. In den Gesprächen entsteht häufig ein praktisches Problem. Der Controller ist in der Unternehmenshierarchie unter dem Projektleiter angesiedelt. Dieser hat aber die Funktion der Steuerung des Projekts zu übernehmen und muss daher auf unangenehme Wahrheiten hinweisen und auch Abweichungen an die oberste Unternehmensleitung weitergeben. Diese Situation führt dazu, dass auch bei der Auswahl des Projektcontrollers mit äußerster Sorgfalt vorgegangen werden muss. Auch hier muss ein durchsetzungsstarker, erfahrener Controller gesucht werden. Noch dazu sollte dieser eine starke Hands-on-Mentalität haben und mehr auf materielle Erkenntnisse setzen, als Formalia in den Mittelpunkt seiner Controllingtätigkeit stellen.

3.3 Change-Phase

3.3.1 Ziele des Veränderungsprozesses

Der Prozess des eigentlichen Wandels findet in der „Change-Phase" statt. Veränderung oder Wandel bezeichnet dabei Vorgänge, die den Status quo in einen anderen neuen Zustand ändern (vgl. Fox-Wolfgramm et al. 1998, S. 87). Veränderungen können dabei differenziert werden nach (vgl. Pescher 2010, S. 7 ff.):

- dem Auslöser
- dem Motiv
- der Intensität der Veränderung
- der Absicht bzw. dem Willen zur Veränderung
- den von der Veränderung betroffenen Ebenen im Unternehmen

Die Projekte aus dem Bereich Sanierung weisen hier spezielle Eigenschaften auf:

- Der Auslöser ist die Krise. Diese kann sowohl intern als auch extern bedingt sein. Je nachdem, wie weit fortgeschritten die Krise ist (befinden wir uns in der potenziellen, latenten oder bereits in der akuten Krise), ergeben sich unterschiedliche Konsequenzen für das weitere Management des Projekts.
- Das Motiv für die geplante Veränderung ist der Wille zum Überleben des Unternehmens.
- Die Intensität der Veränderung ergibt sich je nachdem, wie stark die Krise den Fortbestand des Unternehmens gefährdet. Im Regelfall wird ein Veränderungsprozess im Zuge einer Sanierung aber sehr intensiv sein.
- Die Absicht zur Veränderung kann bei einem Sanierungsprojekt von verschiedenen Seiten kommen. Es kann die Unternehmensleitung selbst sein, die den Prozess in Gang setzt. Es kann aber auch ein externer Stakeholder

sein. Sind es zum Beispiel die finanzierenden Banken, ist davon auszugehen, dass das Sanierungsprojekt nicht mehr vollkommen selbst gesteuert wird, sondern in weiten Teilen fremd bestimmt wird; auch, was die erwarteten Ergebnisse anbetrifft.

- Im Regelfall werden von einer Sanierung alle Ebenen und Bereiche eines Unternehmens betroffen sein. Es wird sogar einige Bereiche geben, die mit der schärfsten Maßnahme betroffen sein werden, die ein Unternehmen zur Verfügung hat, nämlich mit der Freisetzung des Personals und damit mit dem Verlust des Arbeitsplatzes.

Im Modell von Lewin wird davon ausgegangen, dass der Veränderungsprozess geplant ist. Dies bedeutet, dass der Zustand, der mit dem Sanierungsprojekt erreicht werden soll, ein positiver Zustand ist, der das Überleben des Unternehmens sichert. Der Zielfindungsprozess, der in anderen Projekten häufig sehr komplex ist, ist daher in der Sanierung meist vergleichsweise einfach. Es geht darum, das Unternehmen am Leben zu erhalten. Allerdings sind dabei verschiedene Szenarien denkbar:

- Das Unternehmen kann so erhalten werden, wie es bisher geführt wurde. Aufgrund der Zurückhaltung vieler Mitarbeiter, Veränderungen zu unterstützen, wollen viele diesen Zustand erreichen. Denklogisch ist er aber nur schwer als realistisches Ziel vorstellbar. Das Unternehmen wäre wahrscheinlich nicht in die Krise geraten, wenn der Ausgangszustand ein optimaler bzw. solider gewesen wäre. Dies kann nur der Fall gewesen sein, wenn die Krise ganz allein aufgrund von externen Umständen entstanden ist und diese externen Umstände sich wieder zum Status quo ante geändert haben.
- Das Unternehmen kann erhalten werden und mit geringerem Personalbestand, weniger Standorten oder Produkten etc. weitergeführt werden. Umgangssprachlich kann man von einer „Gesundschrumpfung" sprechen. Dies ist häufig das Ergebnis einer Sanierung. Ob dies jedoch als Ziel zu Beginn einer Sanierung ausgegeben werden kann, ist problematisch. Unternehmensführung und die Stakeholder des Unternehmens wollen zu Beginn einen möglichst weitgehenden Erhalt des Unternehmens in der vorherigen Größe. Der Erhalt des gesamten Unternehmens ist allerdings, wie oben gezeigt, nur selten ein realistisches Ziel.

- Das Unternehmen kann an entscheidenden Stellen verändert werden. So kann es ein Ziel sein, das Unternehmen zu erhalten, aber eventuell die Eigentumsstruktur so zu verändern, dass ein kapitalkräftiger neuer Eigentümer an die Stelle der Alteigentümer tritt. Damit kann eine Überbrückung einer Liquiditätskrise erreicht werden. Gerade in mittelständischen Unternehmen kann das eine mögliche Lösung einer Unternehmenskrise sein. Allerdings ist der Erhalt des Eigentums auch ein sehr und weit verbreitetes starkes Ziel für die Eigentümer mittelständischer Unternehmen (vgl. Bamberger und Pleitner 1988, S. 65).
- Ein weiteres mögliches Ziel ist die Aufgabe des Unternehmens durch Insolvenz bzw. Liquidation. Dieses Ziel ist denkbar, aber in vielen Fällen nicht sinnvoll, weil es automatisch mit der Beendigung des Systems „Unternehmen" verbunden ist. Dennoch kann es auch hier Interessenten geben, die die Verantwortung für das Unternehmen nicht mehr weiterführen und deswegen ihre Funktion im Unternehmen aufgeben wollen. Allerdings wird im Normalfall das Ziel des Überlebens des Unternehmens von besonderer Bedeutung sein. Im Folgenden wird ganz im Sinne des Wortsinns von Sanierung davon ausgegangen, dass es Ziel des Sanierungsprojekts ist, das Überleben des Unternehmens tatsächlich zu sichern.

3.3.2 Analyse als Basis des Managementprozesses in der Sanierung

Wie bereits bei der Identifikation von geeigneten Feldern der Sanierung diskutiert, muss ein Managementprozess damit beginnen, Informationen über relevante Sachverhalte zu gewinnen. In Anlehnung an die Theorie von Lewin kann man diesen Prozess als Kraftfeldanalyse (vgl. Johnson et al. 2011, S. 649) bezeichnen. In dieser Analyse geht es darum, die akzelerierenden und retardierenden Kräfte zu identifizieren. Dies ist notwendig, um mit entsprechenden Strategien auf diese einzuwirken bzw. sie in die Entscheidungsprozesse einzubeziehen, um mögliche Widerstände frühzeitig abzufangen. Es kann dabei hilfreich sein, sich an den folgenden fünf Leitfragen zu orientieren (vgl. Johnson et al. 2011, S. 649):

- Welche Umstände im Unternehmen würden einen Wandel behindern?

- Welche Möglichkeiten gibt es, diese Umstände so zu verändern, dass der Wandel ermöglicht wird?
- Welche Kräfte, die derzeit im Unternehmen wirken, können den angestrebten Veränderungsprozess unterstützen?
- Welche Möglichkeiten gibt es, diese Kräfte zu unterstützen?
- Was muss durch das Sanierungsprojekt zusätzlich initiiert werden, um den Veränderungsprozess zu unterstützen?

Ein Erfolgsfaktor dieser Analysephase ist, unvoreingenommen den Status quo aufzunehmen. Insbesondere bei der Identifikation von retardierenden und akzelerierenden Kräften muss man unvoreingenommen analysieren. Mitarbeiter, die bisher häufig kritisch aufgetreten sind, können sich jetzt als hilfreiche „Change Agents" erweisen. Häufig zeigt es sich, dass gerade jetzt ihre kritische Position aufgenommen wird und so ihre Unterstützung gewonnen werden kann. Auf der anderen Seite können Mitarbeiter, die bisher immer Unterstützer der Unternehmensleitung waren, jetzt hinderlich sein, weil die Veränderungen lieb gewordene Besitzstände verändern. Damit können aus loyalen Mitarbeitern problematische Blockierer werden und umgekehrt.

3.3.3 Führung des Change-Prozesses

Führung bedeutet die Beeinflussung einer Organisation hinsichtlich der Zielerreichung (vgl. Johnson et al. 2011, S. 651). Die Führung ist dann besonders schwierig, wenn sich die Zielsetzungen der Organisation verändern, sprich, wenn ein Change-Prozess notwendig ist. In der Sanierung ist der Anspruch an die Veränderung der Ziele besonders groß. Das bisherige Zielsystem hat sich als nicht erfolgreich erwiesen, ein neues muss an seine Stelle treten. Dies erfordert eine besonders intensive Beeinflussung. Die Anforderungen an die Unternehmensführung steigen.

Der Wandelprozess in der Sanierung muss nicht zwingend von der Unternehmensleitung geführt werden. Allerdings hat die Identifikation der Unternehmensführung mit dem Change Management eine enorme symbolische Bedeutung für das Gelingen des Change-Prozesses. Aus diesem Grund kann ein umfassendes Change Management innerhalb einer Sanierung niemals vollkommen delegiert werden, mindestens muss der Unternehmensleiter seine Rolle als Auftraggeber des Sanierungsprojekts voll ausfüllen und sich zu dem Projekt in der Unternehmensöffentlichkeit bekennen. Ein Versäumnis wäre angesichts der enormen Bedeutung einer Sanierung fahrlässig. Auf der anderen Seite wäre es falsch, wenn sich die Führung des Change-Prozesses auf die strategische Führung beschränkt. Viel mehr kann es an verschiedenen Stellen der Organisation sogenannte Change Agents geben, die den Prozess des Wandels begleiten und in der Organisation propagieren. Change Agents sind Einzelpersonen, die auf verschiedenen Hierarchieebenen in der Organisation angesiedelt sein können, die aber auch externe Berater oder Interimsmanager, die auf Sanierung oder Teilaspekte des Sanierungsprojekts spezialisiert sind, sein können. Change Agents haben eine Vision von der Zukunft des Unternehmens, die von anderen noch nicht wahrgenommen wurde. Sie können die Mitarbeiter motivieren und so den Wandel implementieren (vgl. Robbins und Judge 2013, S. 614).

Naturgemäß geht der erste Blick bei der Suche nach Change Agents direkt an die Unternehmensleitung. Hier ist das Change Management richtig angesiedelt, insbesondere im Falle der Sanierung. Nur die Unternehmensleitung verfügt über den Zugriff auf die notwendigen Ressourcen, hat die Autorität, alle notwendigen Entscheidungen zu treffen und ist befugt, mit externen Stakeholdern zu verhandeln, um Konditionen im Sanierungsprojekt auszuhandeln, die auf die veränderten Umstände reagieren. Ein Unternehmensleiter, der merkt, dass er nicht in der Lage ist, die Rolle des Anführers in der Sanierung auszufüllen, tut allerdings gut daran, die Aufgabe zu delegieren. Den allgemein als „richtig" zu bezeichnenden Führungsstil gibt es nicht. Führung muss zur Situation, zu den Umständen und zur Organisation passen, um erfolgreich zu sein. Es ist empirisch belegt, dass gute Unternehmensführer in der Lage sind, ihren Führungsstil auf die jeweiligen Umstände anzupassen (vgl. Goleman 2000, S. 78 ff.). Grundsätzlich kann man zwei Arten von erfolgreicher Unternehmensführung unterscheiden:

1. Charismatische Führer: Das Konzept des Charismas geht auf den deutschen Gelehrten Max Weber (1864–1920) zurück. Er stellte die charismatische Führung neben die traditionale und rationale Herrschaftsform. Die charismatische Herrschaft beruht auf den außeralltäglichen Fähigkeiten eines Individuums, zum Beispiel durch Wunder im religiösen Kontext oder eine besondere Ausstrahlung im wirtschaftlichen oder politischen

Kontext. Übertragen auf die Unternehmensebene wurde die Charismatic Leadership Theory von House (vgl. Conger und Kanungo 1998). In empirischen Untersuchungen wurde versucht herauszufinden, welche Eigenschaften charismatischen Führern zugeschrieben werden (vgl. Conger und Kanungo 1998, S. 94): Sie haben eine Vision von der Zukunft des Unternehmens und sind auch in der Lage, diese verständlich an andere zu kommunizieren. Sie sind bereit, ein großes persönliches Risiko einzugehen und auch hohe Kosten (in Form persönlichen Einsatzes) auf sich zu nehmen, um die Vision verwirklichen zu können. Dies ist gepaart mit einer Sensibilität gegenüber den Bedürfnissen von anderen, die sie im Change Management Prozess brauchen, um erfolgreich zu sein. Sie fallen auch dadurch auf, dass sie bereit sind, neue Verhaltensweisen zu übernehmen, die gegen hergebrachte Normen verstoßen. Charisma ist angeboren, kann aber auch gelernt werden (vgl. Robinson und Judge 2013, S. 414; Towler 2003, S. 363 ff.). Empirische Untersuchungen zeigen, dass Unternehmen mit Führern, die charismatische Züge tragen, erfolgreicher sind als andere. Besonders erfolgreich können charismatische Führer dann agieren, wenn sie in einer Umwelt mit hoher Unsicherheit agieren und besonderer Stress vorherrscht (vgl. House 1977, S. 189 ff.). Dies ist in Sanierungsprojekten regelmäßig der Fall, weil die Konsequenz des Scheiterns existenzbedrohend wäre. Als Beispiel eines charismatischen Führers in der Sanierung kann der legendäre Apple-Gründer Steve Jobs genannt werden. Im Jahr 1997, innerhalb einer schweren Unternehmenskrise, wurde er zurückgeholt und brachte eine neue Richtung in das Unternehmen zurück, sodass Apple heute als wertvollstes Unternehmen der Welt gilt. Negativ anzumerken ist, dass Charisma häufig mit narzisstischen Charakterzugen verknüpft ist. Krankhafter Narzissmus kann selbst bei nur einer einzelnen Führungsperson dazu führen, dass die ganze Organisation in Schwierigkeiten kommt (vgl. Goldmann 2009, S. 40).

2. Transformationale (oder instrumentale) Führung: Hier steht mehr die Gestaltung und Steuerung von Systemen und Prozessen im Mittelpunkt der Führung. Die Idee der transformationalen Führung ist, dass der Führer das Verhalten seiner Mitarbeiter verändert (transformiert). Ziel der Transformation ist es, ein höheres Leistungsniveau zu erreichen. Folgende Charakteristika prägen den transformationalen Führer (vgl. Robbins und Judge 2013, S. 417):

- Er hat einen idealisierenden Einfluss auf seine Mitarbeiter, indem er eine klare Vision hat.
- Er bringt Stolz in die Organisation und erntet dadurch Vertrauen und Respekt.
- Er kommuniziert hohe Erwartungen und schafft es, komplexe Sachverhalte einfach auszudrücken.
- Im Gegensatz zum charismatischen Führer setzt er auf rationale Entscheidungsfindung und sehr sorgfältige Problemlösung.
- Er geht auf die individuellen Bedürfnisse seiner Mitarbeiter ein und fungiert als Coach mit individueller Herangehensweise für jeden seiner Mitarbeiter.

Transformationale Führung kann genauso wie charismatische Führung trainiert werden. Empirische Studien zeigen, dass transformationale Führung zu Erfolgen führt und insbesondere auch dazu führt, dass Mitarbeiter in Organisationen kreativer werden (vgl. Gong et al. 2009, S. 765 ff.).

Beide Führungsstile können also erfolgreich wirken und zeigen auch insbesondere in Sanierungssituationen positive Ergebnisse (vgl. Dörr 2008, S. 2). Welche strategische Rolle zielführender ist, hängt von den spezifischen Umständen und den Gegebenheiten der Organisation ab. Für ein Sanierungsprojekt kann es sinnvoll sein, den strategischen Führungsstil, der vor der Krise herrschte, bewusst zu ändern. Da sich eine Persönlichkeit aber nicht vollständig verändern kann, kann dies nur über ein Auswechseln des Projektverantwortlichen gelingen. Ein Wechsel in der strategischen Führung kann also ein wichtiges symbolisches Startsignal sein.

Erfolgsversprechend ist das charismatische Management insbesondere am Anfang des Sanierungsprojekts. Charismatische Führungspersönlichkeiten können es schaffen, ihre Mitarbeiter mitzureißen und zu begeistern.

Change Agent ist in jedem Falle auch das mittlere Management. Das mittlere Management spielt in allen Unternehmen eine wichtige Rolle: Sie übersetzen die Strategie, die vom Top-Management vorgegeben worden ist, in konkretes Unternehmenshandeln. Sie haben in der Regel die Mehrzahl der direkten Kundenkontakte. Außerdem sind sie diejenigen, die mit allen Mitarbeitern kommunizieren und damit die Unternehmenskultur ganz wesentlich prägen. Für das Sanierungsprojekt besonders bedeutend ist der Prozess, wie strategische Vorgaben in den operativen Alltag übersetzt werden. Außerdem wird die Strategie auf sich ändernde Rahmenbedingungen durch das mittlere Management angepasst. Nicht bei jeder graduellen Veränderung der Umwelt wird ein neuer Strategiefindungsprozess in Gang gesetzt. Vielmehr wird die einmal eingeschlagene Strategie so weiterentwickelt, dass sie auf die veränderten Rahmenbedingungen passt. Gerade die Sanierung ist in der Regel mit sehr starker Volatilität verbunden. Diese wird zwangsläufig durch das mittlere Management aufgefangen.

Eine weitere wichtige Rolle ist die Beratung des Tops-Managements. Aufgrund der Aufgaben des mittleren Managements und den vielen Kunden- und Mitarbeiterkontakten ist das mittlere Management von besonderer Bedeutung bei der Strategieentwicklung. Voraussetzung ist allerdings, dass diese Ebene im Rahmen einer Bottom-up-Strategieentwicklung auch von der Leitungsebene gefragt wird.

Für die Stimmung in der Sanierung ist das mittlere Management ebenfalls wichtig, weil es eine wichtige Rolle spielt oder wie Caye et al. (2010) es ausgedrückt haben, eine Mittlerrolle zwischen „the vision at the top and the pain at the bottom“ haben.

Neben den internen Personenkreisen, die für das Unternehmen Verantwortung tragen, können aber auch Externe eine wichtige Rolle spielen und als Change Agent den Prozess wesentlich mitprägen. Ein neuer Unternehmensleiter von außen kann insbesondere dann hilfreich sein, wenn der für die Sanierung erfolgreiche Wandel allumfassend ist. Wenn sich das Unternehmen neu erfinden muss, weil die bisherige operative und strategische Linie nicht erfolgreich war, lässt sich dies durch einen Führungswechsel auch symbolisch gut untermauern. Diese Lösung verlangt gerade im Mittelstand, in dem die Einheit von Eigentum und Führung gegeben ist, eine hohe Bereitschaft bei den Eigentümern, den Wandel auch wirklich zu wollen. Gerade im eignergeführten Mittelstand wird diese Lösung zumeist erst dann in Betracht gezogen, wenn die Lage bereits verzweifelt ist. Mangelndes Vertrauen der nicht in die Unternehmensleitung involvierten Eigentümer ist vielfach der Auslöser für einen Managementwechsel in der Krise. Durch die sich verstärkende Krise hat das bislang amtierende Management gezeigt, dass es nicht in der Lage war, das Unternehmen im Sinne der Eigentümer zu führen. Aus diesem Grund wird es jetzt ausgewechselt. Neben dem symbolischen Effekt bringt ein neues Management auch neue Sichtweisen und Erfahrungen mit. Dadurch, dass ein von außen kommendes Management nicht über tiefe persönliche Bindungen im Unternehmen verfügt, tut es sich in der Regel auch leichter damit, „alte Zöpfe" abzuschneiden, insbesondere auch mit der Entlassung von Mitarbeitern, um die Personalkosten nach unten zu bekommen. Hinderlich für von außen kommende Manager ist es, insbesondere vor dem Hintergrund des mit einer Sanierung verbundenen Zeitdrucks, dass sie noch nicht über hinreichende Informationen über das Unternehmen verfügen und damit nicht über die genauen Ansatzpunkte für eine Sanierung informiert sind. Aufgrund der knappen Zeit kann es daher passieren, dass die falschen Ansatzpunkte gewählt werden. Allerdings tut sich mit dieser Maßnahme insbesondere der Eigentümer-Unternehmer schwer, weil es ein Zeichen des eigenen Scheiterns ist.

Ein mittleres Management von außen kann ebenfalls zum Change Agent werden. Dies ist dann wichtig, wenn die Analyse der Situation ergeben hat, dass es an Fachkenntnissen in bestimmten Bereichen fehlt und dies ein Grund für die krisenhafte Situation des Unternehmens ist. Häufig kommt diese Erkenntnis in den kaufmännischen Bereichen des Unternehmens zum Tragen und es wird ein Leiter Finanzen/Rechnungswesen/Controlling von außen hinzugeholt. Dieser wird dann eingesetzt, um die notwendigen finanziellen Sanierungsschritte einzuleiten und gleichzeitig ein Controlling-System aufzubauen, das die notwendigen Steuerungsinformationen liefert. Der Einsatz von außen kommender mittlerer Manager als Change Agents kann nur dann erfolgreich sein, wenn diese über ausreichende Unterstützung vom Top-Management verfügen. Diese Unterstützung muss sich dabei sowohl auf die Informationsbeschaffung innerhalb der Organisation beziehen als auch die Rückendeckung bei unpopulären Entscheidungen umfassen.

Berater sind ebenfalls als Change Agent einsetzbar. Sie haben einerseits Aufgaben als Experten für Bereiche, die das Unternehmen nicht mit eigenen Kräften abdecken kann. Außerdem können sie als neutrale Moderatoren oder Projektmitarbeiter mit neuen nicht durch „Betriebsblindheit" verfälschten Ideen eingesetzt werden. Berater können auch so eingesetzt werden, dass sie Kapazitätsprobleme lösen. Die Erstellung und Umsetzung eines Sanierungskonzepts erfordert den Einsatz erheblicher Zeitreserven. Gerade in Krisenzeiten darf aber das reguläre Tagesgeschäft nicht vergessen werden, weil eine Vernachlässigung die Krise wahrscheinlich noch verstärken würde. Zu den am meisten verbreiteten Aufgaben, die Unternehmensberater innerhalb einer

Sanierung übernehmen, gehört die Problemanalyse und die Konzeptentwicklung für geänderte Unternehmenskonzepte.

Darüber hinaus symbolisieren Berater die Wichtigkeit des Projekts. Außerdem können sie in der Sanierung als Blitzableiter fungieren und Zorn über unpopuläre Entscheidungen auf sich ziehen. Diese Funktion wird häufig Beratungsunternehmen zugewiesen. Damit erreicht die Unternehmensleitung, dass es nach erfolgreicher Sanierung wieder zu einer vertrauensvollen und unbeeinflussten Zusammenarbeit zwischen Belegschaft und Unternehmensleitung kommt. Problem an dem Einsatz von Beratern ist, dass sie Honorare kosten, die auch erheblich werden können (vgl. Johnson et al. 2011, S. 653). Diese Kosten kann sich das Unternehmen insbesondere in der Phase der Sanierung häufig nicht leisten. Das Problem ist, dass die Beratungshonorare (zumindest theoretisch) mit der Erfahrung und Expertise des Beraters auf dem Gebiet der Sanierung korrelieren. Ein guter Berater, der auch in schwierigen Fällen helfen kann, kostet viel. Ein schlechterer Berater, der auch von einem schwer in der Krise stehenden Unternehmen finanziert werden kann, hilft nicht viel. Umgekehrt sieht die Situation für den angefragten Berater aus: Das Risiko, kein Honorar zu erhalten, weil das beratene Unternehmen in die Insolvenz rutscht, wächst mit dem Ausmaß der finanziellen Krise des Unternehmens. Problematisch ist, dass die Berufsbezeichnung „Unternehmensberater" in Deutschland rechtlich nicht geschützt ist. Eine Möglichkeit, sich vor schwarzen Schafen zu schützen, ist die Recherche in der Beraterdatenbank des Bundesverbandes Deutscher Unternehmensberater (BDU). Die Berater, die Mitglied dieser Standesorganisation sind, haben sich bestimmten Grundsätzen verpflichtet, zu denen unter anderem die angemessene Preisbildung gehört. Darüber hinaus wird durch den Nachweis einer mindestens fünfjährigen Berufserfahrung und dreier Mandatsreferenzen auch ein gewisser Qualitätsnachweis erbracht (vgl. Portisch 2014, S. 188 f.).

Neben klassischen Unternehmensberatern können in der Sanierungsphase auch Interimsmanager eingesetzt werden. Diese übernehmen wie ein fest angestellter Manager eine Rolle, die sie aber nur auf Zeit bekleiden. Grund für ihren Einsatz ist häufig, dass im regulären Management die Kompetenzen für eine Sanierung nicht vorhanden sind und es in der Krisenlage aufgrund von Zeit- und Finanzrestriktionen nicht möglich ist, einen neuen Manager fest einzustellen. Der Unterschied zur Beratung liegt hier in einer näheren Anbindung an das mandatierende Unternehmen. Deshalb hat sich für Interimsmanager in

Sanierungsprojekten auch der Begriff des Chief Restructuring Officers eingebürgert, der diese größere Nähe sehr schön zum Ausdruck bringt (vgl. Kaufmann 2014, S. 441). Aus Sicht des beauftragenden Unternehmens ist es aber weiterhin wichtig, den Interimsmanager wie einen Dienstleister zu beaufsichtigen, zum Beispiel mit regelmäßigen Projektsitzungen und Fortschrittskontrollen mit der Unternehmensleitung. Ansonsten kann der Dienstleister eine Machtposition aufbauen, die seiner Rolle nicht gerecht ist.

Entscheidend bei jeder Sanierungsbeteiligung von Externen ist es, dass eine Überleitung auf interne Mitarbeiter stattfindet, damit der Projekterfolg dauerhaft im Unternehmen verbleibt. Sowohl mit Beratern als auch mit Interimsmanagern muss dieses Vorgehen so schnell wie möglich besprochen werden, um keinen Effizienzverlust zu erleiden.

Unabhängig davon, welche Person als Change Agent eingesetzt wird, gibt es verschiedene denkbare Managementstile, die in der Change-Phase eingesetzt werden können (vgl. Johnson et al. 2011, S. 653 ff.). Ein generelles „richtig" oder „falsch" für Managementstile gibt es dabei nicht. Der gewählte Managementstil muss vielmehr angemessen für die Situation und Gegebenheiten sein. Als Managementstile für den strategischen Wandel können unterschieden werden:

- Überzeugung: Man versucht, die Mitarbeiter von der Richtigkeit der eingeleiteten Maßnahmen zu überzeugen. Argumente und neue Informationen sollen die Gewissheit geben, dass die neue Richtung erfolgreicher sein wird als die bisherige Strategie. Dieser Managementstil ist immer dann angemessen, wenn die bisherige Strategie auf falschen oder veralteten Informationen beruht. Allerdings erfordert Überzeugung Zeit, die nicht in jedem Sanierungsfall vorhanden ist. Kritisch ist ebenfalls die Annahme, dass man eingefahrene Verhaltensweisen aufbrechen kann, indem man neue Argumente bringt. Kann man die Mitarbeiter von der neuen Verfahrensweise überzeugen, ist deren Identifikation mit der neuen Strategie jedoch meist sehr hoch.
- Partizipation: Im partizipativen Managementstil werden die Mitarbeiter bei der Strategieveränderung einbezogen. Zum Beispiel nehmen die Mitarbeiter an Workshops zur Strategieentwicklung teil, entwickeln Aktionspläne oder legen Prioritäten fest. Die Partizipation wird allgemein als ein wichtiger Erfolgsfaktor für das Change Management angesehen. Grundlage sind

dazu die Studien von Lewin zur sogenannten Speiseabscheu. Diese Studie befasste sich mit Hausfrauen, die einen Ekel vor untypischen Speisen wie Innereien hatten, die aber die Ernährungssituation unmittelbar nach dem Zweiten Weltkrieg deutlich verbessert hätten. In einem Experiment lies Lewin in einer Gruppe Schulungen über den Nährwert und andere Vorteile von Innereien in Form von Frontalvorträgen stattfinden. In einer zweiten Gruppe wurden Hausfrauen dahingegen aufgefordert, selbst einen Maßnahmenplan gegen den Ekel gegenüber Innereien zu entwickeln. In dieser zweiten Gruppe konnte der Widerstand gegen die Verarbeitung von Innereien deutlich reduziert werden (vgl. Steinmann und Schreyögg 2002, S. 453). Auch in anderen empirischen Untersuchungen konnte nachgewiesen werden, dass Partizipation den Erfolg von Change-Prozessen erhöht (vgl. zum Beispiel Collier et al. 2004, S. 67 ff.). Ein Grund hierfür ist sicherlich, dass die Mitarbeiter durch ihre direkte Beteiligung an dem Projekt gezwungen werden, sich mit den Zielen des Projekts auseinanderzusetzen. Sie bekommen einen Einblick in die tatsächliche Problemlage des Unternehmens und erkennen die Veränderungsnotwendigkeit, was zu einer Reduktion der Widerstände führt (vgl. Schauf und Glass 2012). Das Problem der Partizipation ist wiederum der Zeitbedarf, der naturgemäß durch eine angemessene Berücksichtigung der Mitarbeiter entsteht und der häufig im Rahmen einer Sanierung nicht verfügbar ist. Außerdem sind alle Lösungsvorschläge der Mitarbeiter naturgemäß durch die bisherige Unternehmenskultur und die eingeübten Verhaltensweisen gefärbt. Ein Aufbrechen bisheriger Routinen ist außerordentlich schwierig. Aus diesem Grund lehnen einige Autoren es immer dann ab, partizipativ den Wandel einzuleiten, wenn der Wandel radikal sein soll (vgl. Dunphy und Stace 1988, S. 334 ff.), was bei einer Sanierung regelmäßig der Fall sein wird.

- Intervention: Intervention stellt eine mildere Form der Partizipation dar, die insbesondere in einer noch nicht akut gewordenen Krise anwendbar ist. Die Gesamtverantwortung und auch die Durchsetzung der Wandelprozesse liegt beim Change Agent. Bestimmte abgegrenzte Aufgabenstellungen werden aber an Gruppen von Mitarbeitern delegiert. Dies kann zum Beispiel die Sanierung eines Teilbereichs sein, dessen Wandel nicht so zeitkritisch ist oder es kann die Informationssammlung im Vorfeld der Umsetzung des Sanierungskonzepts sein. Letzteres hätte den Vorteil, dass auch Informationen, die nicht allgemein verfügbar sind, aber bei den

Mitarbeitern aufgrund ihrer Kundenkontakte oder besonders guten Prozesskenntnisse vorhanden sind, berücksichtigt werden. In dem Ansatz der Intervention können dann auch Teile der Umsetzung an die Mitarbeiter delegiert werden. Damit werden in diesem Ansatz die Vorteile der Partizipation teilweise genutzt. Das Argument des hohen Zeitbedarfs wird entkräftet, weil die Mitarbeiterbeteiligung lediglich dosiert eingesetzt wird.

- Anweisung: Dies ist die Ausprägung eines stark top-down-geprägten Managementansatzes. Der Change Agent setzt seine Autorität ein und fordert seinen Mitarbeiter zur Umsetzung des geänderten Prozesses auf. Vorteile dieses Ansatzes sind die Klarheit der Anweisungen, die nicht zu Unstimmigkeiten aufgrund von widersprüchlichen Aussagen führen kann, und die erhebliche Zeitersparnis. Es wird auf Abstimmungsprozesse bewusst verzichtet, womit gleichzeitig die potenziellen Vorteile der Partizipation ausgeschlossen werden.
- Zwang: Zwang ist die extremste Form der Anweisung. Es ist die bewusste Verwendung von Macht zur Durchsetzung von Zielen. Dies kann in einer besonders schweren Krise durchaus das einzige angemessene Mittel sein, weil die Zeit knapp ist. Voraussetzung, Wandel durch Zwang überhaupt umsetzen zu können, ist das Vorhandensein entsprechender Macht beim Management. Es kann passieren, dass durch formelle (zum Beispiel Zustimmungsrechte des Aufsichtsrats oder des Betriebsrats) oder informelle (Obstruktion durch Mitarbeiter, die an wichtigen Schalthebeln sitzen) Widerstände es gar nicht gelingen kann, den Veränderungsprozess durchzusetzen. Ein Druckmittel, das häufiger eingesetzt wird, ist der Verlust des Arbeitsplatzes der gezwungenen Mitarbeiter. Dies ist naturgemäß ein außerordentlich wirkungsvolles Druckmittel. Zwang und die damit verbundene Angst können aber auch zu Blockaden und damit zu schlechten Leistungen von Mitarbeitern im Tagesgeschäft führen, was die Krise durch Fehler und unzufriedene Kunden noch verstärken kann. Der Verlust an Motivation bei den Mitarbeitern ist bei diesem Führungsstil am größten, zeitliche Verzögerungen sind dahingegen am geringsten. Der Schwenk zu einer vertrauensvollen Zusammenarbeit nach erfolgreichem Abschluss des Sanierungsprojekts ist aber außerordentlichen schwierig.

Wichtig ist, dass sich die Führungsstile nicht gegenseitig ausschließen. Es kann sinnvoll sein, in einigen besonders kritischen Bereichen der Sanierung mit Anweisung oder gar Zwang zu arbeiten. Andere Bereiche können im gleichen Sanierungsprojekt aber sehr wohl mit Hilfe von Partizipation reformiert werden. Die Wahl des angemessenen Führungsstils ist auch von der bisher gepflegten Unternehmenskultur abhängig. In einer bisher sehr stark partizipativ aufgestellten Organisation kann ein autoritärer Führungsstil hilfreich sein, um den Ernst der Lage deutlich zu machen. Umgekehrt wäre eine stärkere Einbeziehung der Mitarbeiter in einer bislang autoritär geführten Organisation vermutlich kontraproduktiv, weil die Mitarbeiter zunächst einmal lernen müssten, wie sie mit der neuen Aufmerksamkeit und den sich bietenden Möglichkeiten umgehen müssten. Sinnvoll ist es, den Managementstil in verschiedenen Phasen des Projekts zu wechseln. Gerade am Anfang des Sanierungsprojekts kann Anweisung oder gar Zwang notwendig sein, um die unbedingt notwendigen Veränderungen zügig auf den Weg zu bringen. Im weiteren Verlauf des Projekts, idealerweise einhergehend mit einer Verbesserung der wirtschaftlichen Situation des Unternehmens, kann sich der Stil lockern und eine partizipative Herangehensweise sinnvoll werden. Dies hat auch den Nutzen, dass dann für eine Rückkehr zum normalen Geschäftsalltag ein stärker motivierender Führungsstil angewendet werden kann.

Entgegen der normalerweise geäußerten Zurückhaltung gegenüber autoritären Führungsstilen stellt man bei Not leidenden Unternehmen durchaus fest, dass partizipative Methoden nicht immer hilfreich sind. Diesen Mut muss ein Unternehmensführer in der Krise zeigen, auch wenn es gegen den Zeitgeist und bisherige Praxis verstößt. In der Sanierung kann es gute Gründe für einen solchen Ansatz geben (vgl. Dainty und Kakabadse 1990, S. 469).

Der Einforderung von Wandel durch autoritäre Methoden, also Anweisung und Zwang, steht entgegen, dass dies immer seltener von Mitarbeitern akzeptiert wird. Autoritäre Managementmethoden finden immer weniger Akzeptanz aufgrund des allgemeinen Wertewandels in der Gesellschaft. Verstärkt wird dieser Trend durch den Fachkräftemangel und den demografischen Wandel (vgl. Schauf 2015, S. 295). Da im Rahmen einer Sanierung dieser Managementstil nicht vollkommen vermeidbar ist, muss man damit rechnen, dass man Mitarbeiter durch Kündigung verliert. Dabei entsteht das Problem, dass diejenigen das Unternehmen verlassen, die gut eine andere Beschäftigung finden. Dies sind normalerweise die Mitarbeiter, die gut sind und die man gern an sein Unternehmen auch langfristig binden würde.

3.3.4 Widerstände gegen das Sanierungsmanagement

Retardierende Kräfte sind in jedem Change Management Prozess vorhanden. Es ist ein wichtiger Faktor innerhalb des Managements des Wandels, diesen Kräften entgegenzuwirken. Widerstände können dazu führen, dass wertvolle Zeit verloren geht, was den Sanierungserfolg insgesamt infrage stellt. Zu beachten ist, dass Widerstände nicht zwingend immer offen auftreten müssen, sondern auch verdeckt entstehen können. Verdeckte Widerstände äußern sich beispielsweise in Dienst nach Vorschrift bzw. in erhöhten Krankenständen (vgl. Dillerup und Stoi 2013, S. 691). Tab. 3.1 stellt beispielhaft verschiedene Formen des offenen und verdeckten Widerstands dar. Ein weiterer Faktor ist unbewusster Widerstand (vgl. O'Connor 1993, S. 32) als retardierende Kraft. Es gibt Mitarbeiter, die aufgrund von tief sitzenden, eingefahrenen Verhaltensweisen ihr Handeln nicht ändern. Dies nehmen sie aber gar nicht als Störung des Prozesses des Wandels wahr. Sie handeln in guter Absicht und bemerken nicht, dass sie das Gelingen des Sanierungsprojekts gefährden.

Wandel erzeugt allein deshalb Widerstände, weil es Veränderungen gibt. Abläufe, die bisher ohne Probleme von Mitarbeitern durchgeführt werden konnten, müssen neu erlernt werden. Dies bedeutet Mühe und Verunsicherung. Die Verunsicherung besteht auch darin, dass die Menschen nicht wissen, ob sie den geänderten Ansprüchen gerecht werden können. Dies wird verstärkt in Fällen, in denen das Management nicht auf eine Krise reagiert und sein Handeln nicht richtig erklären kann (vgl. Cacaci 2006, S. 62). Veränderungen bedeuten immer eine unbekannte Zukunft, weil die Konsequenzen nicht bekannt sind. Auch dies verstärkt wiederum die Verunsicherung bei

Tab. 3.1 Offene und Verdeckte Widerstände gegen den Wandel. (Eigene Erstellung, in Anlehnung an Recardo 1995, S. 8)

Offene Widerstände	Verdeckte Widerstände
Sabotage	reduzierte Leistungsbereitschaft
verbale Attacken	Zurückhalten von Informationen, die für die Sanierung bedeutend wären
Aufwiegeln von anderen Mitarbeitern	übertriebenes Verlangen von, eigentlich nicht notwendigen Informationen
	Gründung von Arbeitskreisen, Komitees
	erhöhter Krankenstand

den Mitarbeitern und kann zu Widerständen führen. Zusammenfassend kann festgehalten werden, dass Veränderungen nicht dem menschlichen Bedürfnis nach Stabilität und Kontinuität entsprechen (s. Tab. 3.1).

Ein weiterer Faktor, der Unsicherheit verstärkt, ist, dass Gruppen von Mitarbeitern, die bislang gut und eng zusammengearbeitet haben, durch Veränderungsprozesse getrennt werden. So kann es im Zuge einer Sanierung zu Entlassungen kommen, die dazu führen, dass Menschen die soziale Gruppe, der sie bisher angehörten, komplett verlassen. Durch Restrukturierungen können Gruppen getrennt und neu zusammengesetzt werden. Solche Prozesse führen zu Stress und Abwehrreaktionen. Aus informellen Gruppen, die eng miteinander verbundene Arbeitsplätze haben, werden verschworene Gemeinschaften, die durch den Austausch von Informationen und gemeinsame Abwehrmaßnahmen versuchen, ihren Zusammenhalt zu schützen. Dies führt meistens dazu, dass sich die Gruppe nur noch um sich selbst kümmert, ohne das eigentliche Tagesgeschäft fortzuführen. Außerdem entsteht ein sich selbst verstärkender Prozess der Ablehnung, der zu Demotivation bis hin zu offenem Widerstand führt. Je größer die vor der Sanierung vorhandenen sozialen Bindungen in der Gruppe waren, desto stärker werden die Widerstände gegen den Wandel durch Sanierung sein.

Zeichen des Widerstands sind hohe Fehlerquoten, ein Anstieg des Krankenstands über langjährige Erfahrungswerte und saisonale Normwerte hinaus, eine sinkende Leistungsbereitschaft, die sich in Ablehnung von Überstunden und anderen Formen von überdurchschnittlichem Engagement äußert. Gerade diese besondere Leistungsbereitschaft ist aber notwendig, um eine Sanierung nachhaltig zum Erfolg zu bringen.

Der Grund für diese Art der Widerstände ist häufig, dass der Sanierungsprozess den Mitarbeitern zu sehr von der rationalen Seite erklärt wird. Für die Mitarbeiter ist es aber eine Angst einflößende Situation, die entsteht. Insofern herrschen Angst, Stress und andere Emotionen in der Belegschaft. Auf diese Emotionen muss die Unternehmensleitung reagieren bzw. sie am besten von Anfang an berücksichtigen und versuchen, so weit wie möglich zu vermeiden. Die Identifikation der mit dem Wandel verbundenen Emotionen ist daher eine der wichtigsten Führungsaufgaben des Unternehmens. In der Organisationstheorie wird ein achtstufiges Modell der emotionalen Reaktion auf Veränderungen diskutiert (vgl. Dillerup und Stoi 2013, S. 692 ff.), das auch in einer

Krisensituation berücksichtigt werden muss, um erfolgreich mit den Mitarbeitern den Sanierungserfolg anzustreben:

1. Status quo: Der Ausgangspunkt des Change Managements trifft normalerweise auf einen stabilen Zustand, in dem die Mitarbeiter ausgeglichen sind. In einer Krise kann dem Change Management in die Hände spielen, dass eine starke Notwendigkeit eines Wandels bereits bemerkt wird, weil die Ergebnisse oder die Auftragseingänge nicht mehr dem früheren Niveau entsprechen und folglich ein Verlangen nach einem Wandel bereits in der Organisation vorhanden ist.
2. Schock: Die Veränderung wird zunächst als negativ empfunden. Es entstehen Ängste, Verwirrung und Unsicherheit. Eine häufige Reaktion in dieser Phase ist eine Lähmung mit direkter Auswirkung auf das Tagesgeschäft, das nicht mehr mit der notwendigen Intensität betrieben wird. Die Mitarbeiter haben Angst davor, dass sie die kommenden Veränderungen nicht beherrschen können. Die Angst ist zu diesem Zeitpunkt häufig diffus (vgl. Hoffmann und Lang 2008, S. 133).
3. Verweigerung: Die Veränderungen werden als inakzeptabel angesehen. Als Reaktion verfestigen sich die alten Verhaltensmuster. Das Ziel der Veränderung und die damit verbundenen Hoffnungen auf eine erfolgreichere Zukunft des Unternehmens werden verleugnet.
4. Wut: Die Mitarbeiter sind frustriert darüber, dass sie den Wandel nicht aufhalten können. Es kommt zu verstärkten Aktivitäten. Sie versuchen die Kontrolle über die Prozesse zu erlangen, um doch noch die Veränderung aufhalten zu können.
5. Verhandlung: Die Mitarbeiter versuchen, die Auswirkungen der Veränderungen auf sich selbst so gering wie möglich zu halten. Dazu passen sie sich an und versuchen Workarounds zu finden, um sich selbst so weit wie möglich wie früher verhalten zu können. Eine besondere Rolle spielen dabei sogenannte Copingstrategien. Dieser Begriff ist aus der medizinischen Wissenschaft entlehnt und stammt vom englischen Verb „to cope with", etwas verkraften oder bewältigen. In der Medizin bezeichnet der Begriff Strategien, mit denen Patienten versuchen, Therapien formal zu erfüllen, auch wenn sie inhaltlich dagegen verstoßen. So wäre die Beschränkung des Kaffeekonsums auf eine Tasse täglich dadurch auszuhebeln, dass der Patient eine größere Tasse kauft. Bezogen auf einen Change

Management Prozess kann man sich vorstellen, dass der Mitarbeiter zwar eine Reduktion seines Gehalts akzeptiert, dies aber dadurch ausgleicht, dass er entsprechend früher nach Hause geht oder anderen, privaten Aktivitäten in seiner Arbeitszeit nachgeht. Für den Change Management Prozess birgt diese Phase die Gefahr der vollkommenen Demontage des Projekts, weil alle Ergebnisse und Festlegungen infrage stehen. Vor allem können Mitarbeiter in dieser Phase auch durch besonderen Arbeitseinsatz das Projekt insgesamt infrage stellen. Warum ist überhaupt ein veränderter Prozess notwendig, wenn man durch erhöhten Arbeitseinsatz zeigen kann, dass man auch mit dem alten Prozess hervorragende Leistungen bringen kann, die höher sind als früher (vgl. Roth 2000, S. 13)?

6. Depression: Die Mitarbeiter erkennen das Ausmaß der Veränderung, das sie nicht verhindern konnten. Sie fühlen sich machtlos, was durch die Durchsetzung von geänderten Prozessen und Organisationsstrukturen gegen ihren Widerstand begründet werden kann. Die natürliche Reaktion auf diese negativ empfundenen Veränderungen ist Passivität.
7. Test: In dieser Phase beginnen die Mitarbeiter, sich mit dem neuen System zu arrangieren. Sie probieren aus, welche Möglichkeiten sie in den veränderten Strukturen haben. Sie versuchen, die Kontrolle über die sie unmittelbar betreffenden Prozesse wieder zurück zu erhalten und sich wieder neue persönliche Ziele zu setzen, die sie unter den neuen Randumständen auch realistisch erfüllen können.
8. Akzeptanz: Die Mitarbeiter haben ihren Frieden mit den neuen Umständen gefunden. Dies darf man allerdings nicht mit Begeisterung für die Restrukturierung verwechseln. Häufig findet man auch nach erfolgreichem Abschluss eines Veränderungsprozesses in Organisationen viele Flurgespräche über die „gute alte Zeit". Dies ist ein Hinweis darauf, dass die neuen Prozesse zwar internalisiert worden sind, aber emotional noch immer Widerstand herrscht. Es bildet sich erst allmählich ein neuer emotional stabiler Status quo.

Abb. 3.4 veranschaulicht das Auf und Ab der emotionalen Empfindungen bei Mitarbeitern, die sich Veränderungen ausgesetzt sehen. Daneben werden insbesondere die Auswirkungen der emotionalen Veränderungen auf die berufliche Aktivität als Mitarbeiter visualisiert. Aus den obigen Ausführungen geht hervor, dass verstärkte Aktivität nicht in jedem Falle eine positive Aktivität ist. Es kann auch negativ sein, wenn Mitarbeiter zu aktiv werden, um Veränderungen zu desavouieren.

Anhand Abb. 3.4 lässt sich das emotionale Auf und Ab gut erkennen. Das Management muss auf die verschiedenen Stimmungslagen mit unterschiedlichen Herangehensweisen reagieren. Erstes Gegenmittel ist eine umfassende Information und eine transparente Darstellung der Situation, also warum eine Sanierung mit eventuell harten Einschnitten notwendig ist. Im Idealfall entsteht dann eine Stimmung, in der auch Veränderungen, die den Einzelnen hart treffen, als positiv angesehen werden, weil darin ein Ausweg aus einer wirtschaftlich schwierigen Krise gesehen wird, die sogar bis zur Insolvenz des Unternehmens führen könnte. Wenn diese Stimmung erzeugt werden kann, dann können negative Emotionen von Anfang an vermieden werden.

Anweisung und Zwang sind insbesondere in den Phasen Schock, Verweigerung und Wut notwendig. Ein eher verständnisvolles Management sollte die Unternehmensleitung in den späteren Phasen der Sanierung an den Tag legen. Insbesondere, wenn es um die Akzeptanz geht, ist es sinnvoll, im Prozess mit

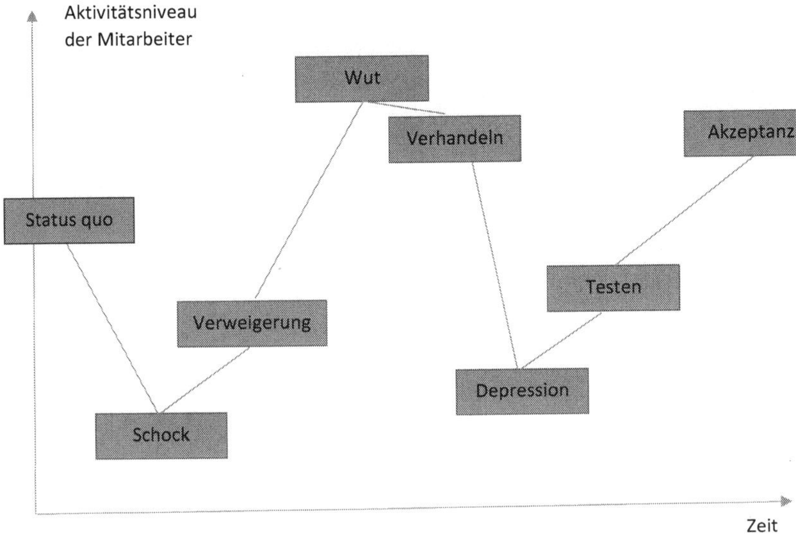

Abb. 3.4 Emotionale Reaktionen auf negativ empfundene Veränderungen. (Quelle: Eigene Erstellung in Anlehnung an Dillerup und Stoi 2013, S. 693, Conner Clements 1999, S. 40, Haiss 2001, S. 65)

Belobigungen und Auszeichnungen zu arbeiten, um die Akzeptanz bei den Mitarbeitern zu unterstützen.

In Organisationen kann es immer wieder vorkommen, dass einzelne Mitarbeiter den Prozess der Sanierung boykottieren und versuchen, weitere Mitarbeiter ins Boot zu holen. Damit können sie auch das Gelingen des gesamten Prozesses verhindern. Die Unternehmensleitung sollte in diesen Fällen immer versuchen, mit offenen und klaren Informationen gegenzusteuern. In der Kommunikation mit den Mitarbeitern ist es besonders wichtig, die Alternative, die in einer Existenzgefährdung des Unternehmens liegt, aufzuzeigen. Hierzu müssen insbesondere die Multiplikatoren in die Kommunikation einbezogen werden. Dies ist der Betriebsrat, also die gewählten Vertreter der Mitarbeiter. Diese müssen im gesetzlichen Rahmen sowieso informiert werden. Informationen darüber hinaus können aber sehr wohl sinnvoll sein, wenn dies dem Betriebsrat hilft, die Maßnahmen weiter in die Belegschaft zu kommunizieren. Daneben sollten bewusst die informellen Führer der Belegschaft angesprochen werden. Oftmals sind es nicht die hierarchisch herausgehobenen Mitarbeiter, die die Meinung ihrer Abteilungen prägen, sondern besonders engagierte oder beliebte Mitarbeiter. Diese können bei der Kommunikation für das Sanierungsmanagement sehr hilfreich sein.

Gelingt es nicht, alle Mitarbeiter hinter den Projektzielen zu versammeln, versuchen sich einzelne häufig durch besonders heftigen Widerstand zu profilieren. Diese Mitarbeiter sorgen dann auch für eine sehr negative Stimmung im Kollegenkreis. Um gravierende Probleme rechtzeitig abzuwenden, sollte sich die Projektleitung unterstützt von der Unternehmensleitung nicht davor scheuen, auch harte arbeitsrechtliche Maßnahmen (Ermahnung, Abmahnung bis hin zur Kündigung) zu ergreifen. Dies ist teilweise notig, damit nicht Einzelinteressen den Erfolg eines Projekts gefährden, was die Existenz des Unternehmens infrage stellen würde.

Eine weitere Reaktion ist Ambivalenz. Zwar erkennen die Mitarbeiter die Notwendigkeit einer Sanierung und begrüßen diese. Allerdings haben sie Furcht vor den konkret eingeleiteten Maßnahmen. Es ergeben sich unterschiedliche Reaktionen auf der kognitiven (Einsicht in die grundlegende Notwendigkeit einer Restrukturierung) und der emotionalen (Furcht vor einen selbst betreffenden Maßnahmen) (vgl. Heifetz und Laurie 1997, S. 59) Ebene. Für den Sanierungsmanager sind diese Personen schwer einzuschätzen, sie können sowohl retardierende als auch akzelerierende Kräfte aussenden. Der disziplinarische Umgang mit dieser Personengruppe ist schwierig. Dabei muss man im Einzelfall entscheiden, ob man sie verstärkt einbinden sollte, oder sie eher als problematisch einschätzen muss.

3.3.5 Kommunikation mit den Stakeholdern

Im Laufe einer Sanierung spielen verschiedene Akteure eine bedeutende Rolle. So können insbesondere externe Gläubiger entscheiden, ob eine Sanierung gelingt oder nicht. In anderen Fällen können Lieferanten oder Kunden durch ihr Verhalten das Gelingen der Sanierung mindestens mitbestimmen, wenn nicht sogar entscheiden. Die Gruppen, die von Handlungen des Unternehmens beeinflusst werden oder Handlungen des Unternehmens selbst direkt oder indirekt beeinflussen, nennt man Stakeholder (Freeman 1984, S. 46). Stakeholder kann man am besten mit „Anspruchsgruppe“ übersetzen, wobei der Begriff auch im deutschen Sprachgebrauch im englischen Original verwendet wird. Der Begriff leitet sich von dem englischen Wort „stake“, ein mit Risiko verbundener Einsatz, ab. Bei Stakeholdern unterscheidet man nach internen und externen Anspruchsgruppen. Bei den internen Stakeholdern handelt es sich um: Manager, Mitarbeiter, Eigenkapitalgeber, Aufsichtsrat und Betriebsrat. Bei den externen Stakeholdern kann man weiter differenzieren in diejenigen, die der Aufgabenumwelt des Unternehmens angehören. Dies sind Kunden, Lieferanten, die Konkurrenz und Kreditoren. Daneben spielen auch Stakeholder eine Rolle, die der weiteren Umwelt angehören. Dazu zählen der Staat, Nichtregierungsorganisationen als „Pressure Groups“, Medien und die breite Öffentlichkeit sowie Interessenvertretungen. Letztere Gruppe ist umso bedeutender, je größer das Unternehmen ist.

Stakeholder haben verschiedene Arten von Ansprüchen an das Unternehmen, die in der Sanierung teilweise verstärkt sind. Man kann implizite und explizite Ansprüche unterscheiden (vgl. Cornell und Shapiro 1987, S. 5 f.). Explizite Ansprüche sind klar benannt, es gibt eine rechtliche Grundlage, auf deren Basis sie eingefordert werden können. Dies können zum Beispiel Verträge (bei Kunden, Mitarbeitern, Lieferanten) oder Gesetze (zum Beispiel der Einbehalt von Steuern auf Grundlage der Steuergesetze) sein. Die Durchsetzung von impliziten Ansprüchen ist schwerer, weil sie nicht justiziabel sind. Sie beruhen auf ethisch-moralischen Vorstellungen. So hat der

Mitarbeiter den impliziten Anspruch auf eine gute Work-Life-Balance und einen anspruchsvollen Arbeitsplatz, der ihn zufriedenstellt. Die Öffentlichkeit hat die Erwartung, dass gesellschaftliche Werte eingehalten werden (vgl. Poeschl 2013, S. 148 ff.). Das Problem bei den impliziten Erwartungen ist, dass sie häufig nicht offen geäußert werden und damit sehr schwer fassbar sind. Werden die impliziten Ansprüche von mächtigen Stakeholdern nicht erfüllt, kann dies aber das Scheitern der Sanierung mit sich bringen. Macht an sich ist schwer zu definieren. Allerdings bemerkt man sehr schnell, wenn man es mit mächtigen Stakeholdern zu tun hat. Diese sind in der Lage, ihren eigenen Willen auch gegen Widerstände durchzusetzen (vgl. Salancik und Pfeffer 1974, S. 3). Im Rahmen einer Sanierung können sich die Gewichte verschieben: Ist im normalen Geschäftsbetrieb der Kunde der wichtigste Stakeholder, kann während der Sanierung der Kreditgeber eine entscheidende Rolle übernehmen. Von daher muss am Anfang der Entwicklung einer Kommunikationsstrategie eine Evaluation stehen, welche Stakeholder besonders relevant sind für das Gelingen der Sanierung. Dies sind in der Regel die Fremd- und Eigenkapitalgeber (Banken und Aktionäre bzw. Gesellschafter), der Betriebsrat, Kunden, Lieferanten und je nach Größe des Unternehmens auch die breitere Öffentlichkeit. Je nach individueller Situation können aber auch andere Stakeholder relevant werden. In der Krise treten häufiger zum Beispiel Kreditversicherer als entscheidende Gruppe auf, die in normalen Geschäftszeiten kaum eine Bedeutung haben. Durch eine Verschlechterung des Urteils können sie aber erhebliche Auswirkungen auf die operative Arbeitsfähigkeit haben, indem sie die Bonität senken und damit indirekt die Lieferung von Rohstoffen oder den Abschluss von wichtigen Verträgen verhindern.

In einigen Fällen können Stakeholdergruppen gleichzeitig zu verschiedenen Kategorien gehören. So können Mitarbeiter auch Kunden oder Anteilseigner des Unternehmens sein. Um die Übersichtlichkeit zu erhalten, ist es sinnvoll, diese Stakeholder in diejenige Kategorie einzuordnen, in der ihr Hauptanliegen ist. Dies wird im Beispiel zumeist die Rolle als Mitarbeiter sein.

Zu beachten ist, dass die verschiedenen Stakeholder alle durchaus verschiedene Ansprüche an ihr Unternehmen haben. Kreditgeber werden im Mittelpunkt die Rückzahlung ihrer ausstehenden Forderungen sehen, während Mitarbeiter den Erhalt ihrer Arbeitsplätze gesichert haben wollen. Aber auch innerhalb einer Stakeholdergruppe sind die Interessen keinesfalls homogen.

So gibt es Gesellschafter, die eine bedingungslose Unterstützung des Unternehmens favorisieren, weil sie zum Beispiel als Unternehmensgründer emotional eng mit dem Unternehmen verbunden sind. Auf der anderen Seite gibt es Eigentümer, die als finanzorientierte Investoren in das Unternehmen eingetreten sind. Diese sind eher bereit, das Unternehmen aufzugeben und schrecken vor Nachschüssen zurück.

Wichtig ist es, Stakeholder zu identifizieren, die einen positiven Einfluss auf den Sanierungsverlauf haben können. Diese können als Verstärker aufgebaut werden und den eingeleiteten Prozess nachhaltig unterstützen. Zu berücksichtigen sind auch die gesetzlich oder vertraglich legitimierten Informationsrechte von bestimmten Stakeholdergruppen. So können sich Banken vertraglich zugesichert haben, dass eine Information erfolgt, sobald bestimmte negative Bilanzrelationen erreicht worden sind.

Nach der Identifikation der Personen, mit denen kommuniziert werden muss, muss im nächsten Schritt das „Wie“ der Kommunikation gefunden werden. In vielen Sanierungsfällen wird das Unternehmen in einer Sanierung stark geprägt durch Zahlen, Daten und Fakten. Die „harten“ Punkte der Unternehmensführung stehen im Mittelpunkt. Dies ist in der Regel auch richtig, wobei nicht vergessen werden darf, die emotionale Seite insbesondere in der Mitarbeiterführung zu berücksichtigen. Die Kommunikation mit den Stakeholdern darf auch nicht außer Acht gelassen werden, sie ist sogar ein ganz entscheidender Erfolgsfaktor für das Gelingen der Sanierung.

Dem Unternehmen muss bei seiner Kommunikation bewusst sein, dass mit einer Unternehmenskrise zunächst einmal Sorgen bei den Stakeholdern entstehen. Die Mitarbeiter fürchten um ihre Beschäftigung, Kunden um Ansprüche aus Garantien und die weitere Unterstützung bei der Nutzung der gekauften Ware, die Lieferanten fürchten um ihre Kundenbeziehung, aber auch um die Begleichung noch offenstehender Forderungen.

Im Bereich der Kommunikation gibt es keine Unterlassensalternative, also den Verzicht auf Kommunikation. Die Befürchtungen sind in der Welt, Gerüchte im Markt und bei den Kunden treten auf. Man muss offensiv mit der Situation umgehen und vor allem rechtzeitig mit dem Dialog mit den entscheidenden Stakeholdern beginnen. Tut man das nicht, kann man sich sicher sein, dass über das Unternehmen und seine Probleme geredet wird. Dies führt nicht selten zu einer schlimmeren Darstellung der Situation in dem Unternehmen als gedacht. Man muss in der Sanierung der „Krise den Geschmack der Katastrophe nehmen“ (Schulz 2014, S. 254).

Grundvoraussetzung der Kommunikation ist, dass zunächst und zuallererst die eigenen Mitarbeiter informiert werden müssen. Dies gilt selbstverständlich nicht für alle vertraulichen Informationen, die mit Banken oder Lieferanten ausgetauscht werden. Für den Erfolg des Sanierungsprojekts wäre es aber fatal, wenn Mitarbeiter über andere Quellen als die Unternehmensleitung oder ihre Führungskräfte über den Sanierungsbedarf informiert werden. Stille Post sollte unbedingt vermieden werden. Durch Gerüchte und Vermutungen werden Informationen verfälscht, die Mitarbeiter entwickeln eine noch stärkere Furcht als sie ohnehin haben. Daher sollten die Unternehmensleitung und alle Führungskräfte ständig und proaktiv kommunizieren. Die Gefahr der schlechten Stimmung und der risikobehafteten Fehlinformation sollte unbedingt vermieden werden. Auf der anderen Seite empfiehlt es sich auch, nicht zu übertreiben. Mitarbeiter haben ein gutes Gespür dafür, wenn Dinge kommunikativ überhöht werden. Des Weiteren kann eine überzogene Kommunikation die Aufmerksamkeit der Mitarbeiter auf etwas richten, was gar nicht nötig ist. Deswegen muss interne (und auch externe) Kommunikation in einer vernünftigen Kosten-Nutzen-Relation stehen.

In der Kommunikation müssen zunächst Kernbotschaften bestimmt werden, die sowohl an interne als auch externe Stakeholder kommuniziert werden müssen. Die Kernbotschaften sollten auf die Phasen des Sanierungsprojekts abgestimmt sein: Während der Unfreeze-Phase muss die Notwendigkeit der Sanierung im Mittelpunkt stehen. In der Change-Phase müssen die Begründungen der eingeleiteten Maßnahmen benannt und gleichzeitig ihr Beitrag zum Gelingen des Projekts dargestellt werden. In der Refreeze-Phase muss letztlich der Erfolg des Projekts und ein „zurück zur Normalität ohne Rückfall in alte Verhaltensmuster“ betont werden. Damit können die einzelnen Phasen des Sanierungsprojekts gut begleitet und unterstützt werden.

Die Kernbotschaften müssen mit Sprachschlüsseln versehen werden. Dies sind einprägsame Formulierungen. Durch ständige Wiederholung und Verwendung durch die verschiedenen Führungsebenen des Unternehmens verinnerlichen die Mitarbeiter die Botschaften und tragen diese auch an die externen Stakeholder weiter. Gerade in Zeiten der Kommunikation über soziale Netzwerke kann kein Unternehmen die Kommunikation mit der externen Umwelt vollständig kontrollieren. Die intensive interne Kommunikation dient demnach auch dazu, den eigenen Mitarbeitern Formulierungshilfen an die Hand zu geben, wie sie sich in der Umwelt über die womöglich allgemein bekannte Krisenlage ihres Unternehmens äußern sollen.

In der Kommunikation mit der externen Umwelt empfiehlt es sich, einen Sprecher zu wählen, damit Missverständnisse und widersprüchliche Aussagen vermieden werden. Bei der Wahl des Sprechers gibt es in der Regel zwei geborene Kandidaten: den Pressesprecher des Unternehmens (sofern es diese Position im Unternehmen gibt) und den Unternehmensleiter selbst. Vorteil des Pressesprechers ist, dass er Erfahrungen in der Zusammenarbeit mit der Presse hat. Meistens fehlt ihm aber die hierarchisch herausgehobene Position und der damit verbundene Gesamtüberblick über die Unternehmenslage. Dies ist bei dem Unternehmensleiter genau umgekehrt. Insofern bietet es sich häufig an, den Unternehmensleiter zum Sprecher zu bestimmen, der aber in der Formulierung und dem direkten Austausch mit der Presse ganz wesentlich vom Pressesprecher unterstützt werden muss.

Allerdings ist die geforderte Einheitlichkeit der Kommunikation in Zeiten der neuen Medien schwer einzuhalten. Unter „neuen Medien“ versteht man nach überwiegender Literaturmeinung alle Formen der elektronischen Kommunikation und des elektronischen Informationsaustauschs (zum Beispiel Müller 2003, S. 11). Ein besonderer Schwerpunkt wird dabei auf die sozialen Medien gelegt, die sich durch Interaktivität auszeichnen. Nutzer können selbst Inhalte erstellen bzw. wirken an den Inhalten mit. Dies erschwert die Kontrolle der Inhalte, die im Unternehmensnamen veröffentlicht werden, ungemein.

Die Schnelligkeit und Interaktivität der neuen Medien schafft erhebliche Kommunikationsrisiken, die einen Sanierungserfolg verhindern bzw. beeinträchtigen können. Unbedachte Äußerungen können zu erheblichen Reputationsschäden des Unternehmens führen, was die krisenhafte Situation verstärkt. Für das Sanierungsmanagement besteht hier die Komplikation darin, dass die Aktivitäten in den sozialen Medien nicht mit den herkömmlichen Kontrollmechanismen der Unternehmen zu überwachen sind, weil jeder Mitarbeiter Zugriff hat und Meinungen über das Unternehmen äußern kann, wobei dies auch in der Freizeit außerhalb des Zugriffs des Unternehmens erfolgen kann.

Dabei sind die Kommunikationsketten manchmal schwer vorherzusagen und der Umgang mit den Risiken ist individuell anzupassen. Dieses Phänomen wird neudeutsch als „Shitstorm“ bezeichnet. Es ist geprägt durch Kommunikation, die im Internet rasch eskaliert und die Reputation eines

Unternehmens oder einer Person gefährdet. Die Kritik wird unsachlich und emotional, was es schwer macht, die Eskalation zu stoppen. Das Phänomen der ausufernden Kritik als solches ist aber altbekannt und wird in der Krisenkommunikation schon lange thematisiert (Mavridis 2012, S. 246). So kann die Nachricht über eine bevorstehende Entlassungswelle oder Gehaltskürzungen dazu führen, dass sich ein „Shitstorm" in den sozialen Medien entwickelt. Dies bindet zum einen Managementkapazitäten, die eigentlich für die Sanierung benötigt werden, und zum anderen wird die Reputation des Unternehmens weiter belastet, die Krisenlage ist niemandem in der weiteren Umwelt mehr unbekannt, was erhebliche Folgen für die Geschäftsbeziehungen haben kann.

Ein besonderes Augenmerk bei der Kommunikation sollten neben den sozialen Medien die lokalen Medien bekommen. Sowohl lokale Zeitungen, als auch Radio- und Fernsehsender werden sehr viel genutzt und prägen die Information der unmittelbaren Umwelt des Unternehmens. Lokale Medien interessieren sich in der Krise auch für mittelständische Unternehmen, die normalerweise nicht im Fokus von Medieninteressen stehen. Ein Unternehmen mit einer vergleichsweise geringen absoluten Zahl von Arbeitsplätzen kann in seiner lokalen Umgebung bereits ein großer Arbeitgeber sein, der im Mittelpunkt des öffentlichen Interesses steht. Mit dem Interesse der lokalen Medien steigt zumeist auch das Interesse der lokalen Politik. Bürgermeister und Landräte haben ein natürliches Interesse an Arbeitsplätzen in ihrer Region. Sie nehmen sofort wahr, wenn eine bedeutende Zahl von Arbeitsplätzen in ihrem Verantwortungsbereich gefährdet ist. Durch öffentliche Äußerungen können sie den Sanierungserfolg sowohl unterstützen als auch durch Kritik am neuen Kurs des Unternehmens erschweren. Hier erweist es sich in der Regel als hilfreich, frühzeitig das Gespräch mit den Verantwortlichen der Gebietskörperschaften zu suchen, um sicherzustellen, dass man bei dem eingeschlagenen Kurs unterstützt wird.

Neben den Mitarbeitern müssen die übrigen Stakeholder des Unternehmens informiert werden und insbesondere klare Aussagen zu den Angelegenheiten erhalten, die sie besonders interessieren.

- Kunden sind besonders daran interessiert, dass das Unternehmen langfristig leistungsfähig bleibt. Dies ist notwendig, wenn ein langlebiges Gut verkauft wird. Ist das Unternehmen in seiner Existenz gefährdet, stehen

Gewährleistungsansprüche und Support-Dienstleistungen infrage, die aber möglicherweise notwendig sind, um die Funktionsfähigkeit des Gutes zu erhalten. Ein Kunde wird sich fragen, ob er auch langfristig seine Ansprüche durchsetzen kann. Gerade bei beratungs- und unterstützungsintensiven Gütern wie Software, Maschinen etc. ist die langfristige Leistungsfähigkeit eines Lieferanten ein wichtiges Kaufargument. Die Kommunikation mit den Kunden muss darauf eingehen. Dem Vertrieb als unmittelbarem Ansprechpartner der Kunden müssen Argumentationshilfen an die Hand gegeben werden, um die Sorgen der potenziellen Kunden nachhaltig und glaubwürdig zerstreuen zu können.

- Lieferanten sind daran interessiert, dass ihre finanziellen Forderungen auch erfüllt werden können. Sie geben ihre Ware her und erhalten dafür meist später eine Zahlung. Die Gewissheit, dass die Zahlung geleistet werden kann, muss von der in Krise befindlichen Gesellschaft glaubwürdig versichert werden. Ansonsten werden Lieferanten die Zahlungskonditionen bis hin zur Vorkasse verschlechtern, was in der Liquiditätskrise dazu führen kann, dass das Unternehmen nicht mehr in der Lage ist, Bestellungen aufzugeben und die Tätigkeit einstellen muss. Häufig sind insbesondere wichtige und langfristige Lieferanten bereit, durch Stundungen oder Ratenvereinbarungen ihrerseits Sanierungsbeiträge zu leisten. Diese lassen sich aber nur durch eine offene und transparente Kommunikation mit dieser Stakeholdergruppe realisieren. Unterlässt man die offene Kommunikation, kann dies erhebliche Folgen haben: Die Lieferanten stoppen alle Lieferungen; Waren, die unter Eigentumsvorbehalt verkauft worden sind (die Waren bleiben bis zur Begleichung aller offenen Rechnungen Eigentum des Lieferanten), werden zurückgefordert. Alle diese Maßnahmen können vor Kunden nicht verheimlicht werden, weil die Lieferfähigkeit nicht mehr gegeben ist. Dies kann die Abwärtsspirale noch deutlich verstärken.
- Banken sind besonders wichtige Stakeholder in der Krise. Sie haben einen ganz entscheidenden Einfluss auf den Sanierungserfolg. Sollten Banken Kredite fällig stellen, ist zumeist der Sanierungserfolg nicht mehr zu erreichen. Trotz vieler quantitativer Kreditbewertungsmodelle, die versuchen, die Bonität von Kreditnehmern so objektiv wie möglich zu ermitteln, ist letztlich das Vertrauen zwischen Bankmitarbeiter und Kreditnehmer ein wesentlicher Einflussfaktor für das Verhalten eines Kreditinstituts. Dieses Vertrauen wird ganz wesentlich von der Kommunikation des in der Krise

befindlichen Unternehmens geprägt. Man sollte von sich aus das Gespräch mit der Bank suchen und schon in der Ankündigung auf die Krise hinweisen. Empfehlenswert ist eine schriftliche Bestätigung des Bankentermins, damit es nicht allein wegen Abstimmungsschwierigkeiten zu Verzögerungen in der zeitkritischen Sanierungsphase kommt. Eine gute Vorbereitung ist außerordentlich wichtig für den Gesprächserfolg. Auch wenn man allgemein sagen muss, dass ein gut geführtes Unternehmen im Normalfall keine weitere Vorbereitung für ein Bankengespräch benötigt, weil man alle Informationen, die die Bank benötigt, auch für eine gute und erfolgreiche Unternehmensführung braucht, kann man sich auf dieses Verdikt in der Sondersituation „Krise“ nicht verlassen. Die Checkliste in Tab. 3.2 (vgl. Schellberg 2008, S. 128) gibt ein paar Fragen wieder, die in vielen Fällen von Banken in einem Krisengespräch gefragt werden. Für das Gelingen des Sanierungsvorhabens ist eine bevorzugte Kommunikation mit den beteiligten Banken notwendig. Die Kreditinstitute, mit denen das Unternehmen in Geschäftsbeziehungen steht, sollten niemals unliebsame Überraschungen erleben müssen bzw. Informationen zum Beispiel aus öffentlich zugänglichen Quellen wie Medien vor einem persönlichen Gespräch erfahren. Dazu ist die Macht, die eine kreditgebende Bank hat, viel zu groß.

Um die Kommunikation glaubwürdig und nachhaltig erfolgreich führen zu können, ist es wichtig, die Reihenfolge der Adressaten genau zu planen. Es kann erhebliche Missverständnisse und Schwierigkeiten geben, wenn das Unternehmen nicht auf eine sinnvolle Reihenfolge achtet. Die Reihenfolge kann je nach Situation des Unternehmens variiert werden, weil Stakeholder eine branchen- oder unternehmensspezifisch unterschiedliche Bedeutung haben können. Die folgende Reihenfolge ist daher nur als allgemeiner Leitfaden gedacht, der im Einzelfall auch deutlich verändert werden muss:

1. Unternehmensleitung: Sie ist der Ausgangspunkt der Kommunikation. Wichtig ist aber, dass alle Mitglieder der Leitungsfunktion des Unternehmens informiert sind. Dies ist auch aus rechtlichen Gründen notwendig, weil trotz des häufig vorkommenden Ressortprinzips in Geschäftsleitungen eine Gesamthaftung für jedes Vorstandsmitglied einer AG bzw. jedes Geschäftsführungsmitglied einer GmbH besteht (vgl. Bank 2010, Rn. 34).
2. Banken, zweite Führungsebene, Betriebsrat, alle Mitarbeiter

Tab. 3.2 Ausgewählte typische Fragen in Krisengesprächen von Banken. (Quelle: Eigene Erstellung, in Anlehnung an Schellberg 2008, S. 128)

1	Wie hoch ist der benötigte Kreditrahmen?
2	Können aus den betrieblichen Einzahlungsüberschüssen Kredit und Tilgung bedient werden?
3	Stehen noch weitere Absicherungsmöglichkeiten (Hypotheken, Bürgschaften etc.) zur Verfügung?
4	Gibt es die Möglichkeit, über öffentliche Kredite, Bürgschaften von Förderinstitutionen oder sonstige geförderte Absicherungen zu verfügen?
5	Wie wurden die Planzahlen (Umsatz, Liquidität), die der Zins- und Tilgungsplanung zugrunde liegen, ermittelt? Insbesondere: Welche Annahmen wurden hinsichtlich Markt-, Preis- und Kostenentwicklung gemacht?
6	Wie hoch sind die aktuellen fixen Kosten und die damit verbundenen Auszahlungen?
7	Wie hoch sind die aktuellen variablen Kosten und die damit verbundenen Auszahlungen?
8	Wie verändern sich die fixen und die variablen Kosten und die damit verbundenen Auszahlungen durch die Sanierung? Welche Maßnahmen sind notwendig, damit die Sanierungserfolge tatsächlich realisiert werden können?
9	Welche Informationen über die Krise liegen der Bank bereits vor? Welche Informationen könnten der Bank helfen, um eine positive Entscheidung über das vorhandene bzw. künftige Kreditengagement zu fällen?

3. Kunden und Lieferanten
4. Politik, Gebietskörperschaften, involvierte Behörden
5. Presse

Wichtig ist, dass die Presse zwar zeitnah, aber nicht vor anderen wichtigen Stakeholdern informiert wird, weil sonst Informationen öffentlich werden, die zunächst an andere Stakeholder gehen müssen. Nichts ist einer guten Kooperation weniger förderlich, als dass eine Information zuerst über die Zeitung fließt.

3.3.6 Controlling in der Change-Phase

Controlling hat als Subsystem der Führung die Aufgabe, die Rationalität der Führung, soweit dies unter den Bedingungen der beschränkten Rationalität des Menschen (und damit auch des Controllers) möglich ist, sicherzustellen.

Konkrete Aufgabe des Controllings in der Change-Phase ist das Nachhalten der Realisierung von erwarteten Effekten durch Sanierungsmaßnahmen. Das Sanierungsprojekt basiert auf Erfolgsbeiträgen einzelner Maßnahmen. Ob diese Erfolgsbeiträge tatsächlich realisiert werden können oder nicht, muss durch das sanierungsbegleitende Controlling sichergestellt werden. Dies ist notwendig, um eventuell weitere Maßnahmen einleiten zu können. Des Weiteren hat das Sanierungscontrolling eine ergebnissichernde Funktion. Durch das Festhalten des Erfolgs kann gewährleistet werden, dass Sanierungsmaßnahmen von der Projektorganisation während der Sanierung in die normale Organisation nach der Sanierung übertragen werden. Beide Aufgaben sind in zahlreichen empirischen Untersuchungen als Voraussetzung für einen nachhaltigen Sanierungserfolg identifiziert worden (vgl. Rasche et al. 2006, S. 1373).

Man muss zwei wesentliche Teilbereiche des Sanierungsbeitrags des Controllings unterscheiden. Zum einen muss das Controlling selbst Transparenz über einzelne Aufgabenbereiche und Wertschöpfungsbestandteile schaffen. Hierzu sind die Instrumente in Abschn. 2.2.3 vorgestellt worden (zum Beispiel ABC-Analyse in der Materialwirtschaft oder die Methode des Customer Lifetime Values im Vertrieb). Zum zweiten muss das Controlling die Sanierung selbst begleiten. Diese beiden Aufgaben sollten nicht miteinander vermengt werden. Das sanierungsbegleitende Controlling sollte unabhängig von der eigenen Teilnahme an Sanierungsmaßnahmen sein. Ansonsten wäre die möglichst objektive Beurteilung der im Controlling beheimateten Sanierungsmaßnahmen nicht mehr gewährleistet.

Im Sanierungsfall herrscht eine besondere Komplexität in den Unternehmen vor. Der Zeitdruck steigt (zu der im normalen Managementalltag sowieso schon hohen Belastung) noch einmal deutlich an. Dafür benötigt das sanierungsbegleitende Controlling Instrumente, die schnell eine Übersicht geben, hinreichend schnell zu adaptieren und gleichzeitig robust sind, sodass sie auch bei fehlender Zeit zur Implementierung verlässliche, wenn auch nicht exakte Ergebnisse bringen.

Das Controlling ist in der Sanierung auch in einer machtpolitisch bedeutenden Stellung. Die Unternehmensführung konzentriert sich mehr auf die harten Faktoren, was auch damit zusammenhängt, dass Krisen häufig erst durch mangelhafte Nutzung der Controlling-Instrumente entstehen. Aus diesem Grund muss das Controlling mit besonderer Genauigkeit in der Sanierung arbeiten.

Das Controlling der Sanierungsmaßnahmen läuft vierstufig ab:

- Zunächst wird ein Sollwert festgelegt. Dieser ergibt sich aus der Planung der mit der Einführung einer Sanierungsmaßnahme verbundenen Erwartungen. Es empfiehlt sich, alle Erwartungen so weit wie möglich zu quantifizieren und anzugeben, welchen Einsparungs- bzw. Gewinnsteigerungseffekt eine Maßnahme haben soll. Zu berücksichtigen ist, dass Manager bei der Festlegung von Effekten von Maßnahmen leicht zu Übertreibungen neigen. Dieser Effekt wird durch den „Overconfidence Bias" beschrieben. Die Fähigkeiten, künftige Zustände zu prognostizieren, werden systematisch überschätzt. Dies kann dazu führen, dass bei Planungen die tatsächlich mit einer Maßnahme verbundenen Effekte deutlich zu hoch eingeschätzt werden. Es werden unrealistisch hohe Einsparungen bzw. Erfolge geplant. Die Forschung geht davon aus, dass der Overconfidence Bias eine allgemeine Eigenschaft von Menschen ist (vgl. De Bondt und Thaler 1995), die folglich bei jeder Maßnahme mitzudenken ist. Menschen sind außerordentlich optimistisch und schätzen Risiken falsch ein. So werden Projektrisiken unterschätzt. Menschen scheinen dann besonders optimistisch zu sein, wenn sie meinen, die Ereignisse kontrollieren zu können und sie selbst einen persönlichen Anteil an den Vorgängen haben (vgl. Weinstein 1980). Für die Planung bedeutet dies, dass Projekte zu optimistisch gesehen werden können, zum Beispiel der Abschluss eines Forschungsprojekts, die Marktreife eines neuen Produkts. Die Verzögerungen, die sowohl Airbus als auch Boeing bei der Marktreife ihrer Großflugzeuge getroffen haben, sind ein gutes Beispiel für diesen außerordentlichen Optimismus. Derart verzerrte Vorstellungen können weitreichende Fehlentscheidungen bedingen. Dies verlangt dem Sanierungscontrolling eine besondere Aufmerksamkeit bei der Schätzung realistischer Sollwerte ab.
- Danach muss ein Istwert bestimmt werden. Dabei muss der triviale, aber praktisch entscheidende Grundsatz beachtet werden, dass die Istwerte auf die gleiche Weise berechnet werden wie die Sollwerte. Ansonsten ergeben sich Diskrepanzen allein auf Basis unterschiedlicher Berechnungswege, was die Interpretation der ermittelten Werte verzerrt.
- Im dritten Schritt erfolgt ein Soll-Ist-Vergleich. Dies ist ein rein mathematischer Vorgang, bei dem die Istwerte von den Sollwerten abgezogen werden. Bei negativen Abweichungen gibt es eine Unterdeckung (bei

Ertragsgrößen), bei positiven ergibt sich eine Überdeckung. Die Verhältnisse sind bei Aufwandsgrößen umgekehrt zu interpretieren. Gerade unter dem Zeitdruck einer Sanierung ist es sinnvoll, eine absolute Wertgrenze zu setzen, unter der Abweichungen nicht weiter verfolgt werden.
- Im vierten Schritt erfolgt die Abweichungsanalyse (vgl. Behringer 2014, S. 163). Während der Soll-Ist-Vergleich eine rechnerische Aufgabe ist, handelt es sich bei der Abweichungsanalyse um eine Mischung aus rechnerischen und intuitiven Aufgaben. Die aus der Kostenrechnung entwickelte Abweichungsanalyse führt die Abweichungen auf ihre rechnerischen Ursachen zurück. Kosten sind das Produkt aus Menge und Preis, daher können Abweichungen aus drei Ursachen entstehen:
  - Mengenabweichung: Es wurde eine höhere Menge als geplant verwendet. Rechnerisch ergibt sich die Mengenabweichung als Produkt der Mengenänderung mit dem Planpreis.
  - Preisabweichung: Die Preise für die zu beschaffenden Produktionsfaktoren haben sich gegenüber dem Plan verändert. Rechnerisch ergibt sich die Preisabweichung als Multiplikation von Preisänderung und Planmenge.
  - Sekundärabweichung: Es gibt einen Teil der Abweichung, der sich auf beide Abweichungsarten gleichzeitig bezieht und sich theoretisch nicht der einen oder der anderen Art zurechnen lässt. Dies ist rechnerisch das Produkt aus Preis- und Mengenabweichung.

Das Controlling muss insbesondere die Abweichungsanalyse mit Bedacht ausführen. Hier sind nicht mehr nur reine Rechenschritte vorzunehmen, die auch automatisiert durchgeführt werden können. Vielmehr muss ausgehend von den Rechenoperationen nach sachlichen Begründungen gesucht werden, was zu der festgestellten Abweichung geführt hat. Dies ist dann wiederum Grundlage für Entscheidungen, die die Sanierungsverantwortlichen zu fällen haben. Aufgrund der besonderen Situation und der Bedeutung der Sanierung für das Unternehmen ist offensichtlich, dass die Aussagen des sanierungsbegleitenden Controllings mit Bedacht gewählt sein müssen. Aus diesem Grund sollte diese Aufgabe auch nur erfahrenen Controllern, die schon viele Aufgaben in ihren Unternehmen wahrgenommen haben, übertragen werden. Dabei erscheint sowohl die Unternehmenskenntnis wichtig, weil sonst Gegenargumente ins Feld geführt werden können, die der Controller als Unternehmenslaie nicht parieren kann. Daneben ist auch das Standing bzw. die

Konfliktfähigkeit ein wichtiges Kriterium, weil die Aussagen des Controllers stärker hinterfragt und je nach Brisanz der Aussagen auch angegriffen werden können als in einer normalen Unternehmenssituation.

Ein weiterer wichtiger Aspekt des sanierungsbegleitenden Controllings ist das Kostencontrolling des Sanierungsprojekts selbst. Einerseits muss das Sanierungsprojekt oberste Priorität haben und es müssen die besten Berater und wirklich geeignete Mitarbeiter in dieses Projekt entsendet werden. Andererseits stehen gerade in der Krise wenige Mittel zur Verfügung. Umso genauer muss das Controlling der im Projekt verbrauchten Kosten sein. Für die Darstellung der Abweichungen bieten sich Ampelsysteme oder ähnliche Visualisierungen an, die es dem Management ermöglichen, schnell die problematischen Teilschritte des Projekts zu erkennen (vgl. Behringer 2014, S. 162). Diese Grafiken werden automatisch durch Software erstellt. Vorher müssen Werte festgelegt werden, ab welcher Abweichung vom Sollwert die Ampel auf gelb oder rot springt. Diese Entscheidung sollte das Controlling gemeinsam mit dem Management als Berichtsadressaten treffen. Dann kann das Management selbst die Hürde festlegen, ab der es auf Unstimmigkeiten hingewiesen werden will.

3.4 Refreeze-Phase

Die Refreeze-Phase ist eigentlich diejenige Phase, in der das Unternehmen wieder zur Ruhe kommen soll: Der Wandelprozess, der zur erfolgreichen Sanierung geführt hat, ist abgeschlossen. Retardierende und akzelerierende Kräfte sind wieder in ein Gleichgewichtsstadium eingetreten. Es ist jetzt notwendig, die veränderten Prozesse dauerhaft zu implementieren. Die Ergebnisse des Change-Prozesses müssen nachhaltig gesichert werden, damit das Unternehmen nicht in alte Verhaltensmuster, die zur Krise geführt haben bzw. sie zumindest nicht verhindert haben, zurückfällt.

3.4.1 Prozess- und Qualitätsmanagement als Instrument zur Verstetigung des Wandels

Ein wesentlicher Punkt zur nachhaltigen Sicherung der eingeleiteten Veränderungen ist die Einführung eines Qualitätsmanagements mit Prozessbeschreibungen, das die im Rahmen des Sanierungsprojekts veränderten Prozesse festschreibt.

Prozessmanagement beschäftigt sich mit der Planung, Steuerung und Überwachung von Unternehmensprozessen sowohl auf strategischer als auch auf operativer Ebene (vgl. Schmidt 2012, S. 5). Prozesse werden hinsichtlich ihrer Güte nach Formalzielen wie Kosten, Qualität, Zeitbedarf oder Flexibilität beurteilt (vgl. Schmidt 2012, S. 5). Hinsichtlich dieser Formalziele soll der Prozess optimiert werden. Dies ist auch Aufgabe der Sanierung auf operativer bzw. strategischer Ebene.

Ein wesentlicher Faktor für die Sicherung der realisierten Verbesserungen ist die Prozessdokumentation. Unter der Prozessdokumentation kann man „alle Dokumente, die im Rahmen der Prozessgestaltung erstellt werden" (Schmelzer und Sesselmann 2006, S. 124) verstehen. Gängige Managementsysteme wie Qualitätsmanagementsysteme nach ISO 9000 ff. oder Umweltmanagementsysteme basieren auf einer umfassenden Prozessdokumentation in Form eines Qualitätsmanagementhandbuchs oder Prozesshandbuchs. Ziel dieser umfangreichen Dokumentationen ist es sicherzustellen, dass die im Unternehmen relevanten Prozesse in systematischer Weise bekannt und geregelt sind sowie auch beherrscht werden (vgl. Bäck und Neumann 2010, S. 228). Pragmatischer Zweck der Prozessdokumentation ist es, dass allen Mitarbeitern die Prozesse bekannt sind, Aufgabenbereiche auch kurzfristig vertreten werden können, ohne dass die Qualität der Bearbeitung von Kundenaufträgen leidet und Änderungen in schneller Weise an die gesamte Belegschaft kommuniziert werden können. Zusammenfassend ist es eine Know-how-Sicherung für das Unternehmen. Auch bei plötzlichem Ausfall von wichtigen Mitarbeitern ist es möglich, dass Vertreter mithilfe der Prozessdokumentation schnell übernehmen können. Damit eignen sich Prozess- und Qualitätsdokumentationen in hervorragender Weise dafür, veränderte Prozesse nachhaltig zu sichern und damit den Sanierungserfolg zu perpetuieren.

Ist in einem Unternehmen bereits ein Qualitätsmanagementhandbuch, beispielsweise nach einem der Standards ISO 9000 ff., vorhanden, so müssen die vor der Sanierung aufgenommenen Prozesse in der Weise geändert werden, dass sie die Sanierungsbemühungen berücksichtigen. Nach der Qualitätsmanagementnorm der Internationalen Normungsorganisation ISO müssen bestimmte Sachverhalte wie Qualitätsziele und Qualitätspolitik schriftlich niedergelegt werden. Zentrales Dokument ist das Handbuch, in dem direkt die qualitätsrelevanten Prozesse beschrieben sind. Teilweise können diese auch in andere Dokumente ausgelagert werden. Die Prozessdokumentationen

(Standard Operating Procedures, SOP) beschreiben, was in einem Unternehmensprozess zu tun ist, und zwar in einer Art und Weise, die von allen betroffenen Mitarbeitern verstanden wird. Grundsätzlich gilt, dass Prozesse immer dann dokumentiert werden sollen, wenn das Fehlen solcher Dokumente zu Fehlern bei der Ausführung der Prozesse führen kann. Ändern sich die Prozesse während der Sanierung, ergibt sich zwingend ein Änderungsbedarf der vorhandenen Dokumente. Dabei ist der Grundsatz der Dokumentenlenkung, der in den Qualitätsstandards der ISO gilt, sehr hilfreich. Die Lenkung von Dokumenten bedeutet im Einzelnen (vgl. Brugger-Gebhardt 2014, S. 34):

- Vor der Verteilung von neuen Dokumenten mit neuen Verfahrensanweisungen muss ein Freigabeprozess stattgefunden haben.
- Stellt sich heraus, dass ein gültiges Dokument nicht mehr sinnvoll ist, so muss es geändert werden und ein neues Freigabeverfahren durchlaufen.
- Vorgenommene Änderungen in Dokumenten müssen gekennzeichnet werden. Damit soll die Aufmerksamkeit der Leser auf die geänderten Stellen gerichtet werden.
- Es müssen aktuelle Versionen der Dokumente am Arbeitsplatz verfügbar sein.
- Alle veralteten Dokumente müssen aus dem Verkehr gezogen werden. Maximal dürfen Referenzexemplare von veralteten Versionen aufbewahrt werden. Es ist hierfür hilfreich, wenn die Dokumente mit Versionsnummern durchnummeriert werden und ein Datum erhalten, ab dem sie gültig sind.

Die Dokumentation sollte von Prozessverantwortlichen, also Mitarbeitern, die direkt mit der Ausführung der Prozesse betraut sind, durchgeführt werden. Dies ermöglicht eine wesentlich akkuratere und genauere Dokumentation und trägt dazu bei, dass keine Missverständnisse und Fehler in den dokumentierten Prozess hineinkommen. Allein der Vorgang der schriftlichen Dokumentation trägt dazu bei, dass sich alle betroffenen Mitarbeiter mit dem Prozess noch einmal auseinandersetzen und sich dieser deutlich stärker in den Köpfen verfestigt. Dabei ist die Darstellungsform nicht entscheidend: Es spielt letztlich keine Rolle, ob der Prozess in rein textlicher Form oder grafisch als Flussdiagramm dargestellt wird.

Hat das Unternehmen noch kein formalisiertes Qualitätsmanagementsystem, so empfiehlt sich die Einführung und eventuelle Zertifizierung als Folgeprojekt. Dies hat den zusätzlichen Nutzen, dass die durch die Sanierung geänderten Prozesse festgeschrieben werden. Ein solches Projekt bis hin zur Zertifizierung durchläuft im Normalfall die folgenden Schritte (vgl. Hohberger und Damlachi 2014, S. 64):

- Aufnahme der Ist-Prozesse, die qualitätsrelevant sind.
- Erstellung von Soll-Prozessen für die im ersten Schritt identifizierten Prozesse. Die Prozesse werden in der vereinbarten Form dokumentiert. Im Rahmen der Sanierung kann meistens auf den Schritt der Soll-Prozessformulierung verzichtet werden, weil die Prozesse bereits im Rahmen der Sanierung optimiert worden sind. Allerdings kann ein kritischer Blick auf die Prozesse auch nicht schaden.
- Schulung der Prozessverantwortlichen, also aller, die die dokumentierten Prozesse auch tatsächlich durchführen.
- Coaching der Prozessverantwortlichen bei der Anwendung der dokumentierten Prozesse. In diesem Schritt können sich Rückkoppelungen ergeben, die zu einer erneuten Veränderung der Prozessdokumentationen führen können.
- Kontrolle der tatsächlichen Umsetzung der dokumentierten Prozesse. Strebt das Unternehmen eine Zertifizierung an, die auch im Wettbewerb hilfreich sein kann, weil viele Kunden diese verlangen, findet diese Kontrolle systematisch durch interne und externe Audits statt.

Als Folge eines Sanierungsprojekts kann es lohnend sein, die Prozessdokumentation zu starten, die dann in eine Zertifizierung mündet. Der Nutzen liegt nicht nur in einer Verfestigung der veränderten Prozesse, sondern auch in einem verbesserten Kundennutzen des Produkts oder der Dienstleistung, die das Unternehmen anbietet. Die Kosten bestehen in den Kosten der Zertifizierung und dem internen Aufwand für die Prozessdokumentation. Es kann nützlich sein, ist aber keineswegs zwingend, die Prozessdokumentation durch externe Berater begleiten zu lassen.

3.4.2 Anreizsysteme als Instrumente zur Verstetigung des Wandels

Anreizsysteme bezeichnen alle Arbeitsbedingungen, die bewusst in einer Art und Weise gestaltet sind, dass sie bestimmte Verhaltensweisen entweder fördern oder ausschließen sollen (vgl. Bea und Haas 2005, S. 541). Anreize können dabei insbesondere gegeben werden durch (vgl. von Rosenstiel 1975, S. 213):

- finanzielle Aspekte (Bonuszahlungen)
- geldwerte Vorteile (wie Dienstwagen etc.)
- soziale Anreize (Gruppenzugehörigkeit, Kontakte mit gleichgestellten oder vorgesetzten Personen)
- Anreize, die sich auf die Arbeit selbst beziehen (wie Arbeitsbedingungen, Entwicklungsmöglichkeiten, Auslandsaufenthalte etc.)
- Anreize des organisatorischen Umfelds (Führungsstil, Image des Arbeitgebers etc.)

Beinahe alle aufgeführten Anreize können zur Verfestigung der durch die Sanierung veränderten Prozesse eingesetzt werden. Die Logik zum Einsatz von Anreizsystemen in dem Zusammenhang ist die Folgende: Hält sich ein Mitarbeiter an einen geänderten Prozess, so wird er mit positiven Anreizen in eine bessere Lage versetzt. Hält er sich nicht an veränderte Anreize, so greifen negative Anreize und der Mitarbeiter wird in einen schlechteren Zustand als vorher versetzt. Beispielhaft wäre eine Bonusvereinbarung zu nennen, bei der die Bonuszahlung ist an die Einhaltung der geänderten Prozesse gebunden ist. Voraussetzung für ein erfolgreiches Gelingen der Maßnahme ist, dass der Mitarbeiter die Verwendung der geänderten Vorgehensweise selbst beeinflussen kann, zum Beispiel, indem er nicht an das Vorgehen von Mitarbeitern in vorgelagerten Wertschöpfungsstufen gebunden ist. Die zweite notwendige Voraussetzung ist, dass der Vorgesetzte die geänderten Prozesse auch beobachten kann und damit ein Urteil darüber abgeben kann, ob die Voraussetzungen für ein Vorliegen der Bonuszahlung gegeben sind oder nicht.

Gerade für Führungskräfte spielen variable Entgeltbestandteile eine immer größere Rolle (vgl. Noll et al. 2011, S. 122 ff.). Dabei unterscheidet man langfristig und kurzfristig wirkende variable Gehaltsbestandteile. Bonuszahlungen, Tantiemen oder Provisionen sind kurzfristig wirkend. Diese spielen in der Regel eine wichtige Rolle für die Entlohnung des Erfolgsbeitrags zum Gelingen des Sanierungsprojekts. So erhält eine am Sanierungsprozess beteiligte Führungskraft einen hohen Bonus, wenn das Gesamtprojekt erfolgreich beendet ist. Wichtig ist, dass die Kriterien eindeutig sind, bei denen der Bonus fällig wird. Daneben kann die Vergütung von Führungskräften mit variablen Gehaltsbestandteilen aber auch zur Verfestigung des Sanierungserfolgs in der Refreeze-Phase beitragen. Die Führungskräfte erhalten einen Bonus oder einen anders gearteten Anreiz für den Fall, dass sie den Einsatz der durch die Sanierung geänderten Verfahren in ihrem Bereich gewährleisten. Gleiches gilt für die weicheren Faktoren, wie zum Beispiel den Erhalt einer veränderten Unternehmenskultur oder einen anderen Führungsstil. Hier ergibt sich allerdings das Problem, dass es nicht mehr eindeutig zuordenbar ist, wann der Bonus fällig ist und wann nicht.

Zu beachten ist auch, dass zur Verfestigung des Sanierungserfolgs auch mit negativen Anreizen gearbeitet werden kann. Negativ sind die Anreize meist, wenn sie den Verzicht auf Chancen (Beförderung, interessante Aufgaben) oder Zuwendungen (finanzielle Mittel) bedeuten. Dies ist teilweise wirksamer als die Arbeit mit positiven Anreizen.

Literatur

Alas R, Sharifi S (2002) Organizational Learning and Resistance to Change in Estonian Companies, Human Resource Development International, 5. Jg., S. 313–331.

Back KW (1992) This business of topology, Journal of Social Issues, 48. Jg., Nr. 2, S. 51–66.

Bäck S, Neumann C (2010) Integrative Prozessdokumentation – Vorgehensmodell und Potenziale, in: Engelhardt-Nowitzki C, Nowitzki O, Zsifkovits H: Supply Chain Network Management, Wiesbaden, S. 227–242.

Bamberger I, Pleitner HJ (1988) Strategische Ausrichtung kleiner und mittlerer Unternehmen, Internationales Gewerbearchiv, Sonderheft 2.

Bank S (2010) Pflichtverletzungen durch Vorstandsmitglieder einer Aktiengesellschaft, in: Patzina R et al.: Haftung von Unternehmensorganen: Vorstände, Aufsichtsräte, Geschäftsführer, München, Kapitel 6.

Bea FX, Haas J (2005) Strategisches Management, 4. Auflage, Stuttgart.

Behringer S (2014) Konzerncontrolling, 2. Auflage, Wiesbaden.

Brugger-Gebhardt S (2014) Die DIN EN ISO 9000 verstehen, Wiesbaden.

Burnes B (2004a) Kurt Lewin and complexity theories: back to the future?, Journal of Change Management, 4. Jg., S. 309–325.

Burnes B (2004b) Kurt Lewin and the Planned Approach to Change: A Re-appraisal, Journal of Management Studies, 41. Jg., S. 977–1002.

Cacaci A (2006) Change Management – Widerstände gegen Wandel, Wiesbaden.

Cameron E, Green M (2001) Making Sense of Change Management, London.

Caye J-M et al (2010) Creating a New Deal for Middle Managers – Empowering a Neglected but Critical Group, Paris u. a.

Collier N, Fishwick F, Floyd SW (2004) Managerial involvement and perceptions of strategy process, Long Range Planning, 37. Jg., Nr. 1, S. 67–83.

Conger JA, Kanungo RN (1998) Charismatic Leadership in Organizations, Thousand Oaks.

Cornell B, Shapiro A (1987) Corporate stakeholders and corporate finance, Financial Management, o. Jg. Frühjahr, S. 5–14.

Dainty P, Kakabadse A (1990) Organizational Change: A Strategy for successful implementation, Journal of Business and Psychology, 4. Jg., S. 463–481.

Dawson P (1994) Organizational Change: A Processual Approach, London.

De Bondt WFM, Thaler RH (1995) Financial decision making in markets and firms. A behavioral perspective, in: Jarrow RH et al.: Handbook in operations research and management science, Bd. 9, Amsterdam, S. 385–410.

Dent EB, Goldberg SG (1999) Challenging „Resistance to Change", Journal of Applied and Behavioral Science, 35. Jg., S. 25–41.

Dillerup R, Stoi R (2013) Unternehmensführung, 4. Auflage, München.

Dörr S (2008) Motive, Einflussstrategien und transformationale Führung als Faktoren effektiver Führung, München.

Dunphy DC, Stace DA (1988) Transformational and Coercive Strategies for Planned Organizational Change: Beyond the OD Model, Organization Studies, 9. Jg., S. 317–334.

Fox-Wolfgramm SJ, Boal KB, Hunt JG (1998) Organizational Adaptation to Institutional Change: A Comparative Study of First-Order Change in Prospector and Defender Banks, Administrative Science Quarterly, 43. Jg., S. 87–126.

Freeman ER (1984) Strategic Management. A Stakeholder Approach, Boston.

Goldman A (2009) Destructive Leaders and Dysfunctional Organizations: A Therapeutic Approach, New York.

Goleman DS (2000) Leadership that gets results, Harvard Business Review, 78. Jg., Nr. 2, S. 78–90.

Gong Y, Huang J, Farh J (2009) Employee Learning Orientation, Transformational Leadership, and Employee Creativity: The Mediating Role of Employee Creative Self-Efficacy, Academy of Management Journal, 52. Jg., S. 765–778.

Gouldner AW (1954) Patterns of Industrial Bureaucracy, 3. Auflage, Glencoe.

Heifetz R, Laurie D (1997) Den Wandel steuern – nicht vorschreiben!, Harvard Business Manager: Leadership, S. 45–54.

Hendry C (1996) Understanding and Creating Whole Organizational Change Through Learning Theory, Human Relations, 49. Jg., S. 621–642.

Hoffmann C, Lang B (2008) Das Intranet, 2. Auflage, Konstanz.

Hohberger S, Damlachi H (2014) Praxishandbuch Sanierung im Mittelstand, Wiesbaden.

House RJ (1977) A 1976 Theory of Charismatic Leadership, in: Hunt JG, Larson LL Leadership: The cutting edge, Carbondal, S. 189–207.

Jenner T (2003) Erfolg als Ursache von Misserfolg- Hintergründe und Ansätze zur Überwindung eines Paradoxons im strategischen Management, DBW, 63. Jg., S. 203–219.

Johnson G, Scholes K, Whittington R (2011) Strategisches Management. Eine Einführung, 9. Auflage, München.

Kanter RM, Stein BA, Jick TD (1992) The Challenge of Organizational Change, New York.

Kaufmann EJ (2014) Interim: Management in der Krise und die Rolle des Chief Restructuring Officers (CRO), in: Buth AK, Hermanns M: Restrukturierung, Sanierung, Insolvenz, 4. Auflage, München, S. 430–442.

Kieser A, Hegele C, Klimmer M (1998) Kommunikation im organisatorischen Wandel, Stuttgart.

Kotter JP, Rathgeber H (2006) Das Pinguin-Prinzip. Wie Veränderungen zum Erfolg führen, Düsseldorf.

Kreitner R (1999) Management, 5. Auflage, Boston.

Kuster J (2011) Handbuch Projektmanagement, Berlin.

Lauer T (2014) Change Management, Berlin u. a.

Lewin K (1947) Frontiers in Group Dynamics, in: Cartwright D (Hrsg.): Field Theory in Social Science, London.

Lewin K (1946) Action Research and minority problems, in: Lewin GW Resolving Social Conflict, London

Maturana HR (2000) Kognition, in: Schmidt S: Der Diskurs des Radikalen Konstruktivismus, 8. Auflage, Suhrkamp, Frankfurt am Main, S. 89–118.

Mavridis T (2012) Social Media Relations. Die neue Dimension der Nachhaltigkeitskommunikation, uwf, 20. Jg., S. 245–248.

Müller RA (2003) Erfolgreiche Unternehmenskommunikation im Zeitalter von Internet und eBusiness, Frankfurt et al.

Neumann-Szyska J (2005) Projektmanagement und Umsetzung des Sanierungskonzepts, in: Portisch W, Shahidi K: Sanierung und Restrukturierung von kleinen und mittleren Unternehmen, Stuttgart, S. 91–121.

Noll B, Volkert J, Zuber, N (2011) Managermärkte: Wettbewerb und Zugangsbeschränkungen, Baden-Baden.

o. V. (2005) Die bedeutendsten Management Vordenker, Stuttgart.

O'Connor CA (1993) Resistance: The Repercussions of Change, Leadership & Organization Development Journal, 14. Jg., Nr. 6, S. 30–36.

Pescher J (2010) Change Management, Wiesbaden.

Poeschl H (2013) Strategische Unternehmensführung zwischen Shareholder-Value und Stakeholder-Value, Wiesbaden.

Portisch W (2014) Sanierung und Insolvenz aus Bankensicht, München u. a.

Project Management Institute (PMI): www.pmi.org (Abruf: März 2015).

Recardo, RF (1995) Overcoming resistance to change, National Productivity Review, Vol. 14, No. 2, S. 5–12.
Robbins SP, Judge TA (2013) Organizational Behavior, 15. Auflage, Boston u. a.
Rosenstiel L von (1975) Die motivationalen Grundlagen des Verhaltens in Organisationen – Leistung und Zufriedenheit, Berlin.
Roth S (2000) Emotionen im Visier – Neue Wege des Change Management, Organisations-Entwicklung, 2, Jg., S. 14–21.
Salancik J, Pfeffer G (1974) The bases and uses of power in organisational decision making: the case of universities, Administrative Science Quarterly, 24. Jg., S. 453–473.
Schauf M (2015) Change Management als Herausforderung für kleine und mittlere Unternehmen, in: Becker W, Ulrich P: BWL im Mittelstand, Stuttgart, S. 283–301.
Schauf M, Glass B (2012) Überwindung psychologischer Hemmnisse im Change-Management, Schriften für angewandte Mittelstandsforschung (SMf), Ausgabe 2.
Schein EH (1996) Kurt Lewin's change theory in the field and in the classroom: notes towards a model of management learning, Systems Practice, 9. Jg., S. 27–47.
Schein EH (1988) Organizational Psychology, 3. Auflage, London.
Schellberg B (2008) Sanierungsmanagement. Sofortmaßnahmen in der Unternehmenskrise, Berlin.
Schmelzer H, Sesselmann W (2006) Geschäftsprozessmanagement in der Praxis. Kunden zufrieden stellen – Produktivität steigern – Wert erhöhen. München.
Schmidt G (2012) Prozessmanagement, Wiesbaden.
Schulz T (2014) Kommunikation bei Reorganisation, Restrukturierung oder Sanierung, in: Crone A, Werner H: Modernes Sanierungsmanagement, 4. Auflage, München, S. 252–267.
Staehle WH (1999) Management: Eine verhaltenswissenschaftliche Perspektive, 8. Auflage, München.
Steinmann H, Schreyögg G (2002) Management, Wiesbaden.
Towler AJ (2003) Effects of Charismatic Influence Training on Attitudes, Behavior, and Performance, Personal Psychology, S. 363–381.
Ungericht B (2012) Strategiebewusstes Management, München.
Weber J, Schäffer U (1999) Sicherstellung der Rationalität von Führung als Aufgabe des Controlling?, DBW, 59. Jg., S. 731–747.
Weinstein ND (1980) Unrealistic optimism about future life events, Journal of Personal and Social Psychology, 39. Jg., S. 806–820.
Welsch C (2010) Organisationale Trägheit und ihre Wirkung auf die strategische Früherkennung von Unternehmenskrisen, Wiesbaden.
Werner H (2014) Projektmanagement in der Sanierung, in: Crone A, Werner H: Modernes Sanierungsmanagement, 4. Auflage, München, S. 225–232.

Stichwortverzeichnis

S. Behringer, *Unternehmenssanierung*,
DOI 10.1007/978-3-8349-3802-2

E

F

G

I

J

K

L

The manufacturer's authorised representative in the EU is Springer Nature Customer Service Centre GmbH, Europaplatz 3, 69115 Heidelberg, Germany. If you have any concerns regarding our products, please contact ProductSafety@springernature.com

Printed and bound by CPI Group (UK) Ltd, Croydon, CR0 4YY
23/10/2026
02238477-0002